[わかる・使える] 実務英語 **4**

実務英語の簡潔表現と文例集

Practical English:
Sentence Patterns and Concise Expressions

富井 篤

日興企画

はしがき

　本書は英語を書く人たちのために書かれた本です。「［わかる・使える］実務英語」シリーズの第4巻です。
　「翻訳は母国語へ！」という考え方は，日本ではまだあまり浸透していませんが，欧米の国ぐにでは一般的です。しかし，日本の現状を考えると，和訳だけでなく英訳も，たとえ英米人の書く英語に比べて見劣りしようと，「われわれ日本人がやらないで，だれがやる」といわざるをえません。

●通じる英語から格調の高い英語へ
　私は，日本人の英作文（和英翻訳をふくむ）のレベルをつぎの三つの段階にわけてとらえています。
　　第1段階——意味が通じる英語を書く能力
　　第2段階——正しい英語を書く能力
　　第3段階——格調の高い英語を書く能力
　若干の例外を除けば，高校や大学である程度の英語を勉強した人は，ましてや現在，英語に関連のある仕事に携わっていたり，英語に興味を持っていたりする人は，おおむね第1段階の人か，第1段階を卒業した人ということができます。英語は，ほかの外国語もそうですが，いくら書いても，相手にその意味が通じなければなんにもなりません。最低限，相手に通じる英語だけは書けるようにならなければいけません。これが第1段階です。
　しかし，いつまでも意味が通じる英語が書ければそれでよいというわけにはいきません。正しい英語が書けなければなりません。「正しい英語」とは，まず「①文法的に正しい英語」のことです。そして，そのうえに「②伝えようとする情報に過不足がなく」，かつ「③英語として自然なもの」でなければなりません。「文法的に正しい英語」はかならずしも彼らの書く「自然な英語」ではないという，やややっかいな問題があるとはいえ，ふつう，実務で英語を使う人は，この

レベルにあることが理想的です。これが第2段階です。

しかし，ときには「教養あるネイティブなみの英語」を要求されることがあります。もちろん大部分の日本人にとっては無理なことであり，その場合にはプロの翻訳者にお願いしたり，自分で書いた英文をネイティブの人にリライトしてもらったりしてでも，そのような格調の高い英語を書かなければなりません。最低限，このレベルの英語が存在するということを肝に銘じ，けっして第2段階のレベルの英語で満足してはいけません。これが第3段階です。

本書は前に述べた第1段階の人たちが第2段階にあがれるように，そして，第2段階の初級の人たちが第2段階の中級ないしは上級にあがれるようになることを目標に書いてあります。

●表現したい内容ごとに文の組み立て方を解説する

こんにち，いわゆる「英作文」の参考書はたくさん出版されています。しかし，私たちがいちばん必要としている，表現したい内容ごとに，その英文の書き方を解説した本はほとんどありません。本書はそのようなニーズに応えるために，科学産業技術文ないしは企業で用いる実務文に頻出する表現を，技術者や科学者，技術英語の翻訳者だけではなく，ふつうの人，たとえば，主婦・高校生・大学生・非技術系の会社員などにもわかりやすいように，そして，興味がもてるようにやさしい文章で，かつテーマごとに1ページだてで解説したものです。

そのため，なるべく学校英語を卒業し，実務英文に親しんでいただけるよう，現在，りっぱに生きている例文を使って説明しています。紙面の制約上，あまりたくさんの例文をあげることはできませんでしたが，表現や文章の組み立て方をくわしく解説してありますので，例文の，それぞれの単語を自分で作文しようとしていることばに置き換えることにより，容易に必要とする英文を書くことができるはずです。

●例文を収集するときのガイドとして活用できる

願わくば，本書を英語を書くときの参考書として使用するだけではなく，英語の本や雑誌や文献を読んでいるとき，「これは使える表現だ」と思ったら，すぐにそれをなんらかの形で収集し，整理し，パターン化するときのガイドとして活用していただけると，本書の特長は倍加するものと思います。英語をマスターす

るためのいちばんの早道は，まず「自分でやること」です（402 ページ「富井翻訳塾」参照）。

＊　　　　　　＊　　　　　　＊

　本書の執筆にあたっては，富井篤が全体の約半数を担当しましたが，それ以外の項目は，井上英治・大宅日登志・高光秀樹・堀合直・森淳・山口敏幸・山口春男・渡辺恵子の諸氏が分担し，最後に富井篤が修正を加え，全体の統一をとりました。また，日英翻訳者としての経験を 30 年ちかく持ち，テクニカル・ライターでもあり，編集者でもある，日本語に堪能な Thomas I. Elliott 氏に全体にわたり校閲をお願いし，有益な助言を数多くいただきました。また，ご協力いただいたメンバーのかたたちとの間に立ってすべてを処理してくださった小山嘉子さんにもたいへんお世話になりました。これらのみなさんに対し，心よりお礼申しあげます。

　最後になってしまいましたが，(株)日興企画の竹尾和臣社長，友兼清治氏，伊東京子氏にもたいへんお世話になりました。ここに記してお礼を申しあげます。

2000 年　盛夏　　　　　　　　　　　　　　　　　　　　　　　富井　篤

○編者・執筆責任者―――富井篤（株式会社 国際テクリンガ研究所）
○協力執筆者―――――井上英治・大宅日登志・高光秀樹・堀合直・森淳・
　　　　　　　　　　山口敏幸・山口春男・渡辺恵子(50 音順)
○校閲者―――――――Thomas I. Elliott
○編集協力者―――――小山嘉子・神﨑美恵子・富井祥子・本川玲子

Foreword

This book is the fourth in a series of books for Japanese who want not only to write English but to write it well. The emphasis in the series up to now has been on practical English writing and notation and on numerical expression. This newest book aims at raising the English writing competency level of readers.

In general, Japanese who study English can be said to pass through three stages of English writing levels.

Stage 1. The ability to write understandable English.
Stage 2. The ability to write proper English.
Stage 3. The ability to write sophisticated English.

Japanese who diligently studied English in high school and college, and especially those who afterward worked in jobs related to English, are mostly able to write understandable English. To take the next step up and write proper English, however, requires a much greater effort. This newest book focuses on helping readers to raise their English writing competency level from Stage 1 to the early part of Stage 2, and to help those who have reached the early part of Stage 2 to raise their level higher in Stage 2.

To make this possible, the book contains numerous examples of practical English taken from context in everyday use. These examples are presented under 77 main expressions, broken down further into 298 detailed expressions. They were selected from 250,000 examples collected by Mr. Atsushi Tomii over the past 35 years. Although collected over a long period, the selected expressions are still very much alive and in wide contemporary use in English books, newspapers, and magazines.

One way for readers to use this book is to find the page or pages with the expressions they are interested in, using the main table of contents and the secondary table of contents. Or a search may be made by referring to the index at the back of the book. The index allows searches using either English or Japanese.

Although the entries in this book include technical subjects, the target audiences are non-technical persons, including housewives, high-school students, and college students. Its introduction of key expressions is aimed at helping these persons write practical English more effectively.

The book is also a wonderful reference work for translators working with the Japanese/English language pair. It is commonly said that translators should translate into their mother tongue, but the shortage of capable translators of Japanese to English means a strong need still exists for native Japanese to translate Japanese into English. To do so effectively, however, they must raise their level of competency in written English. This book is expected to support that effort by its readers.

Thomas I. Elliott
Translator / Editor / Writer

目次

はしがき ……………………………………………………………………… 3
Foreword …………………………………………………………………… 6
本書を利用される人へ …………………………………………………… 23

表現したい内容　おもな文型　　　　　　　　　　　　　　　　　　ページ

──────────────── あ行 ────────────────

- ▶上がる──(─→34＝増加)
- ▶悪影響──(─→4＝影響)
- ▶言う───(─→74＝呼ばれる)

1＝位置(場所)
- -1……位置(場所)/○○の位置(場所)に ……………………………… 28
- -2……上(下/左/右/前/後ろ)(に) …………………………………… 29
- -3……真上(真下/真横/真後ろ/真ん前)(に/の) …………………… 30
- -4……○○する位置(場所)に/○○が○○する位置(場所)に ……… 31
- -5……○○に位置する …………………………………………………… 32
- -6……上下・左右の複合語 ……………………………………………… 33

2＝一体
- -1……一体型/一体型である/一体化する ……………………………… 34
- -2……一体型の○○/○○と一体化型の○○ ………………………… 35

3＝一致
- -1……一致/○○の一致/○○と○○との一致 ………………………… 36
- -2……一致する/○○と一致する/○○が一致する …………………… 37
- -3……一致している/○○と一致している/○○が一致している …… 38

- ▶言われる──(─→74＝呼ばれる)

4＝影響(悪影響)
- -1……○○の影響/○○への影響 ………………………………………… 39
- -2……○○の○○への影響 ……………………………………………… 40

-3……影響をおよぼす(与える/持つ) …………………………………41
　　　-4……影響をおよぼさない ……………………………………………42
　　　-5……影響を受ける(受けない) ………………………………………43
　　　-6……影響をおよぼす(受ける)○○/影響をおよぼすことなく ……44
　　　-7……悪影響/悪影響をおよぼす(受ける)/
　　　　　　悪影響をおよぼさない(受けない) ……………………………45
▶**選ぶ**────(⟶ **33**＝**選択**)
▶**侵されない**──(⟶ **35**＝**耐**)
5＝**同じ**(等しい/同等)
　　　-1……○○は同じである(等しい) ……………………………………46
　　　-2……○○と同じである(等しい) ……………………………………47
　　　-3……○○とは○○が同じである(等しい) …………………………48
　　　-4……○○とは○○が○○する点が同じである ……………………49
　　　-5……同じ(等しい)○○ ………………………………………………50
　　　-6……○○と同じ(等しい)○○ ………………………………………51
　　　-7……○○と同じように/○○するのと同じように/同様に ………52
　　　-8……同じようなもの/同等品 ………………………………………53

────────────(**か行**)────────────

6＝**確認**
　　　-1……確認/○○の確認 ………………………………………………56
　　　-2……確認する …………………………………………………………57
　　　-3……○○する(である)ことを確認する …………………………58
7＝**形**
　　　-1……形/○○の形/どのような形 …………………………………59
　　　-2……○○の形で/○○の形に ………………………………………60
　　　-3……○○の形になる(をとる)/形にする(を作る)/形作る ……61
　　　-4……○○の形をした○○/形が○○な○○ ………………………62
▶**かなり**──(⟶ **42**＝**程度**)
8＝**間隔**(隙間/等間隔)
　　　-1……間隔/隙間 ………………………………………………………63
　　　-2……どのような間隔で/○○する間隔で …………………………64
　　　-3……どのくらいの間隔で ……………………………………………65
　　　-4……どのような(どのくらいの)間隔の○○ ……………………66

|　　　-5……○○の間隔の○○/どのくらいの間隔の○○ …………………………67
|　　　-6……等間隔に ……………………………………………………………68
|　　　-7……等間隔の○○ ………………………………………………………69
|　▶変える──（⟶**68**＝変更）
|　▶変わる──（⟶**68**＝変更）
|　▶起因──（⟶**13**＝原因）
|　▶期間──（⟶**46**＝時・期間）
| **9**＝規定(規則)
|　　　-1……規定(規則) ………………………………………………………70
|　　　-2……規定する/規定されている/規定されているように ……………71
| **10**＝区別(識別)
|　　　-1……区別(識別) ………………………………………………………72
|　　　-2……区別する/識別する ………………………………………………73
|　　　-3……○○を○○と区別する/○○と○○を区別する ………………74
|　　　-4……○○は○○と区別される/○○によって区別される ……………75
| **11**＝傾向(しがちである/趨勢/しやすい/動向)
|　　　-1……傾向(動向/趨勢)/○○の傾向/○○への傾向 …………………76
|　　　-2……○○する傾向/○○の(が)○○する傾向 ………………………77
|　　　-3……○○する傾向がある/○○させる傾向がある …………………78
|　　　-4……○○しがちである/○○しやすい ………………………………79
| **12**＝結果(もたらす)
|　　　-1……○○の結果/○○した結果 ………………………………………80
|　　　-2……○○の結果になる(をもたらす) …………………………………81
|　　　-3……その結果(として)生ずる○○/○○の結果(として)生ずる○○ …82
|　　　-4……その結果(として)/○○の結果(として) …………………………83
|　　　-5……その結果○○になる(する) ………………………………………84
|　▶欠点──（⟶**39**＝長所）
| **13**＝原因(起因)
|　　　-1……○○の原因/○○が○○する原因 ………………………………85
|　　　-2……○○の原因になる …………………………………………………86
|　　　-3……○○に起因する/○○に起因する○○ …………………………87
|　　　-4……○○が○○だと ……………………………………………………88
|　　　-5……○○が○○すると/○○を○○させると ………………………89
| **14**＝限界(限度)

-1……限界(限度)が(で)ある ……………………………………… 90
　-2……限界(限度)に達する(を越える/を設ける) ………………… 91

15＝減少(下がる/低下/減る)
　-1……減少/○○の減少 …………………………………………… 92
　-2……○○は減少する/○○は○○によって減少する ……………… 93
　-3……○○は○○が減少する ……………………………………… 94
　-4……○○につれて減少する/○○が○○するにつれて減少する …… 95
　-5……○○を減少させる …………………………………………… 96
　-6……○○が減少すると/○○を減少させると …………………… 97

　▶限度────(──→14＝限界)

16＝効果
　-1……効果/○○の効果/○○への効果 …………………………… 98
　-2……効果がある/○○は効果がある ……………………………… 99
　-3……効果的な○○/効果的に○○する/効果がない ……………… 100

17＝交換
　-1……交換/○○の交換/どのような交換 ………………………… 101
　-2……交換する/○○を交換する/○○を○○と(に)交換する …… 102
　-3……○○は交換できる/交換できる○○ ………………………… 103

18＝考慮(配慮)
　-1……○○への考慮/○○を考慮して(しないで) ………………… 104
　-2……○○を考慮する …………………………………………… 105

19＝試み
　-1……試み/○○する試み ………………………………………… 106
　-2……試みる/○○を試みる/○○するよう試みる ……………… 107
　-3……試みの/試みに/○○を試みて ……………………………… 108

20＝故障(不良)
　-1……故障(不良)/故障なく ……………………………………… 109
　-2……○○が故障する/○○が故障している ……………………… 110
　-3……故障した○○/不良の○○ ………………………………… 111

　▶異なる────(──→37＝違う)

──────── さ行 ────────

　▶差──────(──→37＝違う)
　▶最適─────(──→44＝適切)

- ▶下がる────（──→15＝減少）
- ▶しがちである──（──→11＝傾向）
- ▶識別─────（──→10＝区別）
- ▶弱点─────（──→39＝長所・短所・欠点・弱点）
- ▶しやすい────（──→11＝傾向）

21＝修正(訂正)
- -1……修正(訂正) ……………………………………………114
- -2……修正する(訂正する) ………………………………115

22＝手段(方法)
- -1……手段(方法)/○○の手段(方法) ……………………116
- -2……○○する手段(方法) ………………………………117
- -3……○○する手段(方法)/○○が○○する手段(方法) …118
- -4……どのような手段(方法) ……………………………119
- -5……○○と同じ(似た/違う)手段(方法) ………………120
- -6……○○する手段(方法)で/○○が○○する手段(方法)で …121
- -7……○○で(によって)① …………………………………122
- -8……○○で(によって)② …………………………………123
- -9……○○で(を使って) ……………………………………124
- -10……○○で(特殊な場合①) ……………………………125
- -11……○○で(特殊な場合②) ……………………………126

23＝種類
- -1……種類/○○の種類 ……………………………………127
- -2……この種の○○ …………………………………………128
- -3……ある種の○○/ほかの種類の○○ …………………129
- -4……同じ種類の○○/異なった種類の○○/すべての種類の○○ …130
- -5……何種類の○○/いろいろな種類の○○ ……………131
- -6……○○には何種類ある/○○にはいろいろな種類がある …132

24＝順番(順序/○○番目)
- -1……順番/○○の順番/○○の順番に ……………………133
- -2……○○が○○する順番/○○が○○する順番に ………134
- -3……何番目の○○/○○から何番目の○○ ………………135
- -4……何番目にどのような○○/もっともどのような○○ …136

- ▶順序───（──→24＝順番）
- ▶称する──（──→74＝呼ばれる）

25＝条件
- -1……条件/○○の条件/どのような条件/○○が○○する条件 …… 137
- -2……○○の条件(のもと)で/○○が○○する条件(のもと)で …… 138

▶上昇──(──→ 34＝増加)

26＝状態
- -1……状態/○○の状態/どのような状態 …… 139
- -2……○○の状態で/○○が○○する状態で …… 140
- -3……○○を○○した状態で …… 141

27＝除外(除く/除去)
- -1……除外/除外する(除く)/除去/除去する …… 142
- -2……○○を除いて/○○を除いた○○/○○がなければ …… 143
- -3……○○であることを除いて/○○である場合を除いて …… 144

▶除去──(──→ 27＝除外)

28＝推奨(推薦)
- -1……○○の推奨(推薦)/○○の推奨(推薦)で …… 145
- -2……○○を推奨(推薦)する …… 146
- -3……推奨(推薦)された○○/○○によって推奨(推薦)された○○ …… 147

▶推薦──────(──→ 28＝推奨)

▶趨勢──────(──→ 11＝傾向)

▶据えつける──(──→ 49＝取りつけ)

▶隙間──────(──→ 8＝間隔)

29＝図示
- -1……○○に図示する/○○に図示されるように …… 148
- -2……○○を図示する …… 149

30＝制限(制約)
- -1……制限する/制限がある …… 150
- -2……制限的な/無制限な(に) …… 151

31＝性質
- -1……○○の性質/どのような性質 …… 152
- -2……○○する性質がある …… 153
- -3……性質上/性質的に …… 154

▶制約──(──→ 30＝制限)

32＝接触(触れる)
- -1……接触 …… 155

-2……○○と接触する　……………………………………………………156
　　　-3……○○と接触している/○○と接触している○○　…………………157
　　　-4……○○と接触させる　………………………………………………158
33＝選択(選ぶ)
　　　-1……選択/○○選択/○○に対する選択/どのような選択　……………159
　　　-2……○○を選択する　……………………………………………………160
　　　-3……○○が選択される/選択された○○　………………………………161
　▶相違する──（──→37＝違う）
34＝増加(上がる/上昇/増える)
　　　-1……増加/○○の増加　…………………………………………………162
　　　-2……○○は増加する/○○は○○によって増加する　…………………163
　　　-3……○○は○○が増加する　……………………………………………164
　　　-4……○○につれて増加する/○○が○○するにつれて増加する　……165
　　　-5……○○を増加させる　…………………………………………………166
　　　-6……○○が増加すると/○○を増加させると　…………………………167

──────── た行 ────────

35＝耐(侵されない)
　　　-1……耐える　………………………………………………………………170
　　　-2……耐○○性　……………………………………………………………171
　　　-3……耐○○性の○○　……………………………………………………172
　　　-4……○○は耐○○性で(が)ある　………………………………………173
36＝対応
　　　-1……対応　…………………………………………………………………174
　　　-2……対応する①　…………………………………………………………175
　　　-3……対応する②　…………………………………………………………176
　▶ために──（──→70＝目的）
　▶短所──（──→39＝長所・短所・欠点・弱点）
37＝違う(異なる/差/相違する)
　　　-1……違い/差/相異点　……………………………………………………177
　　　-2……○○の違い(差)　……………………………………………………178
　　　-3……○○は違う(異なる)　………………………………………………179
　　　-4……○○によって違う(異なる)　………………………………………180
　　　-5……○○とは違う　………………………………………………………181

-6……○○とは○○が違う ……………………………………………182
　　-7……○○とは○○が○○する点が違う ……………………………183
　　-8……○○と違って/違った○○/○○と違った○○ ……………184
38＝注意
　　-1……注意/○○への注意/注意事項 …………………………………185
　　-2……注意ぶかい○○/注意ぶかく○○する ………………………186
　　-3……注意しなさい/注意して ………………………………………187
　　-4……注意する/○○に注意する ……………………………………188
39＝長所(短所/欠点/弱点)
　　-1……○○な長所/○○の長所 ………………………………………189
　　-2……○○という長所/○○にとっての長所 ………………………190
　　-3……長所がある ………………………………………………………191
　　-4……長所は○○である ………………………………………………192
　　-5……○○な(の)短所(欠点/弱点) …………………………………193
　　-6……○○という短所/○○にとっての短所 ………………………194
　　-7……短所(欠点/弱点)がある ……………………………………195
　　-8……短所(欠点/弱点)は○○である ………………………………196
40＝調整
　　-1……調整/○○の調整 ………………………………………………197
　　-2……○○を調整する/○○は調整されている ……………………198
　　-3……○○は調整可能である ………………………………………199
　　-4……調整できる(調整可能な)○○ ………………………………200
　▶**低下**──(──→**15＝減少**)
41＝定義
　　-1……定義/○○の定義/定義によると …………………………201
　　-2……○○を定義する/○○を○○と定義する ……………………202
　　-3……定義される/○○として定義される/○○によって定義される …………203
　▶**訂正**──(──→**21＝修正・訂正**)
42＝程度(かなり/度合い/非常に/わずか)
　　-1……程度/○○の程度/○○が○○する程度 ……………………204
　　-2……○○の程度に(程度まで) ……………………………………205
　　-3……○○が○○する程度に/どの程度まで ………………………206
　▶**適している**──(──→**44＝適切**)
43＝適応(適している)

-1……適応/適応性/適応性のある ……………………………………… 207
　　-2……適応する/○○に適応する/○○に適応させる ……………… 208
44＝適切(最適)
　　-1……適切(さ)/最適(さ) ……………………………………………… 209
　　-2……適切(最適)な○○/○○は適切(最適)である ………………… 210
　　-3……○○にとって適切(最適)である/最適化する ………………… 211
　　-4……最適に/適切に○○された○○ ………………………………… 212
45＝適用
　　-1……適用/適用性/○○への適用/○○への適用性 ………………… 213
　　-2……○○に適用する/○○に適用される/○○に適用できる ……… 214
　　-3……適用できる○○/○○に(が)適用できる○○ ………………… 215
▶ できる──(⟶58＝能力)
▶ 度合い──(⟶42＝程度)
▶ 等間隔──(⟶8＝間隔)
▶ 動向──(⟶11＝傾向)
▶ 同等──(⟶5＝同じ・等しい)
46＝時(期間)
　　-1……時/○○時(○○の時) …………………………………………… 216
　　-2……○○する時 ……………………………………………………… 217
　　-3……○○から/○○まで/○○から○○まで ……………………… 218
　　-4……○○の間/○○が○○する間/○○以内 ……………………… 219
　　-5……年/月/週/日/時/分/秒 ………………………………………… 220
　　-6……年/月/日/時/分などの表現 …………………………………… 221
　　-7……現在/過去/未来(将来) ………………………………………… 222
　　-8……○○の前/○○の後/○○の前後/直前/直後 ………………… 223
　　-9……頻度 ……………………………………………………………… 224
　　-10……一度に/同時に/ただちに …………………………………… 225
　　-11……時間に関する諸表現 ………………………………………… 226
47＝特性
　　-1……特性 ……………………………………………………………… 227
　　-2……○○の特性がある …………………………………………… 228
48＝特長(特徴)
　　-1……特長/○○の特長/○○する特長 …………………………… 229
　　-2……○○の特長がある/特長は○○である ……………………… 230

- -3……特徴/○○の特徴/○○する特徴 ……………………………231
- -4……特徴がある/特徴づける ……………………………………232

▶ 特徴──（⟶ 48＝特長）

49＝取りつけ（据えつけ）
- -1……取りつけ/据えつけ ………………………………………233
- -2……○○を○○に（で）取りつける① ……………………………234
- -3……○○を○○に（で）取りつける② ……………………………235
- -4……○○は○○に（で）取りつけられている ……………………236
- -5……○○には○○が取りつけられている …………………………237
- -6……○○に取りつけられた○○/○○を取りつけた○○ …………238

50＝取りはずし
- -1……取りはずし/取りはずし可能な○○ …………………………239
- -2……○○を（から）取りはずす ……………………………………240
- -3……○○が（から）取りはずされている …………………………241

51＝努力
- -1……（○○の/○○への）努力/○○する努力 …………………242
- -2……○○するように努力する ……………………………………243

──────────── な行 ────────────

52＝名（名前/名称）
- -1……名前/名前をつける/○○という名の○○ …………………246
- -2……○○の名で/○○の名にかけて/名前で ……………………247

▶ 名前──（⟶ 52＝名）

53＝内蔵
- -1……内蔵する/○○を内蔵している/○○は内蔵されている ……248
- -2……○○を内蔵している○○/内蔵された○○/○○に内蔵された○○ …249

▶ なければならない──（⟶ 64＝必要）

▶ なぜならば──（⟶ 76＝理由）

54＝似ている
- -1……類似/類似点/○○と○○との類似点 ………………………250
- -2……似ている/○○と似ている ……………………………………251
- -3……○○が似ている/○○が○○する点が似ている ………………252
- -4……○○を除けば似ている/○○が○○するのを除けば似ている ……253
- -5……似た○○/○○と似た○○/似たように（同様に） ……………254

55＝任意
- -1……任意の○○/○○は任意である …………………255
- -2……任意に …………………256

56＝熱
- -1……熱/熱を発生する/熱を失う/熱を奪う/熱を伝達する …………………257
- -2……熱処理/熱交換/熱発生/熱伝達/熱膨張/熱変形など …………………258

57＝年代
- -1……○○年代 …………………259
- -2……○○年代の初期(中期/後期)/前半(後半)/初め(終わり) …………………260
- -3……○○時代 …………………261

58＝能力(できる)
- -1……能力/○○の能力/○○する能力 …………………262
- -2……○○の○○する能力 …………………263
- -3……○○の能力がある/○○する能力がある …………………264
- -4……能力のある/○○する能力のある○○ …………………265
- -5……できる(助動詞による表現) …………………266
- -6……○○は○○できる/○○できる○○/○○が○○できる …………………267

▶ 除く──(──▶ 27＝除外)
▶ ので──(──▶ 76＝理由)

──────(は行)──────

▶ 配慮──(──▶ 18＝考慮・配慮)

59＝範囲
- -1……○○の範囲/○○から○○の範囲におよぶ/広範囲の○○ …………………270
- -2……○○から○○の範囲におよぶ …………………271
- -3……○○から○○の範囲におよぶ○○ …………………272
- -4……○○から○○の範囲で(において) …………………273

60＝場合
- -1……場合/どのような場合/○○の場合 …………………274
- -2……○○が○○する場合 …………………275
- -3……万一○○が○○する場合/いかなる場合にも○○してはならない …………276

61＝倍
- -1……○○は○○のＸ倍である …………………277
- -2……○○は○○よりＸ倍○○である …………………278

- -3……○○は○○よりX倍どのように○○する ……………………………279
- -4……○○のX倍の○○ ……………………………………………………280
- -5……○○よりもX倍どのような○○ ……………………………………281
- -6……○○よりX倍どのように○○する○○ …………………………282

▶ 場所──（─→**1**＝位置・場所）

▶ バラツキ──（─→**67**＝変化・変動）

▶ ○○番目──（─→**24**＝順番）

62＝比(割合)
- -1……○○比／○○と○○の比／○○と○○の比はX：Yである ………283
- -2……X：Yの関係にある○○と○○の比 ……………………………284
- -3……○○と○○の割合／毎○○Xの割合で ………………………285

63＝比較
- -1……比較／比較する ……………………………………………………286
- -2……○○と比較して／○○と比較して○○する ……………………287
- -3……比較的／比較的○○である／比較的○○な○○ ………………288

▶ 非常に──（─→**42**＝程度）

64＝必要(なければならない／ものとする／要求)
- -1……必要なもの（ニーズ）／必要なこと（必要性）……………………289
- -2……必要である／必要とする …………………………………………290
- -3……○○にとって必要である …………………………………………291
- -4……○○するのに必要である／○○が○○するのに必要である ……292
- -5……○○する必要がある／○○は○○する必要がある ……………293
- -6……必要な○○／○○にとって必要な○○ …………………………294
- -7……必要に応じて／必要なときは ……………………………………295

▶ 等しい──（─→**5**＝同じ・等しい）

65＝比例
- -1……比例する／正（反）比例する ……………………………………296
- -2……○○に比例した○○／○○に比例して○○する ………………297

▶ 増える──（─→**34**＝増加）

▶ 不良──（─→**20**＝故障・不良）

▶ 触れる──（─→**32**＝接触）

66＝分類(分ける)
- -1……分類／○○を分類する／○○を○○に分類する ………………298
- -2……○○を○○によって分類する／○○によって○○に分類する …299

19

- -3……○○に分類される(基本形) ……………………………………………… 300
- -4……○○によって分類される/○○によって○○に分類される ……… 301

▶減る──(⟶15=減少)

67=変化(バラツキ/変動)
- -1……変化(変動)/○○の変化(変動) ………………………………………… 302
- -2……○○は変化(変動)する/○○は○○によって変化(変動)する ……… 303
- -3……○は○○が変化(変動)する ……………………………………………… 304
- -4……○○につれて変化する/○○が○○するにつれて変動する ……… 305
- -5……○○を変化させる …………………………………………………………… 306
- -6……○○が変化すると/○○を変化させると ……………………………… 307

68=変更(変える/変わる)
- -1……変更/○○の変更 …………………………………………………………… 308
- -2……○○を変更する(変える)/○○は(が)変更になる(変わる) ……… 309

▶変動──(⟶67=変化)

69=方向
- -1……方向/○○の方向に/(前後/左右/上下/内外)方向に ……………… 310
- -2……前後方向に/○○の反対方向に ………………………………………… 311
- -3……右回り(左回り)/右回り(左回り)に(の) …………………………… 312
- -4……○○する方向に/○○が○○する方向に ……………………………… 313

▶方法──(⟶22=手段・方法)

──────── ま行 ────────

▶めざす──(⟶70=目的)

▶名称──(⟶52=名前)

70=目的(ために/めざす)
- -1……○○の目的 …………………………………………………………………… 316
- -2……○○を目的とする(めざす)/○○の目的を達成する ……………… 317
- -3……○○する目的で(の目的のために) ……………………………………… 318
- -4……○○するために ……………………………………………………………… 319
- -5……○○のための(するための)○○/○○するために○○する ……… 320

▶ものとする──(⟶64=必要)

71=問題
- -1……問題/○○の問題 …………………………………………………………… 321
- -2……問題を○○する ……………………………………………………………… 322

-3……問題が○○する ……323

や行

72＝役割
- -1……役割/○○の役割/○○に果たす役割 ……324
- -2……役割を果たす ……325

▶ 要求──（⟶ **64＝必要**）

73＝予想（予測）
- -1……予想/○○を予想する ……326
- -2……予想される（されない）○○/予想できる（できない）○○/予想どおりに ……327

▶ 予測──（⟶ **73＝予想**）

74＝呼ばれる（言う/言われる/称する）
- -1……○○と呼ぶ/○○と呼ばれる○○ ……328
- -2……○○と称する/○○と略称する ……329

ら行

75＝理解（わかる）
- -1……理解/○○の理解/理解する（分かる） ……330
- -2……理解させる/○○は理解できる/理解できる○○ ……331

76＝理由（なぜならば/ので）
- -1……○○の理由 ……332
- -2……○○する理由/○○が○○する理由 ……333
- -3……○○の理由で/○○が○○する理由で ……334
- -4……○○の理由は○○である/○○の理由は○○が○○することである ……335
- -5……○○が○○するので ……336
- -6……なぜならば，○○が○○するからである ……337

77＝例外
- -1……例外/○○の例外/例外なく ……338
- -2……例外的な（に） ……339

わ行

▶ 分かる──（⟶ **75＝理解**）
▶ 分ける──（⟶ **66＝分類**）

- ▶わずか──（──→42＝程度）
- ▶割合──（──→62＝比）

● **Tea time**
   無生物主語構文──「こと」を主語にする構文───54
   能動態と受動態──「○○を○○する」と「○○が○○される」───112
   セミコロン──「しかし」「したがって」「たとえば」「すなわち」など───168
   「○○が」の in──象は鼻が長い───244
   翻訳のテクニック──ことばではなく，意味を置き換える───268
   品詞の変換──英語でも日本語でも曲者な「副詞」───314
   数量表現の基本──水の沸騰点は 100℃ である───340

日本語索引 ……………………………………………………………………342
英語索引 ………………………………………………………………………364

本書を利用される人へ

■ **本書の構成**
①――実務英文を書くときに必要になる表現77件を大項目として設定し，それらを合計300の細項目にわけて記載しました。
　　　　　例：23-1 種類――種類／○○の種類
②――大項目は1から始まる大きな数字で，細項目はそれぞれの大項目のなかの1から始まる小さな数字で表示してあります。
　　　　　例：42-1
③――記載順序は大項目の表現の名称を50音順に並べてあります。大項目の表現名のあとに関連表現のついているものがありますが，それらは小さな文字でカッコをつけて表示してあります。
　　　　　例：22-1 手段(方法)
④――各中扉の前のコラムには，実務英文を理解するのに必要なことを解説してあります。7点あります。
⑤――一つ一つの細項目はテーマごとに1ページだてで，それぞれ「項目番号および表現の名称」「細項目として取り上げられている表現の活用変化形」「概説（5～10行程度）」および「例文プラス〈注〉〈参考〉」などの説明文という四つ構成要素から成り立っています。
⑥――目次は大項目の表現の名称を50音順に並べたもので，大項目と細項目をあわせてのせてあります。大項目の関連表現はカッコ内に該当する大項目の番号と表現名を示してあります。
　　　　　例：選ぶ――（――→32＝選択）
⑦――巻末には日本語と英語の両方から引ける索引がついています。

■ **本書の使い方**
①――本書は実務英文を書くために書かれた重要表現集ですから，必要なときに

必要なページを開けばよいようになっています。しかし，英文作成のための参考書としても使えますので，一度すべてのページを最初から最後まで読み，内容を理解するとともに，少なくとも本書にはどのようなことが書かれているかを把握しておくことをおすすめします。

②──表現の名称が50音順に並べてありますので，まず大項目で調べ，該当する表現をさがし，さらに必要な細項目を見つけたら，該当するページを開いてください。

③──目次から該当する表現が見つからなかった場合は，巻末の索引から引いてください。目次に載っていない，それでいて英文を書くうえで重要な表現がでてくることがあります。

④──本書はあとに示す拙著『新・実務英語入門　書き方と訳し方』の第2章「簡潔な英語を書くための表現」を充実させたものです。あわせて利用すると，さらに効果が上がります。

⑤──本書でじゅうぶん書きつくせなかったっことが，別の既刊本にくわしく書かれていることがあります。それぞれの項目で参照していただきたい書名を表示しましたので，それらもお読みいただくと，本書の価値が倍加するはずです。とくに拙著『科学技術重要英語表現辞典』（オーム社）は，よりくわしく学習したい人たちにとっては必携の書です。

■本書の特長

①──本書は，非技術系の人たち，主婦・高校生・大学生などにも実務英文が書けるように，一般実務文に頻繁に現われるいろいろな表現をまとめた重要英語表現集です。

②──本書に引用した英文例は，過去35年にわたって収集したもので，現代において生きている25万点の例文にもとづいています。

③──目次が50音順になっているので，必要とする表現を見つけやすくなっています。

④──巻末につけた日本語と英語の両方から引ける索引を活用すれば，目次からは見つけることができなかった重要な表現も，その索引から見つけられます。

⑤──読んで理解しやすいように，どの項目も1ページにまとめ，文体も「です・ます調」を使いました。

⑥──使用する漢字は不自然にならない程度になるべくひらがな表記にし，読みやすくなるように心がけました。

■お断わり

①──「本書の使い方」のなかにも書きましたように，本書は拙著『新・実務英語入門　書き方と訳し方』の第2章「簡潔な英語を書くための表現」を充実させたものです。したがって，そのなかの例文と重複や類似をしているところがあります。また，目的や切り口を異にしているとはいえ，拙著『科学技術重要英語表現辞典』のなかの例文との重複や類似も若干あります。

　その点，拙著をすべてお買い求めいただいている読者には申しわけなく思いますが，対象も違い，そのために書き方もまったく異なっておりますので，ご容赦ください。それよりも，拙著をお持ちでない読者や，拙著の出版物すら知らない読者が多数おられるであろうことも考えあわせると，やむをえないことのようにも思えます。この点お断わりしておきます。

②──また，本書は，筆者が過去35年間にわたって収集した例文を元に書いたものです。したがって，技術的な内容としては，やや古くなっている例文もいくつかあるかと思います。しかし，英文そのものは，わずか35年の間に大きく変わるものではありません。

　それよりも，ここに引用している例文はすべて，現在も実際に活用されている文献から採ったものばかりですので，よくいわれるような「死んだ英語」は一つもないと考えています。この点もお断わりしておきたいと思います。

■出典原著者へのお礼

　「はしがき」でも述べたように，本書には，筆者が過去35年にわたって一般書籍，百科事典，新聞，雑誌，企業のカタログ，技術資料，マニュアルなどから収集してきた，たくさんの英文資料を引用しています。

　本来ならば，それらの原著者に，個別にご了解をいただかなければならないところですが，引用する目的と引用させていただいているその量から判断し，原著者の了解を得ることなく掲載・活用させていただきました。ここに，改めてお礼を申しあげます。

■既刊の拙著一覧（本文中にでてくる拙著の参考文献）
①──『新・実務英語入門　書き方と訳し方』（日興企画）
②──『数量英語の書き方入門』（日興企画）
③──『数量英語の活用文例集』（日興企画）
④──『前置詞活用辞典』（三省堂）
⑤──『英語数量表現辞典』（三省堂）
⑥──『技術英語構文辞典』（三省堂）
⑦──『科学技術和英大辞典』（オーム社）
⑧──『科学技術英和大辞典』（オーム社）
⑨──『科学技術英語表現辞典』（オーム社）
⑩──『技術翻訳のテクニック』（丸善）
⑪──『続・技術翻訳のテクニック』（丸善）

Practical English:

Sentence Patterns and Concise Expressions

あ行

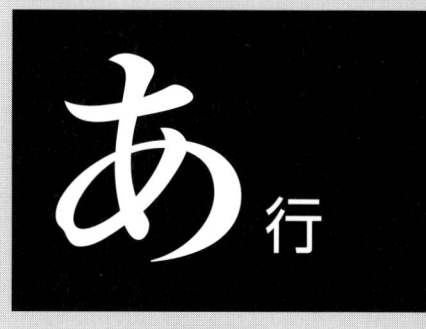

1-1 位置(場所)

位置(場所)/○○の位置(場所)に

「位置・場所」の絶対的な定語ではありませんが，日本語では「位置」は狭い所を，「場所」は広い所を表わすことばです。英語では前者には position, location, place などを，後者には place, location などを使います。したがって，「＿＿の位置（場所）」は the position (location, place など) of ＿＿ で表わします。「＿＿の位置（場所）に」は前置詞 in を使って in the position (location/place など) of ＿＿ のように表現します。「所定の位置（場所）に」は，in place, in location, in position などを用います。

● 「＿＿の位置（場所）」

◦ **the position of ＿＿**

　　穴の位置 ──────── the position of the holes
　　エレクトロン・ビームの位置 ── the position of the electron beam

◦ **the location of ＿＿**

　　割れ目の位置 ──── the location of the crack
　　スイッチの位置 ── the location of the switch
　　工場の場所 ───── the location of the plant

◦ **the place of ＿＿**

　　納入の場所 ────── the place of delivery
　　コンプレッサの位置 ── the place of the compressor

● 「＿＿の位置（場所）に」

◦ **in the position of ＿＿**

　　穴の位置に ──────── in the position of the holes

◦ **in the location of ＿＿**

　　スイッチの位置に ──── in the location of the switch

◦ **in the place of ＿＿**

　　コンプレッサの位置に ── in the place of the compressor

1-2　位置（場所）

上（下/左/右/前/後ろ）（に）

「位置」とか「場所」ということばは直接でてきませんが、「位置」や「場所」を表わすときによくでてくる表現です。あるものの「上」や「下」ならば top, bottom,「右」や「左」ならば right, left,「前」や「後」ならば front, rear です。「＿＿の上（下）に」は on (the) top of＿＿や at (the) bottom of＿＿,「＿＿の右（左）に」は at the right (left) of＿＿と書きます。「＿＿の前に」「＿＿の後ろに」は in front of＿＿, at the rear of＿＿などと書き表わします。before my house, behind my house などと書くこともできます。

●「上」「下」
　　家具の上に――― on the top of the furniture
　　パネルの下に――― at the bottom of the panel
注―「上下」の場合，英語でも日本語と同じように top を先にして the top and bottom といいます。「上のほう」「下のほう」は the upper part, the lower part です。したがって，「スクリーンの上のほう」や「スクリーンの下のほう」でしたら，the upper part of the screen, the lower part of the screen となります。

●「右」「左」
　　図の右に――― at the right of the figure
　　複写機の左に――― at the left of the copier
注―両方をいう場合は，日本語では「みぎひだり」といえば「右」が先になり，「さゆう」といえば「左」が先ですが，英語では the right and left です。

●「前」「後」
　　家の前に――― in front of my house または before my house
　　家の後に――― at the back of my house または behind my house
注―両方を表現する場合には，英語でも日本語と同じように「前」を先にして the front and the rear と書きます。「前後に」の場合，たとえば，「私の前後に」であれば，in front of and behind me と書きます。

あ行

1-3 位置(場所)

真上(真下/真横/真後ろ/真ん前)(に/の)

「真」に相当することばは，right, immediately, just, directly などです。これらのことばを「上」「下」「横」「前」「後ろ」を表わすことばの前につけることにより表現できます。

● 「真上」

○「真上に」という副詞的な使い方

　機械の真上に
　　── right (immediately/just/directly) above (over) the machine

○「真上の」という形容詞的な使い方

　機械の真上の蛍光燈
　　── a fluorescent lamp right above (over) the machine

注─これ以降の例文もふくめ，「真」を right で代表させてあります。

● 「真下」

　機械の真下に────── right below (under) the machine
　機械の真下の箱──── a box right below (under) the machine

● 「真横」「真後ろ」「真ん前」

　机の真横に─────── right beside (next to) the desk
　机の真横の屑籠──── a wastebasket right beside (next to) the desk
　家の真後ろ─────── right behind (at the back of) the house
　家の真後ろの倉庫
　　── a warehouse right behind (at the back of) the house
　ビルの真ん前────── right before (in front of) the building
　ビルの真ん前のレストラン
　　── a restaurant right before (in front of) the building

注 ─位置の表現とは直接関係ありませんが，「(直属の) 上司」は his (my, etc.) immediate boss といえます。

1-4 位置(場所)

○○する位置(場所)に／○○が○○する位置(場所)に

たんに「＿＿する位置に」という場合は in such a position (so as) to ＿＿ と書きます。そして，「＿＿が……する位置に」という場合には in such a position that ＿＿……というように＿＿(主語)＋……(動詞)で書きます。

● 「＿＿する位置に」

○ **in such a position (so as) to ＿＿**

この場合「＿＿する」主語は本文の中の主語です。

> この装置はその周辺にじゅうぶんなスペースができる（じゅうぶんなスペースを作る）位置に設置してください。

> The unit must be installed in such a position so as to allow ample space around it.

注 —この場合，install されるものは unit であり，ample space を allow するのも unit です。(so as) to ＿＿はこのようなときに使う表現です。

また，この日本文は命令形を使って

> Install the unit in such a position so as to allow ample space around it.

と書くこともできます。

● 「＿＿が……する位置に」

○ **in such a position that ＿＿……**

> このコンピュータはその周辺にじゅうぶんなスペースができる（じゅうぶんなスペースが作られる）位置に設置してください。

> The computer must be installed in such a position that ample space is provided around it.

注 —内容は上の日本文とまったく同じですが，「位置」を説明するのに節を用いると，このような英語になります。この場合，主文の主語は computer であり，that 節の中の主語は ample space is provided のように，本文の中の主語とは違う別の主語を使っています。

1-5　位置(場所)

○○に位置する

「位置する」という場合は，ふつう place, position, locate, situate などを用い，受身形を使って表現します。「＿＿は……に位置する」は＿＿ is placed (positioned/located/situated など) at (in/on など) ……と書き，「……に位置する＿＿」と形容詞的に表現する場合は，＿＿ placed (positioned/located/situated など) at (in/on など) ……と書きます。

● 「＿＿は……に位置する」

○ ＿＿ is placed at (in/on など) ……
　マークは箱の表面に位置している。
　　| A marking is placed on the surface of the box.

○ ＿＿ is positioned at (in/on など) ……
　スイッチはパネルの上方に位置している。
　　| A switch is positioned in the upper part of the panel.

○ ＿＿ is located at (in/on など) ……
　駅は町の中心に位置している。
　　| The station is located at the center of the town.

○ ＿＿ is situated at (in/on など) ……
　ヒューズは端子板の左側に位置している。
　　| The fuses are situated on the left side of the terminal board.

● 「……に位置する＿＿」

○ ＿＿ placed (positioned/located/situated など) at (in/on) ……
　これは文章の中の一部で「句」といいます。
　　箱の表面に位置しているマーク
　　　―― a marking (which is) placed on the surface of the box
　注――わかりやすいように which is をいれてありますが，実際にはいりません。
　　部屋の中央にある（位置している）机
　　　―― a desk located at the center of the room

1-6 位置(場所)

上下・左右の複合語

「＿＿の左下に」とか「＿＿の右上に」などのように,「左右」と「上下」を組み合わせて表現することがあります。その場合は, 日本語とは反対に「上下」に相当することばを,「左右」に相当することばの前にだします。たとえば,「＿＿の左下に」ならば, in the lower-left corner of ＿＿,「＿＿の右上に」ならば, in the upper-right corner of ＿＿で表わします。lower のかわりに bottom を, upper のかわりに top を使うこともできます。lower (bottom) や upper (top) と left や right の間にはハイフンを入れるのがふつうです。また,「＿＿の左（右）下の……」というように形容詞的に使う場合は, ……in the lower-left (-right) corner of ＿＿, で書くことができます。

● 「＿＿の左（右）上（下）に」
○ **in the upper-(lower-) left (right) corner of ＿＿**
　いろいろなシステムが図1の左上に示されている。
　　| Several systems are indicated in the upper-left corner of Figure 1.
　エレクトロン・ビームはスクリーンの左上からスタートする。
　　| The electron beam starts at the top-left corner of the screen.
　注—この場合は start at が強く支配しますので, in ではなく at になります。

● 「＿＿の左（右）上（下）の……」
○ **……in the upper-(lower-) left (right) corner of ＿＿**
　ディスプレイの右上の OK ボタン
　　—— the OK button in the upper-right corner of the display

● 「＿＿の左（右）上（下）近くに」
○ **near the upper-(lower-) left (right) corner of ＿＿**
　ランプが二つパネルの右上ちかくについています。
　　| Two lamps are located near the top-right hand corner of the panel.

2.1 一体
一体型/一体型である/一体化する

「一体型」は a single unit (part), an integral unit (part) などで表現します。したがって，「＿＿は一体型である」は ＿＿ is a single unit (part). または ＿＿ is an integral unit (part). と書きます。「＿＿は……と一体型である」は ＿＿ is an integral part of……, ＿＿ is integral with……などで書きます。「一体化する」という動詞は integrate です。したがって，「＿＿を……と一体化する」は to integrate ＿＿ into (with)……,「＿＿は……に一体化される」は ＿＿ is integrated into……と書きます。

● 「＿＿は一体型である」
　ふつう ＿＿ には二つ以上の名詞が来ます。
　軸と車輪は一体型である。
　　| A shaft and a wheel are an integral unit.
　壁と柱は一体型である。
　　| Walls and pillars are an integral part.

● 「＿＿は……と一体型である」
　○ ＿＿ **is an integral part of**……
　この断熱材はチューブと一体である。
　　| This insulation material is an integral part of the tube.
　○ ＿＿ **is integral with**……
　飛行機の翼は胴体と一体である。
　　| The wings of an airplane are integral with its fuselage.

● 「＿＿を……と一体化する」
　家の内装を外装と一体化する
　　―― to integrate the interior of the house with the exterior

● 「＿＿は……に一体化される」
　古い組織はこの組織に一体化された（統合された）。
　　| Old organizations were integrated into this organization.

2-2　一体
一体型の○○/○○と一体化型の○○

「一体型の（一体化された）＿＿」は integrated ＿＿ または integral ＿＿ を用います。「……と一体化型の（一体化された）＿＿」は ＿＿ integrated with…… と書きます。「＿＿は一体型に……する（されている）」という場合は，副詞 integrally を使って ＿＿ is integrally ……ed と表現します。したがって，「一体型に……された＿＿」は integrally ……ed ＿＿ です。

● 「一体型の（一体化された）＿＿」
  ○ integrated ＿＿
      一体型のスペル・チェッカー ── an integrated spell checker
      一体化されたツール ──────── an integrated tool
  ○ integral ＿＿
      一体型の単一駆動モータ ── a single integral drive motor

● 「……と一体化型の（一体化された）＿＿」
    染色体と一体化された性因子
        ── the sex factor integrated with the chromosome
    ホストDNAと一体化されたビールス状の核酸
        ── viral nucleic acid integrated with host DNA

● 「＿＿は一体型に……する（されている）」
    あるもの（＿＿s）は一体に収納される。
        | ＿＿s are integrally housed.
    あるもの（＿＿s）は一体に機械加工される。
        | ＿＿s are integrally machined together.
    あるもの（＿＿s）は一体に成形される
        | ＿＿s are integrally shaped together.

● 「一体型に……された＿＿」
    一体型に成形された部品 ──── an integrally formed part
    一体型に作られた脚と胴体 ── integrally shaped legs and body

3-1　一致

一致／○○の一致／○○と○○との一致

「一致」は agreement, accord, consistency, coincidence, concurrence などで表現します。「……の一致」は，上記のことばの後ろに in (of/for など) ……をつけ，「___と___との一致」は，between ___ and ___ をつけて表現します。「___と___との……の一致」は，agreement (accord/consistency/coincidence/concurrence など) in (of/for など) ……between ___ and ___ で表現します。

● 「一致」「……の一致」

○ **agreement（accord/consistency/coincidence など）in（of/for など）**

　　完全な一致── perfect agreement

解説── perfect agreement は，日本語にすると，「完全に一致する」となることがあります。それは，日本語は「動詞言語」（一致する）であるのに対し，英語は「名詞言語」（一致）であるからです。つぎの例文も同じです。

　　もし___と___が完全に一致する場合は，
　　| If ___ and ___ are in perfect agreement,
　　この一致が，当面，問題を解決してくれるはずである。
　　| The accord should resolve the issue for the time being.
　　設計概念には一致がない（一貫性がない）。
　　| There is no consistency in design concept.
　　このような一致は高い精度をもたらす。
　　| Such a coincidence causes higher accuracy.
　　何人かのエコノミストの予測の一致
　　　　── the concurrence of estimates by several economists

● 「___と___との……の一致」

　　AとBとの間の速度の一致
　　　　── an agreement in speed between A and B

注──「不一致」は disagreement, disaccord などで表現します。

3-2　一致

一致する／○○と一致する／○○が一致する

　「一致する」という動詞には agree, accord, coincide, conform, correspond, match などいろいろあります。「……と一致する」の場合には with……や to……をつけ、「……が一致する」の場合には in……をつけて表現します。また、「___は……と……が一致する」ならば、___agree (accord/coincide/correspond など) with……in……で表現します。

● 「一致する」「……と一致する」

○ **agree (accord/coincide/correspond など) with**……
　板厚は高さの差に一致していなければならない。
　| The plate thickness must agree with the difference in height.
　これは理論とは一致しない。
　| This does not accord with theory.
　ペンがタイム・ラインと一致したとき，
　| When the pen coincides with the time line,
　高さは図2のHと一致しなければならない。
　| The height must correspond with the dimension H in Fig. 2.

○ **conform to**……
　測定値は設計値と一致するはずである。
　| Measurements should conform to the design values.

○ **match**……
　この回路のインピーダンスは送信ラインのそれと一致する。
　| The impedance of this circuit matches that of the transmission line.

● 「___は……と……が一致する」

　動詞は主語と数が一致しなければならない。
　| The verb must agree with the subject in number.
　注—agree in number with the subject と書くこともできます。

3-3　一致
一致している/○○と一致している/○○が一致している

「___は一致している」というように状態を表わすときは___ is in agreement (accord/conformity/correspondence など) がぴったりとした表現です。「......と一致している」の場合には後ろに with......をつけ,「___が一致している」の場合には in ___ をつけること, そして,「......と___が一致する」ならば, with......in ___ で表現することは前項の 3-2 と同じです。

● 「___は一致している」「......と一致している」

○ ___ is in agreement(accord / conformity / correspondence)(with ......)

両方の装置とも流量制御方法が完全に一致していなければならない。
　Both devices must be in complete agreement on the flow control method.

解説 —「ほぼ一致している」「ほとんど一致していない」「全世界的な規模で一致している」などという場合には, be in rough agreement, be in little agreement, be in worldwide agreement などで表現できます。

そのため, 理想爆発は C-J 理論と一致している。
　Thus an ideal detonation is in accord with the C-J theory.

彼の行動はこの基本原理と一致している。
　His action is in conformity with this basic principle.

彼の行為は自己の主義に一致している。
　His conduct is in correspondence with his principles.

注 — 上記した「be 動詞＋in＋動詞から転じてきた名詞」は状態を表わすときによく使う表現ですが, われわれ日本人にとっては使いにくい用法です。

● 「___は......と___が一致している」

○ ___ is in agreement with ...... in ___

新しい部品は前の部品と色が一致していなければならない。
　A new part must be in agreement with the old part in color.

注 — 語順を変えて in agreement in color with the old part とも書けます。

4-1 影響（悪影響）
○○の影響／○○への影響

　これは「影響」という名詞の表現で，英語ではそれぞれニュアンスは違いますが，effect, influence, impact などで表わします。impact はやや強い感じをもつことばです。「影響」の表現には，「影響を与える側」を表わす「＿＿の影響」というのと，「影響を受ける側」を表わす「......への影響」という二つのことばがあります。前者は「の」に of を使って effect of＿＿, influence of＿＿, impact of＿＿ などと表現し，後者は「への」に on を使って effect on......, influence on......, impact on...... などと表現します。前者は「＿＿のもつ影響」と発想して，effect (influence/impact) that ＿＿ has などと書くこともできます。

● 「＿＿の影響」

○ **effect of ＿＿**

　　摩擦の影響 ——— the effect of friction

　　温度上昇の影響 —— the effect of increased temperature

○ **influence of ＿＿**

　　電圧の影響 —— the influence of voltage

○ **impact of ＿＿**

　　破産の影響 —— the impact of a bankruptcy

● 「......への影響」

　これは「......におよぼす影響」ということもあります。

○ **effect on ......**

　　自動車への影響 —— the effect on cars

○ **influence on ......**

　　子どもへの影響 —— the influence on children

○ **impact on ......**

　　消費量への影響 —— the impact on consumption

4-2 影響（悪影響）

○○の○○への影響

これは、「＿＿の……への影響」というように「影響を与える側」を表わす「＿＿の影響」と、「影響を受ける側」を表わす「……への影響」という二つの情報をいっしょにしたもので、英語では effect of ＿＿ on ……, influence of ＿＿ on ……, impact of ＿＿ on …… などと表現します。これと同じ意味を表現するしかたにもう一つあります。それは「＿＿が……に対してもつ影響」というように表現するものです。その場合、英語では、effect (influence/impact) that ＿＿ have on …… などと表現します。いずれも意味が同じになります。前項 4-1 と対比してみられるように、同じことばを使った例をあげてみます。

● 「＿＿の……への影響」

- **effect of ＿＿ on ……**
  摩擦の発熱への影響── the effect of friction on heat generation
- **influence of ＿＿ on ……**
  電圧の明るさへの影響── the influence of voltage on brightness
- **impact of ＿＿ on ……**
  破産の信用への影響── the impact of a bankruptcy on credit

● 「＿＿が……へおよぼす影響」

- **effect that ＿＿ have on ……**
  空気抵抗の自動車への影響
  　　── the effect that air resistance has on cars
- **influence that ＿＿ have on ……**
  ポルノの子どもへの影響
  　　── the influence that pornography has on children
- **impact that ＿＿ have on ……**
  価格の消費量への影響
  　　── the impact that a price has on consumption

4-3 影響（悪影響）

影響をおよぼす（与える/持つ）

これは，あるもの（＿＿）が他のもの（……）に「影響をおよぼす（与える/持つ）」という場合の表現で，「影響をおよぼす」という動詞を使って＿＿ affect……，＿＿ influence……，＿＿ impact……などで表わす方法と，「影響を持つ（与える）」というように，「影響」という名詞を使って＿＿ have effect (influence/impact) on……などで表わす方法の二つがあります。

● 「影響をおよぼす」

○ ＿＿ affect……

これらのことは ISDN に影響をおよぼす。

| These matters affect the ISDN.

○ ＿＿ influence……

これはこれらの要因がいかに誤作動に影響をおよぼすかを示している。

| This shows how these factors influence the malfunction.

○ ＿＿ impact……

このテクニックはこのあとの工程に影響を与えた。

| This technique impacted the subsequent processes.

● 「影響を持つ（与える）」

○ ＿＿ have effect on……

温度は粘度に影響を持つ。

| Temperature has an effect on viscosity.

○ ＿＿ have influence on……

それは機械の精度に大きな影響を持つ。

| It has a great influence on the accuracy of a machine.

重要―influence を名詞として使った場合には on が必要です。

○ ＿＿ have impact on……

物価の上昇は消費量に影響を持つ。

| Increased prices have an impact on consumption.

4-4　影響（悪影響）
影響をおよぼさない

　これは「影響をおよぼさない」という否定形で，前項 4-3 における「動詞 affect を使った表現」を打ち消す表現法と，「名詞 effect を使った表現」を打ち消すのと二つがあります。前者は affect という動詞の前に do (does) not や hardly という否定を表わす副詞を使って表現し，後者は effect という名詞の前に no, little, little or no などを使って表現します。no は完全否定であり，little は「ほとんど影響をおよぼさない」，little or no は「まったくといってよいくらい影響をおよぼさない」で限りなくゼロに近い表現です。

● 動詞 affect を使った表現を打ち消す──────────
- ＿＿ **do (does) not affect**……
    ステンレスは臭いには影響をおよぼさない。
    | Stainless steel does not affect the flavor.
    これはイメージ（像）の色には影響をおよぼさない。
    | This does not affect the image color.
- ＿＿ **hardly affect**……
    染料の中には液体の味に影響をおよぼさない種類のものがある。
    | Some sorts of dyestuff hardly affect the taste of the liquid.

● 名詞 effect を使った表現を打ち消す──────────
- ＿＿ **have no effect on**……
    それは，機関車には影響をおよぼさない。
    | It has no effect on the locomotive.
- ＿＿ **have little effect on**……
    この場合，速度 v は，操舵性にはほとんど影響をおよぼさない。
    | In this case, speed v has little effect on steering.
- ＿＿ **have little or no effect on**……
    この場合，振動はまったくといってよいくらい精度には影響を及ぼさない。
    | In this case, vibration has little or no effect on accuracy.

4-5　影響（悪影響）
影響を受ける（受けない）

　これは，あるもの（＿＿）が他のもの（……）によって「影響を受ける」という受け身の場合の表現で，「影響をおよぼす」という動詞を使って，＿＿ is affected (influence) by……などで表現します。「影響を受けない」という受け身の否定形は＿＿ is unaffected by……，＿＿ is not affected by……，＿＿ is little affected by……などで表現します。

●「影響を受ける」

○ ＿＿ **is affected by** ……

　半導体は磁界の影響を受ける。
　　| Semiconductors are affected by magnetic field.
　亜鉛は鉛よりも軽くて強いが，酸に影響を受ける。
　　| Zinc is lighter and stiffer than lead, but is affected by acids.
　注—この英文を「亜鉛はより軽く，かつ鉛よりも強い」とは訳さないように。

○ ＿＿ **is influenced by** ……

　水の利用法は顧客の経済状態によって影響を受ける。
　　| Water use is influenced by the economic status of the customers.

●「影響を受けない」

○ ＿＿ **is unaffected by** ……

　この材料は，雨や風には影響を受けない。
　　| This material is unaffected by rain or wind.

○ ＿＿ **is not affected by** ……

　測定結果は，天候には影響を受けなかった。
　　| Measurements were not affected by climate.

○ ＿＿ **is little affected by** ……

　ダイヤモンドの硬さは，温度にはほとんど影響を受けない。
　　| The diamond's hardness is little affected by temperature.

4-6 影響(悪影響)

影響をおよぼす(受ける)○○/影響をおよぼすことなく

「＿＿に影響をおよぼす……」は，……affecting＿＿と書きます。しかし，「＿＿に影響をおよぼすところの……」と発想して……that affect＿＿と書くこともできます。「＿＿の影響を受ける……」は，……affected by＿＿です。これも「＿＿の影響を受けるところの……」と発想して……that is affected by＿＿と書くこともできます。「＿＿に影響をおよぼすことなく」は，without affecting＿＿で表現します。

● 「＿＿に影響をおよぼす……」

○ ……affecting＿＿

車の選択に影響をおよぼす要因
── factors affecting (that affect) the selection of a car

結果に影響をおよぼすいろいろな原因
── various causes affecting (that affect) the results

注──上の二つは that affect＿＿でも書くことができることを示しています。

● 「＿＿の影響を受ける……」

○ ……affected by＿＿

湿度の影響を受けるすべての機械
── all machines affected (that are affected) by humidity

酸の影響を受ける部品
── parts affected (that are affected) by acid

注──上の二つは that are affected by＿＿でも書けることを示しています。

● 「＿＿に影響をおよぼすことなく」

○ without affecting＿＿

プリント速度は画質に影響をおよぼすことなく，上げることができる。
Printing speed can be increased without affecting image quality.

注──「＿＿を上げることができる」は，＿＿can be increased と書きます。

4-7 影響（悪影響）

悪影響／悪影響をおよぼす（受ける）／悪影響をおよぼさない（受けない）

「悪影響」という場合には，effect, impact などに adverse, harmful, ill, detrimental などの形容詞をつけて表わします。また，「悪影響をおよぼす（受ける）」「悪影響をおよぼさない（受けない）」などの場合には，adversely という副詞を使って表現します。「悪影響」の場合には influence ということばは使いません。「悪影響をおよぼすことなく」は，without adverse (harmful/detrimental/ill) effect と書きます。

● 「＿＿の悪影響」
　湿度の悪影響—— the adverse effect of moisture
● 「……への悪影響」
　寿命への悪影響—— the harmful effect on life
● 「＿＿の……への悪影響」
　埃の精度への悪影響—— the adverse effect of dust on accuracy
● 「悪影響をおよぼす」
　この色は肌に悪影響をおよぼす。
　| This color has an adverse effect on skin.
● 「悪影響を受ける」
　牛乳は熱によって悪影響を受ける。
　| Milk is adversely affected by heat.
● 「悪影響をおよぼさない」
　酸素は食品に悪影響をおよぼさない。
　| Oxygen does not have a detrimental effect on foodstuff.
● 「悪影響を受けない」
　この時計は湿気には悪影響を受けない。
　| This watch is not adversely affected by moisture.

5-1 同じ(等しい/同等)

○○は同じである(等しい)

「＿＿は同じである」という表現ですので，「＿＿」にはいる主語は複数形である場合がふつうで，＿＿ are the same., ＿＿ are equal., ＿＿ are identical. で表現します。same の前にはかならず the がつきます。the same は一般的な「同じ」の意味で，equal は「等しい」というニュアンスを持っており，identical は程度の高い「等しい」です。

● 「＿＿は同じである（等しい）」

○ ＿＿ are the same

棒の直径と長さは同じである。

| The diameter and the length of the bar are the same.

注 ―「棒の直径」と「棒の長さ」という二つが主語になっている例です。つぎの例は，主語が単数の場合の例です。

調整方法は，すべてのプリンタに対して同じです。

| The adjusting method is the same for all printers.

解説 ―まず「調整方法は同じです」と発想して the adjusting method is the same とします。その後に「すべてのプリンタに対して」という for all printers をつなげます。

○ ＿＿ are equal

これらの力は，かならずしも同じではない（等しくはない）。

| These forces are not necessarily equal.

注 ―前述したように equal は「等しい」というニュアンスを持っていますので，主語には「量」を表わすことばがくるのがふつうです。

○ ＿＿ are identical

もしこれらのデータが同じ（等しい）場合，

| If these data are identical,

このメッセージはファイルが同じときでも表示されます。

| This message may be displayed even when files are identical.

5.2 同じ(等しい/同等)
○○と同じである(等しい)

　これは「あるもの＿＿と他のもの……が同じである（等しい）」という表現で，主語は複数形でも単数形でもかまいません。＿＿ is the same as……, ＿＿ is equal to……, ＿＿ equal……, ＿＿ is identical with (to)……と書きます。same には as を用います。equal には，それが形容詞として使われているとき（＿＿ is equal to……）は to をつけなければなりませんが，動詞として使われているとき（＿＿ equal……）は前置詞はとりません。identical には to, with のいずれも使いますが，一般的には with です。

● 「＿＿と同じである（等しい）」

○ **＿＿ is the same as……**
　　パソコンの外観はワープロの外観と同じである。
> The external appearance of a personal computer is the same as that of a word processor.

注—英語では2回目にでてきた「外観」ということばはくり返さないで，that で書きます。複数形の場合では those です。

○ **＿＿ is equal to……**
　　この場合，ビットレートはボーレートと同じである（等しい）。
> In this case, the bit rate is equal to the baud rate.

　　1メートルは100センチメートルと同じである。
> A meter is equal to 100 centimeters.

○ **＿＿ equal……**
　　出力電流は入力電流と同じである（等しい）。
> The output current equals the input current.

○ **＿＿ is identical with (to)……**
　　人工宝石は結晶学的には天然石と同じである。
> Synthetic gems are crystallographically identical with natural stones.

5-3 同じ(等しい/同等)

○○とは○○が同じである(等しい)

これは「あるもの＿＿は他のもの……とは＿＿が同じである（等しい）」というときの表現で，前項 5-2 に新しく「＿＿が」という情報が加わったものです。英語の表現は ＿＿ is the same as …… in ＿＿， ＿＿ is equal to …… in ＿＿， ＿＿ equal …… in ＿＿， ＿＿ is identical with (to) …… in ＿＿， ＿＿ is equivalent to …… in ＿＿ などいろいろあります。

● 「＿＿とは……が同じである（等しい）」

○ ＿＿ **is the same as** …… **in** ＿＿

このボールペンはあのえんぴつとは長さが同じである。

| This ballpoint pen is the same as that pencil in length.

注―同じ点が複数個あるときは in の後ろにいくつでもつなげて書きます。

このボールペンはあのえんぴつとは長さ，直径，重さなどが同じである。

| This ballpoint pen is the same as that pencil in length, diameter, weight, etc.

○ ＿＿ **is equal to** …… **in** ＿＿

このモータはあのモータとは重さが同じでなければならない。

| This motor must be equal to that motor in weight.

○ ＿＿ **equal** …… **in** ＿＿

もし出力軸が入力軸と回転速度が同じだと，

| If the output shaft equals the input shaft in rotating speed,

○ ＿＿ **is identical with (to)** …… **in** ＿＿

人造ダイヤは天然ダイヤとは特性が同じである。

| Synthetic diamonds are identical with natural diamonds in properties.

注―in property を強調したいときは with …… の前におきます。

| Synthetic diamonds are identical in properties with natural diamonds.

5-4 同じ(等しい/同等)

○○とは○○が○○する点が同じである

　これは，前項 5-3 において，「＿＿が」という部分がたんなる語や句ではなく，「＿＿が＿＿する」というように節（主語と述部からなるものを節といいます）になる表現方法です。すなわち，「＿＿は……とは＿＿が＿＿する点が同じである（等しい）」というもので，英語では前項 5-3 における in ＿＿ の部分に in that ＿＿（が）＿＿（する）を入れ，＿＿ is the same as……in that ＿＿　＿＿, ＿＿ is identical with (to)……in that ＿＿ などで表現します。これらの表現は「＿＿が＿＿する点が同じである」というもので，「＿＿が＿＿する点が等しい」ということはあまりないので, ＿＿ is equal to……, ＿＿ equals……, ＿＿ is equivalent to…… などは，あまり使われません。

● 「……とは＿＿が＿＿する点が同じである」

○ ＿＿ is the same as……in that ＿＿　＿＿

　飛行機は鳥とは翼がある点が同じである。

> Airplanes are the same as birds in that they have wings.

　ボールペンは，ものを書くのに使用されるという点で鉛筆と同じである。

> A ballpoint pen is the same as a pencil in that it is used to write.

注—この場合，「that 節の中の主語は本文中の主語と同一である」というルールがあります。したがって，一つ目の例の they は birds ではなく，Airplanes を表わし，二つ目の例の it は a pencil ではなく，A ballpoint pen をさしています。

○ ＿＿ is identical with (to)……in that ＿＿　＿＿

　人造ダイヤは天然ダイヤとは光をあてると輝く点が同じである

> Synthetic diamonds are identical with natural diamonds in that they shine when exposed to light.

解説—上記三例において「……する点が同じである」であっても，in と that の間に the point を入れ，in the point that…とする必要はありません。

5-5　同じ(等しい/同等)

同じ(等しい)○○

これは形容詞として使われる「同じ」とか「等しい」とかいう表現で，same, identical, equal, equivalent などの形容詞を名詞の前につけて表現します。ただし，same の前にはかならず the をつけます。

● 「同じ（等しい）＿＿＿」

○ **the same ＿＿＿**

  同じ温度において ── at the same temperature
  同じ方向に ──────── in the same direction
  同じ原理で ──────── on the same principle
  同じ期間 ───────── for the same period

注1 ── ここではとくに意識的に「＿＿において」「＿＿に」「＿＿で」などという句（これを副詞句といいます）の例をあげました。温度や圧力などには at, 方向や場所などには in，原理や原則などには on，時間や期間などには for というように，ぜひ，前置詞とともに覚えてください。

注2 ──「同じ期間」には「てにをは」に相当することばがついていませんが，これが副詞句であることはおわかりだと思います。

○ **identical ＿＿＿**

  同じデータ ── identical data
  同じ（同一の）機械的および電気的性能
    ── identical mechanical and electrical properties

○ **equal ＿＿＿**

  同じ（等しい）量の流体 ── an equal amount of fluid
  同じ耐熱性 ──────── equal resistance to heat

○ **equivalent ＿＿＿**

  同じ出力範囲 ────── equivalent output range
  等しい重量だけ ───── by an equivalent weight

注 ── この場合の by は「だけ」という「差」を表わすことばです。

5-6 同じ(等しい/同等)
○○と同じ(等しい)○○

「......と同じ（等しい）____」という場合の表現で，英語では____ identical with (to)......, ____ equal to......, ____ equivalent to......などで書きます。似たような形で，the same ____ as......という表現もありますが，これは前にあげた三つの表現とは意味が違います（下の説明を参照してください）。

● 「......と同じ（等しい）____」

○ ____ **identical with (to)**......
　ダイヤモンドの硬さと同じ硬さをもつ金属
　　——a metal with a hardness identical with (to) that of a diamond
　最新型のプリンタでとったものと同じ（品質の）プリント
　　——a print identical with (to) that produced on the latest model printer

○ ____ **equal to**......
　地球の直径と同じ（等しい）距離
　　——a distance equal to the diameter of the earth
　定格圧力の10％と同じ圧力降下
　　——a pressure drop equal to 10% of the rated pressure

○ ____ **equivalent to**......
　スキャナの解像度と同じプリンタの解像度
　　——the resolution of a printer equivalent to that of a scanner

重要——これらと似た形で，the same ...... as ____ という表現もありますが，これは「......は____と同じ____をどうこうする」という意味で，主語の......が____と対応するときの表現です。たとえば，つぎのような場合です。

　彼女は直属の上司と同じ仕事をしている。
　| She does the same job as her immediate boss.

注——job と her immediate boss が同じであるわけではありません。

5-7 同じ（等しい/同等）

○○と同じように/○○するのと同じように/同様に

「＿＿と同じように」というのは，たとえば，「自動車と同じように，電車は……」とか「パソコンと同じように，ワープロは……」などというときの表現で，Like cars, trains……とか，Like personal computers, word processors……などのように like で書きます。「＿＿が……するのと同じように」は Just as ＿＿……と書きます。また，前の文章を受けて「同様に」「同じように」などという場合には，Likewise, とか Similarly などを使います。

● 「＿＿と同じように，……は」

○ **Like ＿＿, ……**

ヒューズと同じように，ブレーカは回路を保護するために用いられる。
| Like a fuse, a circuit breaker is used to protect the circuit.
動物と同じように，これらのバクテリアの大半は好気性である。
| Like animals, the majority of these bacteria are aerobic.

● 「＿＿が……するのと同じように」

○ **Just as ＿＿……**

モータに負荷がかかると熱を発生するのと同じように，
| Just as overloaded motors generate heat,
文法的に完全な文章はたいくつであるのと同じように，
| Just as a grammatically perfect sentence may be dull,

● 「同様に」「同じように」

○ **Likewise**

同様に，これらの部品は交換しなければいけません。
| Likewise, these parts require replacement.

○ **Similarly**

同様に，もし入力速度より速い出力速度が必要な場合には，
| Similarly, if an output speed higher than the input speed is needed,

5-8 同じ(等しい/同等)
同じようなもの/同等品

　同じようなものや類似のものをいくつか列挙し，最後に「など」とか「そのほか同様のもの」として，さらにいくつかのものを暗示するときは，and (or) the like で表現します。etc. とは意味がちょっと違います。etc. は「など」という意味で，「同じもの」または「同種のもの」を列挙するとき以外にも使えますが，この and (or) the like は「同じもの」を列挙するときにしか使えません。「同等品」は equivalent で表現します。ふつう etc. は文中に使用し，文末には and so forth のほうがよいとされています。

● 「およびその他同様のもの」
　　入力手段には，キーボード，OCR，フロッピー・ディスク，その他同様のものがあります。
　　　| Inputting means include a keyboard, an OCR, a floppy disk, and the like.

解説 — 「＿＿には……，……，および……がある」という場合，include を使って＿＿ include……, ……, and…… とすると，きれいな英語になります。
解説 — etc. の場合にはその前に and をつけず，a keyboard, an OCR, a floppy disk, etc. です。

● 「またはそのほか同様のもの」
　　それを取りはずすには，ドライバ，棒，または同様のものを使ってください。
　　　| To remove it, use a screwdriver, a bar, or the like.
注 — 日本語ではドライバといいますが，英語では screwdriver です。

● 「同等品」
　　弊社は機械的な同等品を使用することを推奨します。
　　　| We recommend that mechanical equivalents be used.

● 「またはその同等品」
　　作動油として xxx1234，またはその同等品を使用してください。
　　　| Use xxx1234 or the equivalent as the operating fluid.

Tea time

無生物主語構文──「こと」を主語にする構文

　この「無生物主語構文」は英語にのみ発達していて，別の名を「無意志物構文」とも「物主構文」ともいい，日本語にはほとんどない文章構造のひとつです。したがって，英文を自然な日本語に訳すときはもちろんのこと，英語らしい簡潔な英語を書くときにもきわめてだいじな構文です。

　日本語では，ふつう「もの」を主語にして文章を書きますが，この英語の「無生物主語構文」は「○○であること」とか「○○にすること」などのように「こと」を主語にしている文章構造です。たとえば，

　○ Higher operating temperature shortens the life of a lamp.

という場合，これを，直訳すると，

　　| 高い作動温度はランプの寿命を短くさせる。

となります。しかし，ちょっと奇異に響きます。それは，日本語では「作動温度にはランプの寿命を短くさせる意志も作用力もない」と考えるからです。そのため，このような英語を日本語に訳すときには，

　　| 作動温度が高いと，ランプの寿命は短くなる。

というように「作動温度が高いと」と「ランプの寿命は短くなる」のふたつにわけて考えます。これで英語と日本語は意味のうえで等しくなります。

　もうひとつ例をあげてみます。これは「○○すること」の例です。

　○ Pressing the ON button will cause the machine to start operating.

これを直訳すると，

　　| ON ボタンを押すということは機械を始動せしむる。

となり，日本語としてはあまりこなれていません。そこで日本語としては「ON ボタンを押すと」と「機械は始動する」のふたつの文章にわけ，

　　| ON ボタンを押すと，機械は始動する。

とします。これで翻訳臭のない自然な日本語に訳せました（拙著①⑥および⑩を参照してください）。

Practical English:
Sentence Patterns and Concise Expressions

か行

6-1 確認

確認/○○の確認

英語では confirmation や verification を使いますが，とくに身分を確認する意味のときは identification を使います。「___の確認」ならば，confirmation of ___, verification of ___, identification of ___ です。

● 「確認」
- confirmation
  - 確認動作――――――― confirmation operation
  - 素早い確認――――― speedy confirmation
  - 確認のため表示する―― to prompt for confirmation
- verification
  - 設計確認プログラム――― a design verification program
  - アセンブリ確認ツール―― assembly verification tools
- identification
  - 確認番号を入力する――― to enter their identification numbers
  - 製品の確認を容易にする―― to make product identification easy

注―「確認」を表わすのに ascertainment を使うこともあります。

● 「___の確認」
- confirmation of ___
  - 信号発信の確認――― confirmation of signal transmission
  - キャンセルの確認―― confirmation of cancellation
- verification of ___
  - 仕様書の確認―― verification of the specification sheet
  - プリンタの正しい動作の確認
    ―― verification of proper printer operation
- identification of ___
  - 呼者の確認―― identification of the caller
  - 記号の確認―― identification of symbols

6-2 確認

確認する

「確認する」はいろいろありますが，たとえば，confirm は事実をそのまま確認することであり，verify は物事を突き詰めていって確認することです。ascertain はやや堅い表現です。check は調べて確認する意味をふくんでおり，identify は身分や本質などを確認して特定するというときに使います。

● 「確認する」

○ **confirm**

SHIFT キーを押して入力を確認してください。
| Press the SHIFT key to confirm entry.

このリレー回路はトランスデューサの回転を確認するのに用いられている。
| The relay circuit is used to confirm the rotation of the transducer.

○ **verify**

この方法では，自分で入力した値を確認することができます。
| In this way, you can verify the values you enter.

科学的事実を確認するのはライターの義務である。
| It is the duty of a writer to verify the technical facts.

○ **ascertain**

編集者は技術者の目標を確認するためにかれらを調査した。
| The editor surveyed engineers to ascertain their goals.

これは工場の生産速度を確認するのに用いられる。
| This is used to ascertain the production speed of the plant.

○ **identify**

ほとんどの場合，指紋は殺人者を確認できる。
| In most cases, fingerprints can identify the killer.

彼女は搭乗する前に自分のスーツケースを確認した。
| She identified her luggage before boarding.

6-3　確認

○○する(である)ことを確認する

「＿＿が……する（である）ことを確認する」は，ふつうにはmake sure (certain) that＿＿……, check to see if (that)＿＿……などで表現しますが，confirm, verify, ascertainなどの後ろにthat＿＿……をつけて表現することもできます。make sure (certain) that＿＿……やcheck to see if (that)＿＿……は，ただ事実を確認するだけではなく，「そうなっていなければ，そのようにする」というニュアンスまでふくまれています。

● 「＿＿が……する（である）ことを確認する」
○ **make sure (certain) that ＿＿……**
　　ディスクがドライブの中にはいっていることを確認してください。
　　　| Make sure (that) there is a disk in the drive.
　　ケーブルがドアに挟まっていないことを確認してください。
　　　| Make certain that no cables are pinched by the door.
○ **check to see if (that) ＿＿……**
　　電源ランプが点灯していることを確認してください。
　　　| Check to see if the power lamp is lit.
　　注— ifのかわりにthatを使うこともまれにはあります。また，check to make sure that＿＿……で書くこともできます。
○ **confirm that ＿＿……**
　　かれらは原因は自国にはないことを確認した。
　　　| They confirmed that the source was not in their country.
○ **verify that ＿＿……**
　　モデムの電源スイッチが切ってあることを確認してください。
　　　| Verify that the modem's power switch is turned off.
○ **ascertain that (whether) ＿＿……**
　　目的はそれが仕様にあっていることを確認することである。
　　　| The purpose is to ascertain that it meets the specifications.

7-1 形

形／○○の形／どのような形

「形」は日常よく使われることばで，form, shape があまり区別なく，一般的に使われます。姿・体形や丸・四角・三角などの形状などをいうときはfigure が，また，輪郭を意味するときはoutline も使われます。「＿＿の形」という場合には，the form of ＿＿, the shape of ＿＿などで表現します。＿＿form, ＿＿shape で書くこともできます。「どのような（......）形」という場合には，前に形容詞をつけて，......form, ...shape と書きます。この場合，form は具体的なものの形だけでなく，形式・形態・状態などを意味する表現にも使われます。

● 「＿＿の形」

○ **the form (shape/figure/outline) of ＿＿**
 カメラの形——the form of the camera
 断面の形——the shape of the cross section
 山々の形——the outline of the mountains

○ **＿＿ form (shape/figure/outline)**
 伝染病の形——an infectious form
 ボードの形——a board shape

● 「どのような（......）形」

○ **......shape**
 異常な形——an unusual shape

○ **......figure**
 閉じた形———a closed figure
 会社のロゴのような特定の形
  —— specified figures such as a company logo
 推奨される形——a recommended form

解説—その他，直接「形」を表わすことばとして，circle（円），oval（楕円），triangle（3角形），trapezoid（台形）などがあります。

7-2 形

○○の形で/○○の形に

「＿＿の形で」という場合の「で」は前置詞 in で表わします。ここでも，in the form (shape) of＿＿という形と，in＿＿ form (shape) という形とがあります。ただし，このときの form は，形式・状態という意味で多く使われます。「＿＿の形に」というときは，前置詞 to または into を使って to (into)＿＿ form (shape) と書きます。また，「＿＿が……できるような形で」のように，「形」を修飾する語が文のときには，that を使って in a form that enable＿＿ to……と書くことができます。

● 「＿＿の形で」

○ **in the form of ＿＿**

　　フィルムの形で――― in the form of film
　　液体の形で――――― in the form of liquid

○ **in the shape of ＿＿**

　　U 字形で―――――― in the shape of a U
　　蝶の羽の形で―――― in the shape of butterfly's wings

○ **in ＿＿ form**

　　粉末の形で――――― in a powder form
　　もっと役立つ形で―― in a more usuful form

○ **in ＿＿ shape**

　　円盤の形で――――― in disk shape

● 「＿＿の形に」

○ **to (into)＿＿ form (shape)**

　　要求された形に加工された金属部品
　　　　―― metal parts machined to the required shape
　　それらは容易に種々の形に加工することができます。
　　　｜ They can easily be machined into various shapes.

7-3 形

○○の形になる(をとる)/形にする(を作る)/形作る

「＿＿の形になる」「＿＿の形をとる」というときは自動詞 form, shape を使って表現できますが，form は「できる」「生じる」などの意味に使われ，shape は「望ましい結果になる」という意味に使われます。form を名詞形として使って take the form of ＿＿で表わすのが一般的です。

● 「＿＿の形になる（をとる）」場合
○ **take the form of ＿＿**

保護装置は一般にヒューズの形をとっている。
| Protective devices generally take the form of fuses.

その滑り接触スイッチは，ダイヤルまたはドラムの形をとる。
| The sliding contact switch takes the form of a dial or drum.

● 「形にする（を作る）」
○ **shape**

フォイルをトマトの頂部を残してまわりにぴったりする形にしてください。
| Shape foil to fit around tomato, leaving top uncovered.

穴を適当な形にすることによって——by properly shaping the hole

○ **form**

その曲線は，……のときに完全な円形になる。
| The curve forms a complete circle when....

● 「形作る」

注―このことばは，日本語ではたんに「作る」ということが多いようです。

○ **formed (forming)**

120°間隔に配置された球によって作られている3角形の場所
——a triangular space formed by three balls that are 120° apart

少女は粘土で人形を作っている。
| The girl is forming a doll out of clay.

7-4　形

○○の形をした○○/形が○○な○○

「……の形をした___」「……形の___」「形が……の___」など，形容詞として使う場合は___ in the form (shape) of……, ……-shaped___などで表現します。また，動詞の過去分詞を使って表わすこともできます。または副詞（……）を使って……shaped___と書くこともできます。この場合には___とshapedの間にはハイフン(-)ははいりません。「形がどのような（……）___」という場合には，……in shape と書きます。たんに「形が……な」なら，……in shape と書きます。

● 「……の形をした___」

○ ___ in the form of……

　電気信号の形をした情報
　　──information in the form of electrical signals

○ ___ in the shape of……

　Y字形をした試験片── specimens in the shape of a Y

○ ……-shaped

　円錐形をした帽子── a cone-shaped hat
　V字形をした断面── a V-shaped section

○ 過去分詞を使った例

　ドーナツのような形をしたクッション
　　── a cushion (which is) shaped like a doughnut

○ ……shaped___

　不規則な形をした結晶── an irregularly shaped crystal

● 「形がどのような（……）___」

○ ___……in shape

　形が不規則な机── a desk irregular in shape

8-1 間隔(隙間/等間隔)

間隔/隙間

　時間的・空間的な間隔は interval を，空間的な間隔，すなわち，「隙間」は clearance, gap, spacing などを使います。clearance は二つのものが接触しないよう意図的に設けた隙間，gap は誤ってできてしまった好まざる隙間，spacing はその間にものを置くためのある決められた距離を意味しています。また，gap は観念的な隙間（すなわち，ギャップ）にも使うことができます。

● 空間的・時間的な「間隔」
○ **interval**
　　穴と穴の間隔は不規則である。
　　　| The intervals between the holes are irregular.
　　時間間隔は，このような方法で決められた。
　　　| The time interval was determined in this way.

● 空間的な「間隔」「隙間」
○ **clearance**
　　＿＿と……の間には，少なくとも 4 インチの間隔をあけてください。
　　　| Leave at least 4 inches of clearance between ＿＿ and……

○ **gap**
　　ローラのすきまにはいる材質は押しだされる。
　　　| The material entering the gap between the rollers is squeezed.
　　彼自身とスペシャリストとのギャップ
　　　――the gap between himself and the specialist

○ **spacing**
　　原稿のライン間隔を小さくするには，
　　　| To decrease the line spacing in a document,
　　「60」と「mph」の間に間隔をあけてください。
　　　| Leave a space between "60" and "mph."

8-2　間隔（隙間/等間隔）

どのような間隔で/○○する間隔で

「どのような」という形容詞，たとえば，「大きい」「小さい」「通常の」などが「間隔」ということばの前につく場合で，英語ではその形容詞を intervals の前において at ___ intervals で表現します。この場合，前置詞は at を用いて，intervals は複数形を使います。また，「___によって……された間隔で」とか「___に……された間隔で」などというように，形容詞がひとつのことばではなく，いくつかのことばからなる表現の場合には，その語句を at と intervals の間に入れることはできませんので，intervals の後ろにつけて at intervals……ed by (in) などで表現します。

● 「どのような（___）間隔で」
○ at ___ intervals

テストは前もって決められた間隔で行なった。
| Tests were conducted at predetermined intervals.

冷たい空気は特定の間隔で部屋のなかに吹き込まれてきた。
| Cold air has been blown into the chamber at specific intervals.

ある間隔で ——— at certain intervals
周期的な間隔で —— at periodic intervals
適切な間隔で ——— at suitable intervals

● 「___によって……された間隔で」
○ at intervals……ed by ___

顧客によって指定された間隔で —— at intervals specified by the client

● 「___に……された間隔で」
○ at intervals……ed in ___

マニュアルに述べられた間隔で
　　—— at intervals described in the manual

8.3　間隔(隙間/等間隔)

どのくらいの間隔で

これは「2インチの」「180度の」「5分(の)」などのように数量を表わす語句と「間隔」が組み合わされた場合の表現で，英語では at intervals of X□, at X-□ intervals などで表現します。X は数値を，□は単位を表わします。後者の場合，数値 X と単位□の間にはハイフンを入れます。これらの場合も前置詞は at です。目盛などが「＿＿とび」にという場合，increment や step を使って表現することもあります。この場合には前置詞は in です。

● 「どのくらい（X□）の間隔で」────────────
○ **at intervals of X□**

　　2日間隔でこのテストを行なってください。
　　　| Conduct this test at intervals of two days.
　　彗星の映像は4秒間隔でセンターに送られてきます。
　　　| Images of the comet are relayed to the center at intervals of
　　　| four seconds.

○ **at X-□ intervals**

　　この棒には15インチ間隔にグリースを塗布した。
　　　| Grease was applied to the bar at 15-in. intervals.
　　チェインには3フィート間隔で注油した。
　　　| Oil was fed to the chain at 3-foot intervals.
　注―「3フィート」の「フィート」をつづる場合には，3-feet intervals ではなく，3-foot intervals となることに注意してください。

○ **in increments of X□**

　　設定は0.02 mm 間隔に行なってください。
　　　| Settings should be made in increments of 0.02 mm.

○ **in steps of X□**

　　炭素含有量を0.01％間隔（とび）に増やした。
　　　| The carbon content was increased in steps of 0.01 %.

8-4 間隔(隙間/等間隔)

どのような(どのくらいの)間隔の○○

「どのような（……）間隔で配置された___」とか「どのくらい（X□）の間隔で配置された___」というときの表現で，前項の 8-2 や 8-3 の表現を活用して___……ly spaced, ……ly spaced___とか___ spaced at X□, ___ spaced (set) X□ apart などで表現します。

● 「どのような（……）間隔で配置された___」────────────

○ ___……ly spaced

　任意の間隔に配置されたマーキング── markings randomly spaced
　適切な間隔で配置されたたくさんの石
　　　　──many stones properly spaced
　注──この表現は，「一本の線に沿って」とか「道路に沿って」などという修飾語をつけることができます。すなわち, markings randomly spaced along a line, many stones properly spaced along the road。

○ ……ly spaced___

　狭い間隔で配置されたライン── closely spaced lines
　特定の間隔で配置された地上局
　　　　── specifically spaced ground stations

● 「どのくらい（X□）の間隔に配置された___」────────────

○ ___ spaced at X□

　12 フィート間隔に配置された旗── flags spaced at 12 feet
　3°間隔に配置された半径方向の線
　　　　── lines in a radial direction spaced at 3°

○ ___ spaced (set) X□ apart

　3 m 間隔に配置されたテーブル── tables set 3 m apart
　注──apart ということばは，two bolts 8 mm apart（8 mm の間隔の〈離れた〉2 本のボルト）というように，二つのものにも使うことができます。

8-5 間隔(隙間/等間隔)
○○の間隔の○○/どのくらいの間隔の○○

「どのような（……）間隔の___」とか「どのくらい（X□）の間隔の___」という場合の表現で，……には「任意の」「特定の」「大きな」などの形容詞が，そして，X□には「数値」および「単位」がはいります．前者の場合，日本語では「どのような（形容詞）＋間隔（名詞）」を形容詞的に使い，「___」というほんとうの名詞を修飾していますが，英語では「どのように（副詞）＋間隔があけられた（過去分詞，すなわち形容詞）＋___（名詞）」のように書きます．すなわち，……ly spaced ___ です．また，名詞（___）を前にだして___……ly spaced とも ___ spaced……ly とも書けます．後者の場合は，___ spaced at X□ (intervals)，___ spaced (at) X□ apart です．

● 「どのような（……）間隔の___」

○ ……ly spaced ___

板の上には適切な間隔の10個の穴がある．
 | There are ten properly spaced holes on the plate.

極端に隣接した間隔の穴をドリルであける際には，
 | When drilling extremely closely spaced holes,

○ ___……ly spaced

この建物には任意の間隔の窓が16個ある．
 | The building has 16 windows randomly spaced.

● 「どのくらい（X□）の間隔の___」

○ ___ spaced at X□ (intervals)

90°間隔の2個のボスが有効に働く．
 | Two bosses spaced at 90° work effectively.

○ ___ spaced (at) X□ apart

5インチ間隔の丸が普通である．
 | Circles 5 inches apart are common.

8-6 間隔(隙間/等間隔)

等間隔に

「等間隔に」は，基本的には at ___ intervals で書きます。そして，___ の中に「等しい」「均一な」などを意味する equal, uniform, fixed, regular などのことばをいれて表わします。equal intervals は「等しい間隔」，uniform intervals, fixed intervals は「均一な間隔」，そして，regular intervals は「定期的な間隔」というニュアンスをそれぞれ持っています。しかし，ふつうにはたんに at intervals で表わすことがよくあります。

● 「等間隔に」
○ **at intervals**
グリース・アプリケータは等間隔に設けなければいけない。
| Grease applicators must be provided at intervals.
この操作を等間隔にくり返してください。
| Repeat this operation at intervals.
○ **at equal intervals**
石は等間隔に置かれている。
| Stones are placed at equal intervals.
○ **at uniform intervals**
棒にはマークを等間隔につけてください。
| Make markings on the bar at uniform intervals.
○ **at fixed intervals**
溶液のサンプルは等間隔にチェックすること。
| Solution samples should be checked at fixed intervals.
○ **at regular intervals**
測定値は等間隔にチェックするものとする。
| Measurements shall be checked at regular intervals.
このパターンは等間隔に現われる。
| This pattern appears at regular intervals.

8-7　間隔(隙間/等間隔)

等間隔の○○

「等間隔の＿＿」は,「等しく(均一に)間隔をあけられた＿＿」と発想してequally (uniformly/evenly) spaced ＿＿などと表現します。また,名詞(＿＿)を前にだして＿＿ equally spaced (＿＿ spaced equally), ＿＿ uniformly spaced (＿＿ spaced uniformly), ＿＿ evenly spaced (＿＿ spaced evenly) などと書きます。また,「＿＿は等間隔に配置されている」は,＿＿ are equally (uniformly/evenly) spacedで表現します。

●「等間隔の＿＿」

○ **equally spaced ＿＿**
　　調整後,等間隔のキャップ・スクリューを締めてください。
　　| After adjustment, tighten equally spaced cap screws.

○ **uniformly spaced ＿＿**
　　＿＿は……に等間隔のボルトで取りつけられている。
　　| ＿＿ are mounted to……with uniformly spaced bolts.

○ **evenly spaced ＿＿**
　　この板には等間隔のタップが設けられている。
　　| The plate is provided with evenly spaced taps.

○ **uniformly spaced (＿＿ spaced uniformly), ＿＿ evenly spaced (＿＿ spaced evenly)**
　　道路に沿って等間隔に置かれた石
　　――stones uniformly spaced along the road

●「＿＿は等間隔に配置されている」

○ **＿＿ are equally (uniformly/evenly) spaced**
　　4個の光学センサはコンベアに沿って等間隔に配置されている。
　　| Four optical sensors are equally spaced along the conveyor.

9-1 規定(規則)

規定(規則)

「規定」はふつう rules, regulations で表わします。もう少し柔らかい「規則」や「さだめ」、また、すこし形式ばった「条例」も rules, regulations, provisions などで表わします。一方、「条項」は「規定」や「規則」のなかの各項目を表わすことばで、clause, article, item などを使います。

● 「規定」

◦ **rules**

契約に関して遵守しなければならない規定が二つある。
　There are two rules to follow in dealing with contracts.
研究室では煙草を吸わないというのが私たちの規則です。
　Our rule is no smoking in our laboratory.

◦ **regulations**

それぞれの国の規定によって保証期間の長さが違う。
　Regulations in each country determine the length of warranty.

解説 ─ 英語で____ determine ...... とある場合、「____は......を決定する」とするよりも、「____によって......が決まる（違う）」としたほうが自然な日本語に訳すことができます。これは和英翻訳にも使えるテクニックです。

環境汚染抑制のため自動車排気ガス規定を適用した。
　Regulations on exhaust emissions from automobiles were applied to control environmental pollution.

◦ **provision**

その事柄に対してはなんら法令の規定がない。
　There is no provision in the statute on this matter.

◦ **clause**

もし彼が、いろいろな条項が何を意味するのか説明できない場合には、
　If he cannot explain what the various clauses mean,

9-2 規定（規則）

規定する／規定されている／規定されているように

「＿＿を規定（明記）する」は，prescribe (specify/stipulate/regulate/define/provide) ＿＿などで表現し，「＿＿に規定（明記）されている」は be prescribed (specified/stipulated/regulated など) in ＿＿で表わします。また，「＿＿に規定（明記）されているように」は，as prescribed (specified/stipulated/regulated など) in ＿＿で表わします。

● 「＿＿を規定（明記）する」

○ **prescribe (specify/stipulate/regulate/define/provide など) ＿＿**

彼らは遵守すべき条件を規定した。
| They prescribed the conditions to be followed.

契約書は……の場合は罰金を支払わなければならないことを明記している。
| The contract specifies that a penalty must be paid if....

法律は，公衆の面前では喫煙してはならないと規定している。
| The law stipulates that smoking is not allowed in public.

● 「＿＿に規定（明記）されている」

○ **be prescribed (specified/stipulated/regulated など) in ＿＿**

支払い条件は見積り仕様書に規定されている。
| The payment conditions are prescribed in the estimate specifications.

避雷針を使用することが仕様書に規定されている。
| The use of a lightning arrester is stipulated in the specifications.

● 「＿＿に規定（明記）されているように」

○ **as prescribed (specified/stipulated/regulated など) in ＿＿**

法律によって規定されているように──as prescribed in the statute
仕様書に規定（明記）されているように
　　──as stipulated in the specifications

10.1 区別(識別)

区別(識別)

「区別」はものごとを種類によってわけたり，差別をつけたりすることで，英語では distinction, discrimination, differentiation などで表わします。一方，「識別」はものごとを種類や性状などによって見わけることで，identification, discrimination, recognition などで表わします。「＿＿と……の間の区別」は，それぞれのことばの後に between ＿＿ and …… をつけて表現します。

● 「区別」
○ **distinction**
　意味に精細な区別がある。
　　| The fine distinction is in their meaning.
○ **discrimination**
　等級による区別はない。
　　| There is no discrimination in classes.
○ **differentiation**
　紙の裏表の区別── differentiation on both sides of the paper

● 「識別」
○ **identification**
　敵戦闘機の識別── identification of enemy fighters
　識別コード─── an identification code

● 「＿＿と……の間の区別」
○ **distinction between ＿＿ and ……**
　ラットとマウスの識別はきわめて容易です。
　　| Distinction between rats and mice is very easy.
　合成宝石と模造宝石の区別
　　── distinction between synthetic and imitation gems

10.2 区別（識別）

区別する/識別する

「区別する」は distinguish, make distinction, differentiate, discriminate などで表わし，「識別する」は identify, discriminate, distinguish などで表わします。

● 「区別する」

○ **distinguish**

AND と OR のパラレリズムを区別する
—— to distinguish AND and OR parallelisms

異なった材質を区別する—— to distinguish different materials

○ **make distinction**

ふつう，使われている漢字で区別する。
| Distinctions are ordinarily made from the kanji used.

○ **differentiate**

リンク，固定ピボット，および可動ピボットを区別するため，ふつう，ディスプレーは色別にしている。
| The display is usually color-coded to differentiate links, fixed pivots, and moving pivots.

○ **discriminate**

背景騒音によって発生するノイズを区別する
—— to discriminate noise produced by background clutter

● 「識別する」

○ **identify**

個人ユーザーを識別するのに，この情報を使ってください。
| Use this information to identify individual users.

○ **discriminate**

異なった目標を識別する
—— to discriminate between different targets

10.3 区別(識別)

○○を○○と区別する/○○と○○を区別する

「___を……と区別する」は，前の項の「区別する」という動詞の後に___ from……をつけ，distinguish (differentiate/discriminate)___ from……で表現します。「___と……を区別する」の場合は，それぞれのことばの後に between ___ and……をつけて表現します。また，distinction という名詞を使って distinction is made と表現することもできます。「___同士を区別する」という場合は，それぞれのことばの後に between (among)___ s (複数名詞) をつけて表現します。

● 「___を……と区別する」
◦ **distinguish ___ from……**
  音楽用 CD をパソコン用 CD と区別する必要がある。
  | You have to distinguish audio CDs from PC CDs.
◦ **differentiate ___ from……**
  食品工学を食品科学と区別する
  —— to differentiate food engineering from food science

● 「___と……を区別する」
◦ **distinguish between ___ and……**
  友軍機と敵機を区別する
  —— to distinguish between friendly and enemy aircraft
  一時的な在留外国人と永住希望の在留外国人を区別している国は多い。
  | Many countries distinguish between temporary aliens and
  | those who wish to reside permanently.
◦ **distinction is made between ___ and……**
  大気露点と圧力露点を区別しなければいけない。
  | A distinction must be made between atmospheric dew point
  | and pressure dew point.

10-4 区別(識別)

○○は○○と区別される／○○によって区別される

これは受け身の表現で，英語では「be＋過去分詞」で表現します。「＿＿は……と区別される」は，＿＿ is distinguished (differentiated/separated) from……と書きます。「＿＿は……によって区別される」は，by……とか according to……を使って＿＿ is distinguished (differentiated/separated) by (according to)……と書きます。

● 「＿＿は……と区別される」

○ ＿＿ is distinguished from……

この方法は，電気抵抗法と区別しなければいけない。
> This method should be distinguished from the electric resistance method.

○ ＿＿ is differentiated from……

食品工学は，食品技術とは区別されている。
> Food engineering is differentiated from food technology.

● 「＿＿は……によって区別される」

○ ＿＿ is distinguished by (according to)……

ピクセル・データは色によって区別される。
> Pixel data are distinguished by color.

録音は信号の形によって区別される。
> Sound recordings are distinguished according to the form of the signal.

○ ＿＿ is differentiated by (according to)……

これらの端子はその端子の実際の容量によって区別される。
> These terminals are differentiated by their actual capacities.

○ ＿＿ is separated by……

ボクシングの階級は重量によって区別されている。
> Boxing divisions are separated by weight.

11.1 傾向（しがちである/趨勢/しやすい/動向）

傾向（動向/趨勢）/○○の傾向/○○への傾向

「傾向」は「性質」や「特性」などを表わすことばで，ふつう tendency で，「動向」や「趨勢」は全体的な「動き」や「流れ」などを表わし，ふつう trend, move, inclination などで表現します。「......への傾向」は tendency to (toward)......，また，「＿＿の動向（趨勢）」は trend (move/inclination など) in (of/with など) ＿＿で表わします。toward と towards の二つの書き方がありますが，この項ではすべて toward に統一してあります。

●「傾向」「動向（趨勢）」
○ tendency/trend/move/inclination など
　　この傾向は顕著である。── This tendency is remarkable.
　　近年，趨勢は電気的な駆動装置に向かっている。
　　　| In recent years, the trend has been to electrical drives.
　　これらのバクテリアは，このような傾向をまったく示していない。
　　　| These bacteria show no such inclination.

●「......への傾向」
○ tendency to (toward)......
　　オフィス・オートメーションへの傾向
　　　──a tendency to office automation
　　酸化の傾向──a tendency toward oxidation

●「＿＿の（への）動向（趨勢）」
○ trend (move/inclination など) in (of/with など) ＿＿
　　コンピュータ設計の動向── a trend in computer design
　　これらの統計の動向─── the trends of these statistics

●「......の動向（趨勢）」
○ trend (move/inclination) toward (to)......
　　プロ意識への動向─── a trend toward professionalism
　　規制緩和に向かう趨勢── the moves toward deregulation

11-2 傾向（しがちである/趨勢/しやすい/動向）

○○する傾向/○○の(が)○○する傾向

「……する傾向」を表現する場合，「……する」の部分は to- 不定詞を用い，tendency (trend/inclination) to…… (to- 不定詞) で表わします。また，「___の（が）……する傾向」というように行為するものがはいってくる場合は，tendency of (for)___ to…… (to- 不定詞) で表現します。

● 「……する傾向」

○ **tendency to……（to- 不定詞）**

「ヨット」と「ボート」ということばを混同する傾向
—— a tendency to confuse the words "yacht" and "sailing boat"

離れた目標を見失う傾向—— a tendency to lose a distant target

○ **trend to……（to- 不定詞）**

誤った方向に進む傾向が強い。
| The trend to proceed in the wrong direction is strong.

○ **inclination to……（to- 不定詞）**

不良品を通過させてしまう傾向
——an inclination to pass faulty products

● 「___の（が）……する傾向」

○ **tendency of (for)___ to……（to- 不定詞）**

金属の，二酸化炭素と反応する傾向
—— the tendency of metals to act with carbon dioxide

この種の核分裂が起こる傾向
—— the tendency for this sort of fission to occur

潤滑物質の，ダイの深い部分にたまる傾向
—— their (lubrication materials) tendency to collect in deep sections of the die

注—これはtendency of___のかわりにtheir tendencyとなっている例です。

11-3 傾向(しがちである/趨勢/しやすい/動向)

○○する傾向がある/○○させる傾向がある

「＿＿は……する傾向がある」にはいろいろな表現があります。tend という動詞を使って「＿＿ tend to……（to- 不定詞）」とも書けるし，tendency という名詞を使って「＿＿ have a tendency to……（to- 不定詞）」でも書けます。また，「There is a tendency for ＿＿ to……（to- 不定詞）」と書くこともできます。to- 不定詞の部分に自動詞を使えば，「＿＿は……する傾向がある」という意味になり，他動詞を使って目的語を補うと「＿＿は＿＿を……する（させる）傾向がある」という意味になります。

● 「＿＿は……する傾向がある」

○ ＿＿ tend to……（to- 不定詞）

われわれは会話するとき，ことば以上のものに頼る傾向がある。
| We tend to rely on more than words to communicate.

加熱された空気は傾斜を流れ上がる傾向がある。
| Heated air tends to flow up the slope.

○ ＿＿ have a tendency to……（to- 不定詞）

このドアはゆっくり閉まる傾向がある。
| The door has a tendency to close slowly.

○ There is a tendency for ＿＿ to……（to- 不定詞）

これらの人びとは早足で歩く傾向がある。
| There is a tendency for these persons to walk fast.

● 「＿＿は＿＿を……する（させる）傾向がある」

○ ＿＿ have a tendency to……（to- 不定詞） ＿＿

彼は物事をよりグローバルにみる傾向がある。
| He has a tendency to see events in more global terms.

光沢のない表面は，指紋がつく傾向がある（指紋がつきやすい）。
| Lusterless finishes have a tendency to show finger markings.

11-4 傾向(しがちである/趨勢/しやすい/動向)

○○しがちである/○○しやすい

「＿は……しやすい」「＿は……しがちである」というように，危険・障害・失敗など好ましくないことが起きる傾向を示すときは，＿ is liable (prone) to……（to-不定詞）などで表現します。また，「＿は容易に……する」と発想し，＿ easily……を用いて，「＿は……しやすい」とも書けます。習慣的な傾向を示すときには，＿ is apt (likely) to……（to-不定詞）などで表現します。

●好ましくないことが起きる傾向

○ ＿ **is liable to**……（**to-**不定詞）

あなたは，このようなことばに遭遇しやすい。
| You are liable to encounter these words.

○ ＿ **is prone to**……（**to-**不定詞）

埃は部屋の隅に溜まりやすい。
| Dust is prone to accumulate in the corners of a room.

○ ＿ **easily**……

プラスティック製のレンズは傷つきやすい。
| Plastic lenses scratch easily.

●習慣的な傾向

○ ＿ **is apt to**……（**to-**不定詞）

このような場合，コストは高くなりがちである。
| In such cases, the cost is apt to be higher.

○ ＿ **is likely to**……（**to-**不定詞）

エンジニアは2台以上の機械を使いがちである。
| Engineers are likely to use more than one machine.

注―more than は「以上」ではなく「超え」です。したがって，more than one machine は「1台以上の機械」ではなく，「1台を超える機械」，すなわち，「2台以上の機械」になります。

12.1 結果(もたらす)

○○の結果/○○した結果

「結果」を表わす英語には result, effect, consequence, outcome などがあります。もっとも一般的な表現は result です。effect は明確な原因により生じる結果（効果・影響）、consequence は理論的に続いて起こる、または必然的な結果、そして、outcome は成果というニュアンスを持っているといえます。「＿＿の結果」は、ふつう＿＿ result, ＿＿ effect, result of ＿＿, consequence of ＿＿ などで表わします。「どのような結果」は前に形容詞をつけ、「……した（する）結果」という場合は result of……ing で表現します。

● 「＿＿の結果」

その実験の結果 —— the results of the experiment
ウィルス感染のもう一つの結果
　　　—— another consequence of a virus infection
競争の結果 —— the outcome of the competition

● 「どのような結果」

良い結果 —— good results
望みどおりの結果 —— desired effect
類似の結果 —— similar effect
不都合な結果 —— unfortunate consequences
われわれは努力して望みどおりの成果を得た。
 | We have obtained the desired outcome by making efforts.

● 「……した（する）結果」

○ result (effect/outcome) of ……ing

水素が結合した結果 —— the result of hydrogen bonding
この高い収率はその装置を使用した結果です。
 | This high yield is the effect of using the equipment.
これは専門家と相談した結果です。
 | This is the outcome of consulting a specialist.

12-2 結果(もたらす)

○○の結果になる(をもたらす)

「＿＿の結果になる（をもたらす）」は，result in ＿＿, cause ＿＿, lead to ＿＿などと表現します。日本語では，「もたらす」のほかにも「＿＿になる」「＿＿する（させる）」などのように，「結果」ということばを表面にださないで「結果」について表現する場合もよくあります。

● 「＿＿の結果になる（をもたらす）」

○ **result in ＿＿**

性能が劣化する（性能劣化という結果になる）
—— to result in inferior performance

色がいくらか変化する（色がいくらか変化する結果になる）
—— to result in some change in color

給水に対する廃水の比が低い結果になる
—— to result in a low ratio of wastewater to water supplied

その試合は引き分けた（その試合は引き分けという結果になった）。
| The game resulted in a draw.

彼の事業は大成功をおさめた。
| His enterprise has resulted in great success.

○ **cause ＿＿**

彼の不注意がその交通事故をもたらした。
| His carelessness caused the traffic accident.

○ **lead to ＿＿**

故障につながる—— to lead to trouble

これが応力腐食割れを急速に拡大する結果になる。
| This will lead to a rapid increase in stress corrosion cracking.

この方法は誤差をもたらすことがある。
| This method can lead to errors.

12.3 結果(もたらす)

その結果(として)生ずる○○/○○の結果(として)生ずる○○

「その結果(として)生ずる___」は，resultant___，resulting___，consequent___，consequential___などで表現します。また，「......の結果(として)生ずる___」は___ resulting from......で表現します。

● 「その結果(として)生ずる___」

○ resultant ___

その結果(として)生じる回転磁界がモータを始動させる。
| The resultant rotating field causes the motor to start.
その結果(として)生じる原子核は放射性であることが多い。
| The resultant nucleus is often radioactive.

○ resulting ___

その結果(として)生じるトルク —— the resulting torque
その結果(として)できるアミノ酸を同定し，定量分析する。
| The resulting amino acids are identified and quantitatively
| analyzed.

○ consequent ___，consequential ___

結果としての経済的な強み —— consequent economic advantage
その結果(として)生じる経済的な損失あるいは資産の損害
—— the consequential economic or property damage

● 「......の結果(として)生ずる___」

○ ___ resulting from ......

太陽熱温水器を使用した結果(として)生じたエネルギーの節約量
—— the energy savings resulting from the use of a solar heating system
同社は，その設備を使用した結果(として)生じる損傷に対して責任を負う。
| The company is responsible for damage resulting from the
| use of the equipment.

12-4 結果(もたらす)
その結果(として)/○○の結果(として)

「その結果（として）」は，as a result, consequently, またはas a consequence, in consequence などと表現されます。また，「＿＿の結果（として）」という場合は，as a result (consequence) of ＿＿ などで表現します。この場合，冠詞は不定冠詞の a です。

● 「その結果（として）」

○ **as a result（consequently）など**

その結果（として），エンジンスピードが増した。
  | As a result, the engine speed increased.
結果（として），そのような分子は……より不安定である。
  | As a result, such molecules are less stable than ....
その結果，われわれは約束の時間にそこに着くことができなかった。
  | Consequently, we could not reach there at the appointed time.

○ **as a consequence（in consequence）など**

その結果（として）燃料元素が過熱する。
  | As a consequence, the fuel elements become overheated.
結果として，その機械を開発するのにかなり長い時間がかかった。
  | In consequence, it took a long time to develop the machine.

● 「＿＿の結果（として）」

○ **as a result of ＿＿**

これらの研究の結果，その手順は改善された。
  | As a result of these studies, the procedure was improved.
高い表面温度の結果—— as a result of the high surface temperature,

○ **as a consequence of ＿＿**

飲酒の結果（として） —— as a consequence of drinking
キルヒホフの法則の結果（として），
  —— as a consequence of Kirchhoff's law,

12.5 結果(もたらす)

その結果○○になる(する)

「その結果，____は……になる（する）」という場合，ちょっとむずかしくなりますが，前の動作や行為を受けて，to-不定詞（もう少し正確にいうと，結果を表わす副詞的用法）で表わす方法，結果を表わす分詞構文で表わす方法，前の文章全体を先行詞とする関係代名詞で表わす方法，前置詞 with で表わす方法などがあります。

● **to-不定詞**

酸素は水素と結合し，その結果（として）水になる（水を生成する）。
—— Oxygen combines with hydrogen to form water.

振動は軸を伝わってケースにはいり，その結果（として）可聴音になる。
A vibration passes through the shaft and into the housing to become audible sound.

注——わたしたち日本人は to 不定詞というと，すぐ「するため」のように「目的」として訳してしまいがちですが，「結果」のほうがふつうです。

● **分詞構文**

トリウムというこの同位元素 Th^{234} は β 放出で分解され，その結果（として）Pa^{234} を作りだす。
This isotope of thorium, Th^{234}, undergoes decomposition with β emission, forming Pa^{234}.

● **関係代名詞**

This isotope of thorium, Th^{234}, undergoes decomposition with β emission, forming Pa^{234}, which in turn forms U^{234}.

この文章は，前の文章の後ろに，「その結果，ついで U^{234} を作りだす」ということばが追加されているものです。

● **with**

プラスチック・ボトルが広く使用され，その結果（として）軽量化が進んだ。
Plastic bottles are widely used, with weight savings.

13.1 原因(起因)

○○の原因/○○が○○する原因

「原因」ということばは，英語ではふつう cause を使いますが，origin や source を使うこともあります。「＿＿の原因」は the cause of ＿＿で，「＿＿が......する（した）原因」であれば，the cause of ＿＿......ing などで表わします。また，the cause that ＿＿......で表わすこともできます。

● 「＿＿の原因」

○ **the cause of ＿＿**

　　その問題の原因────── the cause of the problem
　　その過剰振動の主原因── the main cause of the excessive vibration
　　その火事の原因は漏電であった。
　　　| The cause of the fire was a short circuit.
　　その病気の原因はわかっていない。
　　　| The cause of the disease is not known.

解説─「問題の原因」は the cause of the problem ですが，「問題の解」は同じ「の」でも，the solution to the problem のように of ではなく，to です。

○ **origin**

　　原因不明の事故────── an accident of unknown origin
　　そのうわさの原因────── the origin of the rumor
　　その爆発の原因はまだわからない。
　　　| The origin of the explosion has not been determined yet.

● 「＿＿が......する（した）原因」

○ **the cause of ＿＿......ing**

　　ヒューズがとぶ原因──── the cause of fuse-blowing
　　部品が機械からはずれた原因
　　　────── the cause of the parts leaving the machine
　　その電車が脱線した原因は大雪である。
　　　| The cause of the train being derailed is heavy snow.

13.2 原因(起因)

○○の原因になる

「＿＿は……の原因になる」は，ほかに「＿＿は……を引き起こす」ともいいますが，英語では＿＿ cause……, ＿＿ contribute (to)……, ＿＿ originate……などで表わします。「原因」ということばは表面には現われませんが，「あることやもの（＿＿）が原因になって，ほかのことやもの（……）を＿＿させる」という場合には＿＿ cause……to……（to-不定詞）で表現します。

● 「＿＿は……の原因になる」

○ ＿＿ cause……

細菌が病気の原因になる。
| Bacteria cause diseases.

飲酒が彼の交通事故の原因になった。
| Drinking caused his traffic accident.

ダストは設備に重大な損傷を引き起こす可能性がある。
| Dust can cause serious damage to equipment.

○ ＿＿ contribute to……

熱漏洩の原因になっているすべての要因を解析する
| —— to analyze all the factors contributing to the heat leak

○ ＿＿ originate……

その論争の原因はなんだったのか。
| What originated the dispute ?

● 「＿＿は……を＿＿させる」

○ ＿＿ cause……to……（to-不定詞）

分散剤は油を水中に分散させておく。
| A dispersant causes oil to be dispersed in water.

音波がダイヤフラムにあたって振動させる。
| Sound waves strike the diaphragm and cause it to vibrate.

13.3 原因(起因)

○○に起因する/○○に起因する○○

「＿＿は……に起因する」は,「＿＿は……が原因になって起こる」ということで, ＿＿ is caused by……, ＿＿ is attributed to……, ＿＿ result from……, ＿＿ is due to……などで表現します。また,「＿＿に起因する……」は, ……attributed to ＿＿で表現し, たんに「原因となる……」は causal……で表現します。

● 「＿＿は……に起因する」

○ ＿＿ is caused by……

これは価格変動に起因する。

> This is caused by price fluctuations.

○ ＿＿ is attributed to……

この優れた耐食性は, クロムの効果に起因する。

> This superior corrosion resistance is attributed to the effect of chromium.

○ ＿＿ result from……

そのような誤差は熱膨張に起因する。

> Such errors may result from thermal expansion.

○ ＿＿ is due to……

着陸が遅れたのは乱気流のためである。

> The delay in landing was due to air turbulence.

● 「＿＿に起因する……」

○ ……attributed to ＿＿

ユーザーの責任に起因する故障

—— breakdown attributed to the user's responsibility

● 「原因となる……」

○ causal……

原因となる微生物 —— a causal microorganism

13-4 原因(起因)

○○が○○だと

「＿＿が……だと＿＿は＿＿する」という場合，われわれ日本人がいちばん書きやすい英語は，When (If)＿＿ is……, ＿＿＿．＿＿＿です。しかし，ちょっとむずかしい文章ですが，無生物主語構文という文章構造を使って，「＿＿が……であること (無生物主語) は，＿＿を＿＿させる」というように書くこともできます。このようにして書かれた英語は，ひじょうに英語らしい英語になります。

原因を表わす動詞としてもっとも一般的な cause という動詞を使って考えてみます。

たとえば，「電流が過度だと，ワイヤは過熱する」という場合，私たちが書くと "If the current is excessive, a wire will overheat." となってしまいます。これを無生物主語構文で書く場合，「過度な電流はワイヤを加熱させる」と発想できると，"Excess current causes a wire to overheat." という英語が書けます。つぎの 13-5 項とともに，これは技術文を和訳したり，英訳したりする際，ひじょうに大事なことです (拙著①⑥⑩を参照)。

● 「＿＿が……だと＿＿は＿＿する」

○ When (If)＿＿ is……, ＿＿＿．＿＿＿

速度が遅いと，機械の熱発生は低くなる。

> When (If) the speed is low(er), the heat generation of the machine decreases.

○ ……＿＿ causes ＿＿ to ……

上と同じ例文を無生物主語構文を使って英訳してみます。

> The lower speed causes the machine to generate less heat.

解説 —動詞は cause 以外にも allow, permit, provide, result in, increase, decrease などいろいろあり，主語も「どのような」という形容詞のみではなく，過去分詞や数量表現を使うこともあります。

13.5 原因(起因)

○○が○○すると/○○を○○させると

「＿＿が……すると，＿＿は……する」とか「＿＿を……させると，＿＿は……する」という場合，われわれ日本人はWhen (If)＿＿……，＿＿＿＿と書いてしまいがちですが，無生物主語構文を使って「……する」という自動詞，および「……させる」という他動詞を名詞または動名詞に変換して主語として使い，「＿＿が……すること(＿＿を……させること)は，＿＿を……させる」というように書くこともできます。

● 「＿＿が……する（自動詞）と，＿＿は……する」

○ When (If)＿＿……，＿＿……

ドラムが回転すると，水は出口から流出する。

| When the drum rotates, the water will flow out of the outlet.

○ ……＿＿ causes ＿＿ to ……

上と同じ例文を無生物主語構文を使って英訳してみます。

| The rotation of the drum causes the water to flow out of the outlet.

● 「＿＿を……させる（他動詞）と，＿＿は……する」

○ When (If)＿＿……，＿＿……

ドラムを回転させると，水は出口から流出する。

| When the drum is rotated, the water will flow out of the outlet.

○ ……＿＿ causes ＿＿ to ……

ドラムを回転させると，水は出口から流出する。

| Rotating the drum causes the water to flow out of the outlet.

解説—これらを理解するには，the drum rotatesのrotateは自動詞であり，the drum is rotatedのrotateは他動詞であることや，「ドラムを回転させる」という日本語が，英語ではthe drum is rotatedとなる「態」の問題があることなどを理解する必要があります。ぜひ，拙著⑥⑩を参照してください。

14-1 限界(限度)

限界(限度)が(で)ある

　限界（限度）という，それ以上越えてはならない区切りを示すには，「30＝制限」などと同じ limit, limitation, restriction などで表現します。limit は限界や制限を設ける意味に用いられ，restrict はその限界の範囲内にとどめることや，もとの範囲を狭めるときの意味に用いられます。これらの英語は意味の範囲が広いので，和訳の際には，文脈により訳し分ける必要があります。「＿＿には限界（限度）がある」は there is a limit in (to)＿＿, ＿＿ have (a) limit (limitation) などで表わし，「＿＿は……が限界（限度）である」の場合は ＿＿ is limited to……, ＿＿ is restricted to…… などで表わします。

● 「＿＿には限界（限度）がある」

○ **there is a limit in (to)＿＿**

　物には限界がある。
　　| There is a limit in everything.

　科学の進歩には限界がない。
　　| There is no limit to scientific progress.

○ **＿＿ have (a) limit (limitation)**

　物には限界がある。
　　| Everything has its limit.

　この機械には，性能上ある限界がある。
　　| This machine has some performance limitations.

● 「＿＿は……が限界（限度）である」

○ **＿＿ is limited to……**

　彼の小遣いは，1万円が限界である。
　　| His personal expense is limited to 10,000 yen.

○ **＿＿ is restricted to……**

　応答時間は，0.2 nsec を限度にすべきである。
　　| The response time must be restricted to 0.2 nsec.

(げ)

14-2 限界(限度)

限界(限度)に達する(を越える/を設ける)

「___は......の限界（限度）に達する」は，___ reach the limit of......で表現し，「___は......の限界（限度）を越える」は，___ exceed (pass) the limit (bounds) of......，___ is beyond......，___ is (go) beyond the limit of......などで表わします。そのほか「___は......の限界（限度）を設ける」は，___ set (fix) the limit on (to)......などで表現します。また，「___の限界（限度）を越えて」は over (beyond) the limit of ___ などを使います。

● 「___は......の限界（限度）に達する」
　　紙飛行機の高さは限界に達した。
　　　| The paper-plane reached the limit of its height.
● 「___は......の限界（限度）を越える」
○ ___ exceed (pass) the limit (bounds) of......
　　それは，人間の知識の限界を越える。
　　　| It exceeds the bounds of human knowledge.
○ ___ is beyond......
　　それは，私の能力の限界を越えている。
　　　| It's beyond my ability.
○ ___ is (go) beyond the limit of......
　　それは，限度を越えている。
　　　| That's beyond the limit.
● 「___は......の限界（限度）を設ける」
　　多くの州では知事の多選に限度を設けていない。
　　　| Many states set no limit on the number of terms a governor may serve.
● 「___の限界（限度）を越えて」
　　発電機の定格の限度を越えて
　　　——— over the limit of the generator's rating

15.1 減少（下がる/低下/減る）

減少/○○の減少

「減少」ということばは，「低下」「低減」などとともに，ふつう decrease, reduction, fall などで表わします。「＿＿の減少」という場合は，a decrease in ＿＿ と書きます。日本人の中には「＿＿の」の「の」に引きずられ，of を使って a decrease of ＿＿ と書いてしまう人がいますが，正確には in です。ただ，これは英語を書くときの注意点であって，逆に英語を日本語に訳す場合は，この in を「＿＿のなかの」と捉えて，「＿＿のなかの減少」とは訳さないように注意しなければいけません。「降下」は drop で表わします。

● 「＿＿の減少」「＿＿の低下」「＿＿の低減」

○ **a decrease in ＿＿**

  電流の減少———— a decrease in current
  速度の減少———— a decrease in speed
  周囲温度の低下—— a decrease in ambient temperature
  空気量の低減———— a decrease in the volume of air

○ **a reduction in ＿＿**

  周波数の減少—— a reduction in frequency
  力の低下———— a reduction in force

○ **a fall in ＿＿**

  負荷の低下—— a fall in load
  速度の低下—— a fall in speed

● 「＿＿の降下」

○ **a drop in ＿＿**

  電圧の降下—— a drop in voltage
  圧力の降下—— a drop in pressure

 注—これらの場合，a voltage drop とか a pressure drop などと書くこともできます。

15.-2 減少(下がる/低下/減る)

○○は減少する/○○は○○によって減少する

「＿＿は減少（低下/低減）する」という場合，たんに自動詞を使って＿＿ decrease（fall off/drop/diminish/reduce/go down）などで表わします。drop は「降下する」の意味が強いことばです。「＿＿は……によって減少（低下/低減）する」という場合には，「……によって」は，その後に with …… をつけて表現します。

● 「減少（低下/低減）する」

○ ＿＿ **decrease**

低温では抵抗は減少する。

| At lower temperatures, the resistance will decrease.

注 ── 一般的に「低温」とか「高温」とかいう場合，このように無冠詞で「温度」を複数形で書きます。low とか high とかと書くこともありますが，「より低温」「より高温」という感じをだすため，lower とか higher と書くことが多いようです。

これより上では，ふつう機械加工性は低下する。

| Above this level, machinability normally decreases.

○ ＿＿ **drop**

旅客市場のシェアは 77 パーセントから 55 パーセントまで低下した。

| The share of the passenger market dropped from 77% to 55%.

● 「降下する」

○ ＿＿ **drop**

圧力が突然降下すると，

| When the pressure suddenly drops,

● 「＿＿は……によって減少（低下/低減）する」

○ ＿＿ **decrease with** ……

電圧は抵抗の増加によって減少する。

| Voltage will decrease with an increase in resistance.

15.3 減少（下がる/低下/減る）

○○は○○が減少する

「＿＿は……が減少（低下/低減）する」という場合の「……が」は，前にも何回かでてきたように，前置詞 in を使って in……と表現します。この場合，「＿＿は」の＿＿も主語であり，「……が」の……も一種の主語です。そのため，このような英語の構文を主語が複数個あることから「複主語構文」と呼んでいます。このような「複主語構文」は，in……の使い方を知っていないと書くことができません。「＿＿の……は」と書いて書けないことはありませんが，ニュアンスが違ってしまいます。すなわち，「＿＿は……が減少する」という場合の主語は＿＿と……であるのに対し，「＿＿の……は減少する」と書くと，主語は……になってしまいます。

● 「＿＿は……が減少（低下/低減）する」
○ ＿＿ **decrease in** ……

水は凍ると，密度が減少する。
| Water decreases in density when it freezes.

負荷を大きくすると，車は速度が低下する。
| When the load is increased, the car decreases in speed.

解説 ―「＿＿を……する」のように行為者（英語では doer という）が特定されていない場合は，英語では「＿＿」を主語にして＿＿ is ……ed と書きます。

○ ＿＿ **drop in** ……

遅かれ早かれ，ヒータは温度が低下する。
| Sooner or later, the heater drops in temperature.

そのとき，宇宙船は高度が下がる。
| Then, the spacecraft drops in altitude.

○ ＿＿ **diminish in** ……

したがって，旅客列車は，その重要性が低下する。
| Therefore, the passenger train diminishes in importance.

15-4 減少（下がる/低下/減る）

○○につれて減少する/○○が○○するにつれて減少する

「＿＿につれて減少（低下/低減）する」は decrease (fall off/drop/diminish/reduce/go down) with ＿＿で表わし，15-2項の「＿＿によって」とよく似ています。「＿＿が＿＿するにつれて減少（低下/低減）する」は decrease as ＿＿で表現します。要するに「＿＿につれて」は，with ＿＿のように「句」で書き，「＿＿が＿＿するにつれて」は，as ＿＿のように「節」で書きます。with と as を混同しないように注意する必要があります。

● 「＿＿につれて減少（低下/低減）する」

○ **decrease with ＿＿**

抵抗は電流の増加につれて減少する。

| Resistance decreases with an increase in current.

○ **reduce with ＿＿**

円滑さは年数につれて低下する。

| Smoothness reduces with age.

○ **diminish with ＿＿**

光源の明るさは，時間の経過につれて減少する。

| The brightness of a light source diminishes with time.

● 「＿＿が＿＿するにつれて減少（低下/低減）する」

○ **decrease as ＿＿**

通常，解像度は感知距離が増すにつれて低下する。

| Resolution normally decreases as the sensing distance increases.

価格は為替レートが高くなるにつれて低下する。

| Prices decrease as the foreign exchange rate goes up.

○ **fall as ＿＿**

水位は，出口側の弁を開けるにつれて低下する。

| The liquid level falls as the outlet valve is opened.

15.-5 減少（下がる/低下/減る）

○○を減少させる

「＿＿を減少（低下/低減）させる」には，①「……は＿＿を減少（低下/低減）させる」というように主語が明確である場合と，②たんに「＿＿を減少（低下/低減）させる」というように主語が漠然としていて，文章に現われていない場合の二つがあります。前者はたんに decrease を他動詞として使って……decrease＿＿と書けばよいので，ここでは後者についてだけ述べます。

わかりやすいように「温度を下げる」を例に考えてみます。日本語では，このように主語のない文章がよくあります。それは，主語はだれであってもよく，とくに限定する必要がないからです。しかし，英語では，主語のない文章は命令形でないかぎり許されません。そこで，目的語である「温度」を主語にし，「下げる」という他動詞を「下げられる」という受身形にし，「温度が下げられる」と発想して The temperature is decreased. と書きます。すなわち，上記②の「＿＿を減少（低下/低減）させる」は＿＿ is decreased. と書くわけです。

● 「＿＿を減少（低下/低減）させる」

○ ＿＿ **is decreased**

電圧を減少させると —— when the voltage is decreased
温度を下げると，出力は下がる。

| When the temperature is decreased, the output decreases.

注 — この例文で「＿＿を下げる」と「＿＿は下がる」の違いをよく理解してください。

○ ＿＿ **is reduced**

これらの値を小さくすることはできない。

| These values cannot be reduced.

○ ＿＿ **is lowered**

この場合，湿度を下げなければいけません。

| In such a case, humidity must be lowered.

注 —「＿＿を……させる」が＿＿ is ……ed となることに注意してください。

15.6 減少(下がる/低下/減る)

○○が減少すると/○○を減少させると

　これらは少しむずかしい英語になりますが，英語には「無生物主語構文」といって「＿＿＿すること」を主語にとる構文があります。すなわち，「＿＿＿が減少（低下/低減）すること」（英語では a decrease in ＿＿＿ と書きます）や「＿＿＿を減少（低下/低減）させること」（英語では動名詞を使って decreasing ＿＿＿ と書きます）を主語にとる構文です。その際，「＿＿＿（目的語）を……させる（他動詞）」となっている英語は，「＿＿＿（主語）は……する（自動詞）」という日本語に換えなければいけません（拙著①⑥⑩を参照）。一つ注意しなければならないことは，同じ英語の表現でも「＿＿＿が減少するので」というように理由を表わしていることもありますので，前後関係で理解する以外，方法はありません。

● 「＿＿＿が減少（低下/低減）すると」

○ **decrease in ＿＿＿**

部屋の中の湿度が減少すると，ウィルスの成長は促進される。

> A decrease in the humidity of a room will promote the growth of the virus.

○ **drop in ＿＿＿**

物価が下がると，商品の消費は増える。

> A drop in prices will increase the consumption of goods.

● 「＿＿＿が減少（低下/低減）するので」

回路のサイズが小さくなったので，チップの密度は増加した。

> Reductions in circuit size allowed increases in chip density.

● 「＿＿＿を減少（低下/低減）させると」

○ **decreasing ＿＿＿**

キーの数を減らすと，操作性はよくなる。

> Decreasing the number of keys will enhance the operability.

16.1 効果

効果/○○の効果/○○への効果

「効果」は effect，effectiveness で表わし，「＿＿の効果」は the effect of ＿＿，「＿＿への効果」は effect on ＿＿ でそれぞれ表わします。effect には「影響」という意味もあります。affect は「影響をおよぼす」という動詞です。

● 「効果」

○ **effect**

二つの効果が同時に起きる。
| The two effects take place simultaneously.

注—「同じ効果」は the same effect で，「異なる効果」は different effect で，それぞれ表わします。

……を通った光でも同じ効果があります。
| The same effects occur with light passing through….

○ **effectiveness**

薬としてのビタミンCの効果
—— the effectiveness of vitamin C as medicine

● 「＿＿の効果」

○ **the effect of ＿＿**

注—この of の後には，名詞や名詞句がきます。

エコーの効果は，カラオケでは重要です。
| The effect of the echo is important in karaoke.

設計でコンピュータを使用する効果
—— the effect of using computers in the design

● 「＿＿への効果」

○ **effect on ＿＿**

経済へのこの効果は予想しにくい。
| The effect on the economy is hard to predict.

注—on の後には，効果が現われる対象がきます。

16.2 効果

効果がある/○○は効果がある

「効果がある」とか「効果的である」という形容詞は effective です。したがって,「＿＿は……に効果がある（効果的である）」は＿＿ is effective against (for)……, ＿＿ give effect to…… などで表わします。また,「＿＿は……するのに効果がある（効果的である）」は＿＿ is effective in……ing です。さらに「＿＿は……の（する）効果がある」は, ＿＿ have (give) the effect of……ing で表わします。「……の効果」は effect of……,「……する効果」は effect of……ing です。

● 「＿＿は……に効果がある（効果的である）」
- ＿＿ **is effective against (for)**……
    この新型ワクチンは，インフルエンザ・ウイルスに対して効果がある。
    | The new vaccine is effective against the influenza virus.
- ＿＿ **give effect to**……
    これらのデータは，その決定に効果があった。
    | These data gave effect to the decision.

● 「＿＿は……するのに効果がある（効果的である）」
- ＿＿ **is effective in**……**ing**
    これは，ミスを減らすのに効果的であった。
    | This was effective in decreasing the number of mistakes.

● 「＿＿は……の（する）効果がある」
- ＿＿ **have the effect of**……**ing**
    薬のなかには血圧を下げる効果があるものがあります。
    | Some medicine has the effect of lowering blood pressure.
- ＿＿ **give the effect of**……**ing**
    その色では暖かい雰囲気をだす効果が得られない。
    | That color does not give the effect of providing a warm atmosphere.

16.3 効果

効果的な○○/効果的に○○する/効果がない

「効果的な＿＿」は effective ＿＿ で表現し、「＿＿は効果的に……する」は ＿＿……effectively、または ＿＿ effectively…… で表現します。「＿＿ は……に効果がない（効果的ではない）」は、ふつう effective の前に not をつけて表現します。また、＿＿ have effect の effect の前に little や no という否定詞をつけて、＿＿ have little (no) effect で表現します。

● 「効果的な＿＿」
○ **effective ＿＿**
　　もっとも効果的な方法の一つは、……であろう。
　　| One of the most effective means would be….

● 「＿＿は効果的に……する」
○ **＿＿ effectively……**
　　このペンキは、腐食を妨ぐのに効果的である。
　　| This paint effectively prevents corrosion.

解説 ― これは、直訳すると「効果的に妨げる」となりますが、「妨ぐのに効果的である」とすると、より自然な日本語になります。英語の副詞はこのように大胆な「品詞変換」をする必要があります。

● 「＿＿は……に効果がない」
○ **＿＿ is not effective for (against)……**
　　この方法は試験結果に効果がない。
　　| This method is not effective for test results.

○ **＿＿ have little (no) effect (on)……**
　　投薬量が少ないと、急性の症状にはほとんど効果がないことが多い。
　　| Lesser doses often have little effect on acute symptoms.
　　その薬は、総コレステロール値には効果がなかった。
　　| The medicine had no effect on total cholesterol.

17.1 交換

交換/○○の交換/どのような交換

「交換」にはいろいろなことばがありますが，exchange は同等や同種のものの「交換」で，replacement は悪いものや古いものを良いものや新しいものと置き換えるときの「交換」です。interchange は「互換性」のある「交換」です。「新しいものに取り替える」ことや，同じものでもそれを「新しくする」ことを意味する場合には renewal が使われます。「物々交換」には barter が使われ，情報処理関係の分野では swap も使われます。「＿＿の交換」は，それぞれのことばの前に＿＿をつけたり，後に of ＿＿をつけたりして表現します。

● 「＿＿の交換」
- **exchange**
    手紙の交換── an exchange of letters
    エネルギーの交換は放射によってしか生じない。
    | The exchange of energy can take place only by radiation.
- **interchange**
    文書の交換── interchange of documents
- **replacement**
    これらの部品の交換─── replacement of these parts
    ノズル交換─────── nozzle replacement
- **renewal**
    作動コイルの交換── renewal of an operating coil
- **swap**
    彼は交換でその時計を手にいれた。
    | He got the watch in a swap.

● 「どのような交換」
    通常のランプ交換── normal lamp replacement
    部品の頻繁な交換── frequent renewal of the component part

17-2 交換

交換する/○○を交換する/○○を○○と(に)交換する

「＿＿を交換する」という動詞には，exchange, interchange, replace などが使われます。また，動詞を使わずに「make＋名詞」を使って，make an exchange などとすることもあります。「＿＿を......と (に) 交換する」というときは，exchange ＿＿ for (with)...... や replace ＿＿ with...... とします。

● 「＿＿を交換する」

○ **exchange (interchange/replace)＿＿**

会議では，かなりの情報が交換された。
| Considerable information was exchanged at the meeting.

オペレータは手を交差するか，持ち替え（持ち手を交換し）なければならない。
| The operator has to cross or interchange hands.

木ねじを交換してください。
| Replace the wood screw.

○ **make＋名詞**

交換するとき，状態がそのままなら，またヒューズがとぶか，ブレーカが作動するかするでしょう。
| If the condition exists when you make the replacement, you will blow another fuse or trip a circuit breaker again.

注 ―「ヒューズがとぶ」という場合 blow という動詞を使います。「とんでしまったヒューズ」は blown fuse です。

● 「＿＿を......と (に) 交換する」

○ **exchange ＿＿ for (with)......**

円をドルに交換する―― to exchange yen for dollars

○ **replace ＿＿ with......**

切れた電球を新しい電球と交換してください。
| Replace the burned-out light bulb with a new one.

17-3 交換

○○は交換できる/交換できる○○

「___は交換できる」は，他動詞を使って___ can be exchanged, ___ can be replaced などと書きます。また，それぞれ末尾に able をつけた形容詞を使って，___ is exchangeable (replaceable/interchangeable) などと書くこともできます。「交換できる___」は exchangeable (replaceable/interchangeable) ___ です。

● 「___は交換できる」
○ **___ is exchangeable**
　この携帯ラジオは，お気にめさなければ，交換できる。
　　| This portable radio is exchangeable if it is not satisfactory.
○ **___ is replaceable**
　着脱式プラグイン部品は，配線しなおさなくても，簡単に交換できる。
　　| A removable plug-in component is readily replaceable without rewiring.
○ **___ is interchangeable**
　これによって，扉は左右を交換できるようになる。
　　| This allows the left and right doors to be interchangeable.
　それらが交換できる理由を説明してください。
　　| Please explain why they are interchangeable.

● 「交換できる___」
○ **exchangeable ___**
　　交換価値—— exchangeable value
○ **replaceable ___**
　　交換できる先端部—— replaceable tip
○ **interchangeable ___**
　　交換できる（互換性のある）量産部品の使用
　　　　—— use of interchangeable, high-volume production parts

18.1 考慮(配慮)

○○への考慮/○○を考慮して(しないで)

「考慮(配慮)」は,ふつうattention, consideration, mind, accountなどで表現します。「＿＿への考慮(配慮)」にはattention to ＿＿を,「＿＿を考慮して」にはin consideration of (for)＿＿やwith ＿＿ in mindなどを用います。attentionやconsiderationには,その前にcareful, special, proper, seriousなどの形容詞をつけて多彩な表現ができます。consideration(s)は「考慮するべき事柄」という意味あいをもちます。「考慮しないで」「考慮することなく」にはwithout considerationを使います。

● 「＿＿への……な考慮(配慮)」

○ ……attention to ＿＿

最良の手段は……へのじゅうぶんな配慮である。
| The best means is careful attention to....

● 「＿＿を考慮して」

○ with ＿＿ in mind

火災への安全性を考慮して計画しなければならない。
| It must be planned with fire safety in mind.

○ in consideration of ＿＿

これは……を考慮して医師と話し合われた。
| This was discussed with a doctor in consideration of....

● 「考慮するべき事柄」

ほかにも多数の考慮するべき事柄がある。
| There are also many other considerations.

● 「考慮しないで」「考慮することなく」

○ without consideration

これらは有害な副作用の可能性をまったく考慮しないで使用された。
| These were used without any consideration of possible harmful side effects.

18.2 考慮(配慮)

○○を考慮する

「＿＿を考慮（配慮）する」「＿＿を考慮せよ」は，consider＿＿，think＿＿，keep＿＿ in mind, take＿＿ into account, take＿＿ into consideration, give consideration to＿＿, take account of＿＿などで表わします。

● 「＿＿を考慮（配慮）する」「＿＿を考慮せよ」

○ consider ＿＿

その廃棄物の有害作用の可能性も考慮するべきである。
| You should consider the possible harmful effects of the waste.
つぎの状況を考慮しなさい。
| Consider the following situation.

○ keep ＿＿ in mind

あなたはそのほかのことに配慮するべきだ。
| You should keep the others in mind.

○ take ＿＿ into account

これはあなたが弁護士と会って費やす時間を考慮していない。
| This does not take into account the time you will spend meeting with your lawyer.

○ take ＿＿ into consideration

しかし，摩耗率を考慮しなければならない。
| However, wear rate has to be taken into consideration.

○ give consideration to ＿＿

この問題にもまた配慮するべきである。
| Consideration should also be given to this problem.

○ take account of ＿＿

自然保護に配慮する狩猟のルール
　　── hunting rules which take account of the conservation

105

19.1 試み

試み／○○する試み

「試み」はふつう trial, try などで書きます。「試験的な試み」として test を，「実験的な試み」として experiment を，そして，「企てる」という意味では attempt を使うこともあります。「＿＿する試み」は attempt to ＿＿ (to- 不定詞) で表現します。「試行錯誤」は trial and error です。

● 「試み」

○ **trial**

この試みは失敗に終わった。
 | The trials were unsuccessful.

ISDN の多くの試みは始まったばかりである。
 | Many of the ISDN trials are just starting.

○ **try**

バー・コード・ラベルを最初の試みでうまく読む
 —— to successfully read the bar code label on the first try

○ **test**

アメリカで行なわれた大々的な試み
 —— the most extensive tests conducted in the United States

○ **experiment**

この試み（実験）では，結果はつぎのとおりである。
 | In this experiment, the results are as follows:

● 「＿＿する試み」

○ **attempt to ＿＿ (to- 不定詞)**

アナログ電話方式をディジタル方式に置き換える試み
 —— an attempt to replace the analog telephone system with a digital one

ディスクを……の侵入から防護する試み
 —— an attempt to protect a disk from invasion by ...

19.2 試み

試みる/○○を試みる/○○するよう試みる

「試みる」は「試す」とか「しようとする」ということもありますが，ふつうは try, attempt, test などの動詞を使って表現します。また，try, trial, attempt などの名詞を使って have (make) a trial (try/attempt) などで表現することもできます。さらに「＿＿を試みる（試す）」は，try (attempt/test) ＿＿で表現します。「……するよう試みる（試す）」は，try (attempt) to……(to-不定詞) や attempt is made to……(to-不定詞) などで表現します。

● 「＿＿を試みる（試す）」

○ **try (attempt/test)** ＿＿

　もしまちがった場合には，別のアプローチを試みてください。
　| If you make a mistake, try another approach.

● 「……するよう試みる（試す）」

○ **try to……（to-不定詞）**

　彼は彼女に電話をかけようとした（試みた）。
　| He tried to telephone her.

　モニタは，調整しようとする前にウォーム・アップしてください。
　| Warm up the monitor before you try to adjust it.

○ **attempt to……（to-不定詞）**

　絶対にカバーを開けた状態で，このオーブンを使用しようとしてはいけません。
　| Do not attempt to operate this oven with the cover open.

○ **attempt is made to……（to-不定詞）**

　新たなデザインを再生しようと，数かずの試みがなされた。
　| Many attempts were made to reproduce a new design.

　洪水から人びとを救助しようと，可能性のあるあらゆる試みがなされた。
　| Every possible attempt had been made to rescue the people from the water.

19.3 試み

試みの/試みに/○○を試みて

「試みの（試験的な）____」という形容詞形の場合にはtrial ____ で，「試みに（試しに）」という副詞形の場合にはon trial, for a trial, by way of experiment, as a test などで表現します．「……を試みて」という場合にはin an attempt to……（to-不定詞）で表現します．

● 「試みの（試験的な）____」
○ **trial ____**
　放送本番前には試験テストが実施された．
　　| The trial test has been done before on air.
　これらのバグは試験段階から取り除かれていない．
　　| The bugs have not yet been removed from the trial stage.

● 「試みに（試しに）」
○ **for a trial**
　試しにサンプルを買ってきました．
　　| We bought some samples for the trial.
　気に入るかどうか，試しにいくつか持っていってみれば．
　　| Take some of it for a trial and see how you like it.

○ **by way of experiment**
　会社は試しに何人か雇ってみた．
　　| The company employed a few persons by way of experiment.

○ **as a test**
　われわれは，試しに機械を1か月間，稼動させるつもりでいる．
　　| As a test we will run the machine for a month.

● 「……を試みて」
○ **in an attempt to……（to-不定詞）**
　この方法は，生産性の向上を図ろうとの試みで使用される．
　　| This method is used in an attempt to increase productivity.

20.1 故障(不良)

故障(不良)/故障なく

「故障」「不良」とは，機械や装置などが本来の機能を発揮できない状態をいいます。「故障」は trouble，fault，failure，breakdown などで表現します。また，「不良」は defect，failure で表現します。これとは逆に，故障がない状態を「故障なく」といい，「故障のない___」は trouble-free___ で表現します。似ていることばに defective がありますが，これは「不良の」とか「故障した」という形容詞で，20-3項で説明します。

● 「故障」「不良」

○ **trouble**

　　機械的な故障—— mechanical trouble

○ **fault**

　　故障が起きると，エラー・コードがディスプレイ上に表示される。
　　| When a fault occurs, an error code appears on the display.

○ **failure**

　　その故障が起きた状況
　　　　—— the conditions under which the failure occurred

○ **breakdown**

　　この新しいオーブンは，故障することはめったにない。
　　| The new oven is less susceptible to breakdown.

○ **defect**

　　半田づけの不良率が低くなるように取りつけ具を設計しなければならない。
　　| The fixture should be designed to provide a low soldering
　　| defect rate.

● 「故障のない___」

○ **trouble-free ___**

　　故障のない長い稼働寿命—— long trouble-free working life

20.2 故障(不良)

○○が故障する/○○が故障している

「＿＿が故障する」は，＿＿ develop a fault，＿＿ go wrong，＿＿ break down，＿＿ fail などで表わします。また，「＿＿が故障している」のように状態を表現するときは，＿＿ is wrong，＿＿ is out of order などで表わします。

● 「＿＿が故障する」

○ ＿＿ **go wrong**

車のどこが故障するかを正確に予想する
　　—— to foresee exactly what will go wrong with a car

○ ＿＿ **break down**

その部品は，もし落としたりすると，故障しやすい。
　| Those components break down easily if they are dropped.

注 —「故障」というように名詞形の場合は，break と down を一つにして breakdown となりますが，「故障する」というように動詞形の場合には break と down が離れるので注意してください。

○ ＿＿ **fail**

万が一，そのコンピュータが故障したら，工場全体がお手あげである。
　| If that computer should fail, the whole factory will go down.

● 「＿＿が故障している」

○ ＿＿ **is wrong**

ヒューズがとんだときは，どこかが故障しているということです。
　| When a fuse blows, it is telling you that something is wrong.

注 —「ヒューズがとぶ」という場合は，blow という動詞を使います。

不良個所は，接触している2本の裸線である場合がある。
　| What is wrong may be two bare wires touching.

○ ＿＿ **is out of order**

エアコンが故障している。
　| The air-conditioner is out of order.

20.3 故障(不良)

故障した○○/不良の○○

「故障した___」「不良の___」も技術マニュアルなどによく見られる表現です。「故障した___」は，___ of a fault, fault___, broken___, defective___，また，「不良の___」は，faulty___, defective___, bad___, poor___などで表現します。

● 「故障した___」

○ **fault ___**

この動きが不良ゾーンを作りだす。
| This movement creates the fault zones.

○ **broken ___**

これらの古い壊れた電話機
── those old broken telephone instruments

○ **defective ___**

故障しているテレビ────────── defective TV set
不良の製品（通常，不良品といいます）── defective product

● 「不良の___」

○ **faulty ___**

不良部品を取りはずして新しい部品に交換する
── to remove the faulty item and to replace it with the new part

○ **bad ___**

ハード・ディスクに不良トラックが発生した場合は，
| If your hard disk develops a bad track,

○ **poor ___**

接触不良── poor contact

注 ── そのまま訳すと，「不良な接触」となりますが，技術分野ではふつう「接触不良」と呼んでいます。

Tea time

能動態と受動態 ——「○○を○○する」と「○○が○○される」

　態，すなわち能動態と受動態の問題には，学生時代，いやというほど痛めつけられました。しかし，当時の問題は，たとえば，「叔父さんはぼくに時計をくれました」という能動態を「『ぼく』や『時計』を主語にして受動態に書き直しなさい」という程度のもので，いまになってみると，しごく簡単なものでした。

　いま，ここでお話しようとしている「能動態と受動態」の問題は，そのような単純なことではなく，これがわからなければ，技術英文を正確に書くことも，正しい日本語に訳すこともできないもので，これは「無生物主語構文」(54 ページ) と並んで技術翻訳のだいじなものです。

　例をひとつあげてみます。

　　｜スイッチを押すと，

日本語では，だれが押すのか，その行為者が漠然としている場合，この文章のように主語を省略して書くのがふつうです。しかし，英語では，命令形とか特別の約束ごとがないがぎり，主語のない文章はありえません。

　それでは，この日本文をステップを踏んで翻訳してみましょう。まず，初心者は，そのほとんどの人がそのまま英語に置き換えて，

　　｜ When push the switch,

と書きます。これでは英語になっていません。まちがいです。つぎにやや経験をつんだ人は，日本語にない主語をなんとか補おうとして，

　　｜ When the operator pushes the switch,

などと書きます。文法的にはこれでまちがいありませんが，英語としては不自然です。そこで，さらに経験をつんだ人は，日本語の能動態（スイッチを押す）を，英語では受動態（スイッチは押される）と発想して，

　　｜ When the switch is pressed,

と書きます。これで「日本語の能動態」と「英語の受動態」が対応していることになります（拙著①⑥および⑩を参照してください）。

Practical English:
Sentence Patterns and Concise Expressions

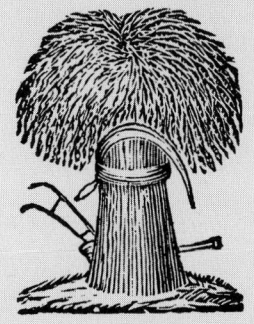

さ 行

21.1 修正（訂正）

修正（訂正）

「修正」は一度作ったものに手を加えることであり，「訂正」はまちがいを直すことです。前者は revision, modification, ちょっと形式ばった amendment などで，後者は correction, revision, ちょっと形式ばった rectification などで表現します。しかし，使用区分はあまり明確ではありません。

● 「修正（訂正）」

○ **revision**

すべての修正は2時間以内に終了しなければならない。
| All revisions must be finished in two hours.
図面および設計仕様の最近の訂正
—— the latest revisions of drawings and design specifications

○ **modification**

このプログラムの訂正はよい案です。
| The modification of this program is a good idea.
新憲法は旧憲法を修正したものです。
| The new constitution is a modification of the old one.

○ **amendment**

基本的人権の修正案は1791年12月15日に批准された。
| The amendment to the Bill of Rights was ratified on December 15, 1791.

○ **correction**

エラー修正テクニックを使って
—— by the use of error-correction techniques
もしエラーがあると，修正電圧が発生する。
| If an error exists, a correction voltage is developed.

○ **rectification**

見積り誤差の修正—— rectification of the estimation errors

21-2 修正(訂正)

修正する(訂正する)

「修正する(訂正する)」はrevise, modify, amend, correct, rectifyなどで表現します。また, make revision (modification/amendment/correction/rectification など) で表わすこともできます。

● 「修正する」「訂正する」────────────
○ **revise (modify/amend/correct/rectify など)**
　CADデータで作図した図面はすばやく訂正できる。
　　| Drawings made of CAD data can be revised easily.
　注 ─ CADとはcomputer-aided designの略語で, 日本語では「計算機援用設計」といっています。
　その理論は多くの科学者によって修正された。
　　| The theory was modified by many scientists.
　ほとんどのバージョンが広範囲にわたって修正されている。
　　| Most versions have been modified extensively.
　賃貸人と賃借人の間で契約を改定するため
　　── to amend the contract between the lessor and lessee
　これらの誤差は修正できる。
　　| These errors can be corrected.
　NASAはロケットの軌道を修正しなければならなかった。
　　| NASA had to correct the orbit of the rocket.
○ **make revision (modification/correction/rectification など)**
　このリンクによりファイルを修正することができる。
　　| Through this link, you can make revisions to the files.
　しかし, 修正はできるかぎり穏便に行なわなければいけない。
　　| But corrections should be made as diplomatically as possible.
　装置に若干の修正を行なった。
　　| Some modifications have been made in the equipment.

22-1 手段(方法)

手段(方法)/○○の手段(方法)

「手段」や「方法」を表わすことばはいろいろありますが，ふつう「手段」には means，measure などを，「方法」には method, way, manner, fashion, approach, process などを使います。method は理論的な方法として一般に使われ，way は日常的に「しかた」という感じで使います。manner は way より少しあらたまった言い方です。approach は研究などの方法を，process は工作・生産の方法をいうときに使います。ある目的を行なうための方策・手段としては measure が，また，その道具・手段としては means を使います。「＿＿の手段（方法）」は，後に of ＿＿をつけて表現します。

● 「手段」「＿＿の手段」
- **means (means of ＿＿)**
    通信の手段── a means of communication
- **measure (measure of ＿＿)**
    抜き取り計画のもう一つの手段
    ── another measure of the sampling plan

● 「方法」「＿＿の方法」
- **method (method of ＿＿)**
    電流を検知する一般的な方法
    ── the common method of current sensing
- **way (way of ＿＿)**
    彼の問題解決方法── his way (method) of resolving problems
- **manner (manner of ＿＿)**
    うれしそうな話し方── a joyful manner of speech
- **approach (approach of ＿＿)**
    もう一つの方法── an alternative approach
- **process (process of ＿＿)**
    おもな切断方法── the principal cutting process

22-2 手段(方法)

○○する手段(方法)

「……する手段(方法)」はmeans of (for)……ing, method (way) of (for)……ing で表現します。way to……(to-不定詞) でも書けます。means to……(to-不定詞) やmethod to……(to-不定詞) で書かれているものもありますが、避けたほうが無難です。また、how to……(to-不定詞) でも書けます。

● 「……する手段(方法)」

○ **means of (for)……ing**

この部屋からでる手段はなにもない。
| There are no means of escaping from this room.
ワットは電力を表わす一般的な方法です。
| Watt is a common means of expressing electric power.
室温を制御する方法
── a means for controlling the room temperature

○ **method of (for)……ing**

このカメラの使用方法は……に説明してあります。
| The method of using the camera is explained in ….
計算結果をチェックする二つの方法
── two methods of checking the results of calculations
高性能の機械を設計する新しい方法
── a new method for designing high performance machines

○ **way of (for)……ing**

これらの問題を解決する、より経済的な方法
── more economical ways of solving these problems
プラスチックを接合する方法にはいろいろある。
| There are several ways of joining plastics to each other.
欠陥部品を検査するもう一つの方法
── another way of examining the defective parts

22-3 手段(方法)

○○する手段(方法)/○○が○○する手段(方法)

「……する手段（方法）」は，way to……（to-不定詞）や how to……（to-不定詞）でも表現できることは前項 22-2 でも述べました。ここでは，それらの例文をあげることにします。「___が……する手段（方法）」は，the manner (way) in which ___……で表現します。manner (way) と which の間に前置詞 in がはいることに注意する必要があります。

● 「……する手段（方法）」

◦ way to……

コンピュータを切る方法にはいろいろある。

| There are several ways to turn off the computer.

これはひび割れを早期に見つける効率の良い方法です。

| This is an efficient way to detect cracks at an early stage.

◦ how to……

この問題の解き方がわかりません。

| I don't know how to solve this problem.

解説 —「___の調整方法」や「___の設定方法」という取扱説明書の見出しで，How To Adjust ___ とか How To Set ___ と書くこともあります。

● 「___が……する手段（方法）」

◦ the manner in which ___……

燃料が着火する方法 —— the manner in which fuel ignites

どのような方法で死んでいくかに関係なく，

| Regardless of the manner in which they are killed,

◦ the way in which ___……

家具を配置する方法は数多くある。

| There are many ways in which the furniture can be arranged.

解説 — 実際には，the manner (way) in which はすべて how の一語で簡潔に書けます。

22-4 手段(方法)
どのような手段(方法)

これは「どのような（......）手段（方法）で___する」というときの表現で、「手段（方法）」を表わすことばの前に形容詞をつけて表現します。前置詞は in です。方法や手段に対応する英語は manner, way が一般的ですが，fashion も使われます。また，「......された（する）手段（方法）で」という場合は，in the manner......ed や in a manner that......のように説明を加える形にすることもあります。

● 「どのような（......）手段（方法）で」

○ in......manner
　　従来の方法で——————————in a conventional manner
　　安全な方法で——————————in a safe manner
　　それらを正しい方法で組み立てる
　　　　——to assemble them in a correct manner
　　それを適切な方法で解決する——to solve it in an appropriate manner

○ in......way
　　特定の方法で——————————in a specific way
　　適切な方法で患者を指導する——to guide patients in a proper way
　　これらの現象は，いろいろな方法で説明できるかもしれません。
　　　| These phenomena could be explained in several ways.

○ in......fashion
　　整然とした方法で——in an orderly fashion
　　8の字形の方法で——in a figure-8 fashion

● 「......された（する）手段（方法）で」

○ in the manner......ed
　　顧客に承認された方法で——in a manner approved by the client

○ in the manner that......
　　熱を発生する方法で——in a manner that generates heat

22-5 手段(方法)

○○と同じ(似た/違う)手段(方法)

前項 22-4 の特別な場合として,「同じ方法で」「似た方法で」または「違う方法で」という言い方がよく使われます。「＿＿と同じ方法で」は in the same manner (way/fashion) as ＿＿と書き,「＿＿と似た方法で」は in a manner (way/fashion) similar to ＿＿または in a similar manner to ＿＿と表現します。「と違う方法で」の場合も in a different manner を使って同じように書くことができます。

● 「＿＿と同じ方法で」
○ **in the same manner as ＿＿**
  それらは毛布と同じ方法で使う。
  | They are used in the same manner as blankets.
  人工衛星は月と同じ方法で地球のまわりを回る。
  | An artificial satellite circles the earth in the same manner as the moon.

● 「＿＿と似た方法で」
○ **in a manner similar to ＿＿**
  接続は電話回線と似た方法で行なう。
  | Connections are established in a manner similar to that of the telephone network.
  注―この文章はつぎの……ように書くこともできます。
  | Connections are established in a similar manner to that....

● 「違う方法で」
○ **in a different way (manner)**
  あなたは,自分の記録を違う方法で見ることができます。
  | You can see your records in a different way.
  これらの現象は,違う方法で説明できるかもしれません。
  | These phenomena could be explained in a different way.

22-6 手段(方法)

○○する手段(方法)で/○○が○○する手段(方法)で

「……する（するような）手段（方法）で」というときは，in such a manner as to……（to-不定詞）で書くことができます。また，「___が……する（するような）手段（方法）で」を表現するときは，in such a manner that ___……で書きます。manner のかわりに way や fashion も使います。

● 「……する（するような）手段（方法）で」
○ **in such a manner as to** ……
湿度の悪影響がないような方法で
—— in such a manner as to be free of the adverse effect of moisture
○ **in such a way as to** ……
子どもたちを5グループに分けるような方法で
—— in such a way as to divide the children into five groups
○ **in such a fashion as to** ……
所望の圧力を維持するような方法で
—— in such a fashion as to maintain the desired pressure

● 「___が……する（するような）手段（方法）で」
○ **in such a manner that** ___ ……
ピンが正しい方向に動くような方法で
—— in such a manner that the pin moves in the right direction
○ **in such a way that** ___ ……
すぐ水がはけるような方法で
—— in such a way that the water will soon drain off
○ **in such a fashion that** ___ ……
スイッチが機能するような方法で
—— in such a fashion that the switch can function

解説 ―実際のライティングでは，これらのことばはすべて so の一語で書けます。

22-7 手段(方法)

○○で(によって)①

「＿＿で（＿＿によって）」という場合，一般的には by と with が使われ，原則的には，by は行為者を，with は使われる器具・道具を表わします。ただし，行為者といってもかならずしも人間である必要はなく，動作をする主体であれば，機械や装置のこともあります。また，行為や動作による場合には by または by means of を，物質や材料の場合には by または with を使います。

●行為者
○ by

この手紙は彼が書いたものである。
| This letter was written by him.

解説─英語では，とくに「手紙」を主語にして書かねばならない理由がないかぎり「彼」を主語にして He wrote this letter. のように能動態で書きます。

最終調整は専門家によって行なわれなければなりません。
| Final adjustment must be done by a specialist.

●器具・道具
○ with

余分なテープは，はさみかナイフで切り落としてください。
| Cut off the excess tape with scissors or a knife.
ドライバでねじを右方向にまわす
　　── to rotate the screw clockwise with a screwdriver

●行為・動作
○ by

機械の動作は，マイクロ・スイッチの作動で制御されている。
| Machine operation is controlled by micro-switch action.

●物質・材料
○ with

コップをきれいな水ですすぐ── to rinse the cup with clean water

22-8 手段(方法)
○○で(によって)②

手段・方法を表わす日本語の「で」には，いろいろな意味がふくまれています。単純に「＿＿によって」という以外にも，「＿＿を使って」ということもあれば，「＿＿の助けを借りて」というニュアンスが強いこともあります。この項では，「＿＿によって（で）」という場合をみてみます。英語では，by means (way/the method) of ＿＿, by ＿＿ing などで表わします。

● 「＿＿によって（で）」

○ **by means of ＿＿**

この傾向は，図表で簡単に示すことができます。
| The tendency can be easily shown by means of diagrams.

これらは，大きさ・色・位置などによってデジタル・ボタンと区別できる。
| These can be distinguished from digital buttons by means of size, color, location, and so forth.

○ **by way of ＿＿**

私たちは，自分のアイデアをことばで表現できます。
| We can express our ideas by way of words.

○ **by the method of ＿＿**

このスイッチは電気的な方法でなく，機械的な方法で作動する。
| This switch is triggered by the method of mechanical rather than electrical means.

注—mechanical の後には means が省略されています。

○ **by ＿＿ing**

適当なサイズの靴を選ぶことによって疲れをやわらげることができる。
| By selecting shoes of proper size, physical fatigue can be relieved.

高さは，ねじを調節することによって変えることができます。
| The height can be changed by adjusting the screws.

22.9 手段(方法)

○○で(を使って)

「＿＿を使って」というときは，by the use of＿＿, through the use of＿＿, by using＿＿, using＿＿などで表わします。とくに「＿＿の助けを借りて」というニュアンスが強いときは，with the aid of＿＿, with the help of＿＿を使います。

● 「＿＿を使って」
○ **by the use of ＿＿**

わたしは，家から学校までの距離を万歩計を使って概算した。

I roughly estimated the distance from my home to school by the use of a pedometer.

この種の問題は，この法則を使って解くことができる。

Problems of this type can be solved by the use of this law.

○ **through the use of ＿＿**

油入り装置を使って爆発を防ぐ

—— to prevent an explosion through the use of oil-immersed equipment

○ **by using ＿＿**

この天井灯は，リモコンを使って遠くから操作できる。

This ceiling light can be regulated by using the remote controller.

● 「＿＿の助けを借りて」というニュアンスが強い
○ **with the aid of ＿＿**

線は，すべて製図器を使って描かれている。

All lines are drawn with the aid of a drafting machine.

○ **with the help of ＿＿**

上式は，微積分を使って解くことができる。

With the help of calculus, the equation above can be solved.

22-10 手段(方法)

○○で(特殊な場合①)

　日本語で「＿＿を使って」というとき，ふつう「＿＿で」といいます。この「＿＿で」は「＿＿を使って」という意味しかもっていません。しかし，英語では，この意味の「＿＿で」にはもちろん by, with, by means of, by using, by the use of, with the aid of などの前置詞や群前置詞を使って表わしますが，そのときの状態や位置関係などによって前置詞をうまく選び，①「＿＿を使って」という情報と，②「どのような状態で」という情報の両方を表わしてしまうことがあります。このことを理解していないと，英文和訳の際に前置詞を誤った意味に訳してしまったり，逆に和文英訳の際には，不自然な前置詞を使ってしまうことになります。この項とつぎの項でいろいろな実例をあげながら，前置詞ごとに説明します。

● 「＿＿で」(特殊な場合①)──────────
○ **from**
　　機械はすべて操作パネルで遠隔操作する。
　　　| All machines are remotely controlled from the control panel.
解説─日本語では「操作パネルで」ですが，英語では，①「操作パネルを使い」，②「離れている操作パネルから」というふたつの情報のうち，②の情報を優先して from the control panel となります。
○ **in**
　　フィルタは暖かい石けん液で洗浄してください。
　　　| Clean the filter in a warm, soapy solution.
解説─「石けん液で」ですから，日本語では with でもよいのですが，英語では，①「石けん液を使って」，②「その石けん液のなかに入れて洗浄する」というふたつの情報のうち，②を優先させて in を使います。
　　それをオーブンで乾燥させる── to dry it in the oven
解説─「オーブンで乾燥させる」といっても，実際には「オーブンのなかで乾燥させる」ので，in を使うわけです。

22-11 手段(方法)

○○で(特殊な場合②)

　前の項でも説明したように，①「___を使って」という情報を表わす前置詞ではなく，②「どのような状態で」という情報を表わす前置詞を使うわけですから，当然のことながら「どのような状態か」「どのような位置関係にあるか」がわからなければ，書き手は適切な前置詞を選ぶことはできません。

● 「___で」 (特殊な場合②)

○ **on**

　　私たちはボートで川を渡った。

　　　| We crossed the river on a boat.

解説—日本語で「ボートで」といえば「ボートを使って」となるわけですが，英語では「ボートに乗って」ということですので，on を使います。そのとき，大きな船ならば on ではなく，in になります。したがって，書き手は大きい船か小さい船かがわからなければ，正しい前置詞を選択することはできなくなります。

○ **over**

　　この試験片をトーチで加熱してください。

　　　| Heat this specimen over a torch.

解説—「トーチで」といえば，「トーチを使って」と発想したくなりますが，「トーチで加熱する」場合，「トーチの上方にかざして加熱する」ので over a torch となります。もしトーチに上からぴったり接触させて加熱する場合には，over a torch ではなく，on a torch となります。したがって，「どのような状態か」「どのような位置関係にあるか」がわからなければならないことはもちろんですが，over と on の使いわけもできなければなりません。

○ **under**

　　つぎに，傷がないかどうか，試料を顕微鏡で調べます。

　　　| Next, examine the specimen under a microscope for flaws.

解説—「顕微鏡を使って」であれば with a microscope ですが，実際には「顕微鏡の下に置いて調べる」わけですから，under a microscope となります。

23.1 種類

種類/○○の種類

「種類」というと，私たちはすぐ kind を思い浮かべますが，実際には type ということばで表わすことが多く，ついで kind, sort の順です。「___の種類」ならば，the type (kind/sort) of ___ です。___ type というように簡潔に書くこともあります。また，「どのような (......) 種類」という場合には，「どのような (......)」を表わす形容詞を type (kind/sort) の前につけ，......type (kind/sort) と書きます。

●「___の種類」

○ **the type of ___**

  気体の種類————————— the type of gas
  モデムの種類————————— the type of modem
  トランジスタの種類—————— the type of transistor

○ **the kind of ___**

  ソフトウエアの種類—————— the kind of software
  メモリの種類————————— the kind of memory

○ **the sort of ___**

  分子の種類——— the sort of molecule

 注—the ___ type (kind/sort) で表わすこともあります。

○ **the ___ type**

  流体の種類の情報——— information on fluid type

 注—「___の情報」という場合の「の」は of ではなく，on がふつうです。

●「どのような (......) 種類」

○ **......type (kind/sort)**

  モータの基本の種類————— the basic type of motor
  ふつうの種類のスイッチ——— the common type of switch
  食中毒のもっとも危険な種類
   ——— the most dangerous kind of food poisoning

23.2 種類
この種の○○

「この種の___」という場合，日本語ではこのような表現方法しかありませんが，英語では，___を後において this type (kind/sort) of ___ とする書き方と，___を前において___ of this type (kind/sort) とする書き方の二つがあります。意味の違いはありません。また，これも意味上の違いはありませんが，these types (kinds/sorts) of ___ s とか___ s of this type (kind/sort) などのように複数形で書くこともあります。

● 「この種の___」

○ **this type (kind/sort) of ___**

  この種のトランジスタ——— this type of transistor
  この種のカメラ——————— this type of camera
  この種のテレビ——————— this type of TV
  この種のレンズ——————— this kind of lens
  この種の核分裂——————— this sort of fission

 注—これらの場合には，名詞はいずれも無冠詞の単数形で書きます。

○ **these types (kinds/sorts) of ___ s**

  この種のプログラム——— these types of programs
  この種の自動車————— these types of cars
  この種のバクテリア——— these kinds of bacteria
  この種の考え方————— these sorts of ideas

 注—これらの場合には，名詞はいずれも無冠詞の複数形で書きます。

○ **___ of this type (kind/sort)**

  この種のカメラ——— a camera of this type
  この種のスイッチ——— a switch of this kind
  この種のヒータ——— a heater of this sort

○ **___ s of this type**

  この種のビールス——— viruses of this type

23.3 種類

ある種の○○/ほかの種類の○○

「ある種の＿＿」は，＿＿が可算名詞ならば，some types (kinds/sorts) of ＿＿s とか certain types (kinds/sorts) of ＿＿s などで書き，不可算名詞ならば，some type (kind/sort) of ＿＿で書きます。また，＿＿ of some type (kind/sorts) などで書くこともできます。「ほかの種の＿＿」は other types (kinds/sorts) of ＿＿s で書きます。any other type of ＿＿と書けば，「ほかのいかなる種類の＿＿」となり，all other types of ＿＿s と書けば，「ほかのすべての種類の＿＿」となります。

● 「ある種の＿＿」
○ **some types (kinds/sorts) of ＿＿s**
　　ある種のトラブル──── some types of troubles
　　ある種の兆し──────── some kinds of signs
　　ある種の癌────────── some sorts of cancers
○ **certain types (kinds/sorts) of ＿＿s**
　　ある種の不純物────── certain types of impurities
○ **some type (kind/sort) of ＿＿**
　　ある種の油────────── some type of oil
　　ある種の酸────────── some kind of acid

● 「ほかの種の＿＿」
○ **other types (kinds/sorts) of ＿＿s**
　　ほかの種のモデム────────── other types of modems
　　ほかの種のメモリ・チップ── other kinds of memory chips

● 「ほかのいかなる種類の＿＿」
○ **any other type of ＿＿**
　　ほかのいかなる直流モータ── any other type of dc motor

注 ─ other の後ろの名詞は複数形，any がつくと，other の後ろの名詞は単数形で書き表わします。

23.4 種類

同じ種類の○○/異なった種類の○○/すべての種類の○○

「同じ種類の＿＿」は the same type (kind/sort) of ＿＿，「異なった種類の＿＿」は different types (kinds/sorts) of ＿＿ s，そして，「すべての種類の＿＿」は all types (kinds/sorts) of ＿＿ s で書きます。そのほか例はあげませんが，「ふつうの種類の＿＿」は a common type (kind/sort) of ＿＿，そして，「特殊な種類の＿＿」は special (particular) type (kind/sort) of ＿＿で書きます。

● 「同じ種類の＿＿」

◦ **the same type of ＿＿**

　　同じ種類のまちがい────── the same type of mistake
　　同じ種類の情報────────── the same type of information

◦ **the same kind of ＿＿**

　　同じ種類の手順────── the same kind of procedure

◦ **the same sort of ＿＿**

　　同じ種類の工程────── the same sort of process

　注──same ということばの前には，つねに the がつきます。

● 「異なった種類の＿＿」

◦ **different types of ＿＿ s**

　　異なった種類のコンピュータ────── different types of computers
　　異なった種類のランプ─────────── different types of lamps

◦ **different kinds of ＿＿ s**

　　異なった種類の体温計────── different kinds of thermometers

● 「すべての種類の＿＿」

◦ **all types of ＿＿ s**

　　すべての種類の自動販売機────── all types of vending machines

◦ **all kinds of ＿＿ s**

　　すべての種類のコピー機────── all kinds of copiers

23.5 種類

何種類の○○/いろいろな種類の○○

「何種類の＿＿」は数値（仮にXとします）を使って，X types (kinds/sorts) of ＿＿(s)のように書きます。また，「いろいろな種類の＿＿」の場合には数値Xのかわりに「いろいろな」を表わすことばを使って various (many/several) types (kinds/sorts) of ＿＿(s)と表現します。＿＿にはいることばが数えられない名詞（不可算名詞）の場合には単数形で書き，数えられる名詞（可算名詞）の場合には複数形で書きます。

● 「何種類の＿＿」

○ X types of ＿＿(s)

 3種類の基本的な鋼——— three basic types of steel
 2種類のカメラ——— two types of cameras

○ X kinds of ＿＿(s)

 2種類の紙——— two kinds of paper
 5種類の主要な問題——— five major kinds of problems

解説——「鋼」や「紙」のように，不可算名詞の場合には単数形で書き，「カメラ」や「問題」のように，可算名詞の場合には複数形で書きます。

● 「いろいろな種類の＿＿」

○ various types (kinds/sorts) of ＿＿(s)

 いろいろな種類のソフト——— various types of software
 いろいろな種類の参考書——— various kinds of handbooks

○ many types (kinds/sorts) of ＿＿(s)

 いろいろな種類の部品——— many types of parts
 いろいろな種類のディスプレイ——— many kinds of displays

○ several types (kinds/sorts) of ＿＿(s)

 いろいろな種類の装置——— several types of devices
 いろいろな種類のモータ——— several kinds of motors

23-6 種類

○○には何種類ある／○○にはいろいろな種類がある

「＿＿には何種類ある」によく使われるのは There are X types (kinds/sorts) of ＿＿ s. です。＿＿ s come in X types. や＿＿ s are of X types. もよく使われます。「＿＿にはいろいろな種類がある」は X types (kinds/sorts) のかわりに various (many/several) などを使って表現します。

● 「＿＿には何種類ある」

○ **There are X types (kinds/sorts) of ＿＿ s.**

人工心臓には2種類ある。

| There are two types of artificial hearts.

○ **＿＿ s come in X types (kinds/sorts).**

アプルⅡ系のモニタには3種類ある。

| Monitors of the Apple II family come in three types.

○ **＿＿ s are of X types (kinds/sorts).**

ロケット推進燃料には2種類ある。

| Rocket propellants are of two types.

● 「＿＿にはいろいろな種類がある」

○ **There are various (many/several) types (kinds/sorts) of ＿＿ s.**

乗り物にはいろいろな種類があります。

| There are many types of vehicles.

○ **＿＿ s come in many types (kinds/sorts).**

スイッチにはいろいろな種類があります。

| Switches come in many types.

● 「何種類ある」

○ **X types (kinds/sorts) are available.**

2種類あります。 —— Two types are available.

○ **There are X types (kinds/sorts).**

3種類あります。 —— There are three types.

24-1 順番（順序/○○番目）

順番/○○の順番/○○の順番に

「順番」は「順序」などとともに英語では order や sequence などで表わします。「＿＿の順番」は名詞の表現で，＿＿ order (sequence), the order (sequence) of ＿＿などで表わします。「＿＿の順番に」は「＿＿の順番に……される」というときの表現で，文法的には「副詞句」といい，前置詞 in をつけ，in ＿＿ order (sequence), in the order (sequence) of ＿＿などで表わします。

● 「＿＿の順番」

○ ＿＿ **order (sequence)**
　　この順番——————————— this order
　　自然なことばの順番（語順）—— a natural word order
　　正しい順番—————————— the right sequence

○ **the order (sequence) of ＿＿**
　　大きさの順番—— the order of magnitude
　　入力の順序——— the sequence of inputting
　　注－3次元的な大きさは size で表わしますが，強さや程度などの量的な大きさは，私たちが地震の規模を表わすときに使う magnitude で表わします。

● 「＿＿の順番に」

○ **in ＿＿ order (sequence)**
　　アルファベット順に—— in alphabetical order
　　同じ順番に—————— in the same order
　　通常の順番に————— in the normal sequence

○ **in the order (sequence) of ＿＿**
　　調理法を難易度の順に並べる
　　　—— to list the methods of cooking in order of degree of difficulty
　　操作の順番に—— in the sequence of operations

24-2 順番（順序/○○番目）

○○が○○する順番/○○が○○する順番に

「＿＿が……する順番」は，ふつうには the order (sequence) in which ＿＿……で表わします。「＿＿が……する順番に」という場合は，その前に in をつけて in the order (sequence) in which ＿＿……で表現します。また，in the order (sequence) of……ing ＿＿とすることもできます。「＿＿された順序に」という場合は，「in the order＋過去分詞」で表わします。

● 「＿＿が……する順番」
- the order in which ＿＿……

    文字がプリントされる順序
    —— the order in which the characters are printed

- the sequence in which ＿＿……

    読者がそれを読む順序
    —— the sequence in which the reader reads them

● 「＿＿が……する順番に」
- in the order in which ＿＿……

    部品を組み立てる順番に
    —— in the order in which the parts are assembled

- in the sequence in which ＿＿……

    紙が折られる順序に—— in the sequence in which the paper is folded

- in the order of……ing ＿＿

    複雑さが大きくなる順番に—— in the order of increasing complexity

- in the sequence of……ing ＿＿

    接頭語が大きくなる順序に—— in the sequence of ascending prefixes

● 「＿＿された順番に」
- in the order ＿＿ed

    指示された順序に—— in the order indicated
    名前をつけた順序に—— in the order named

24-3 順番（順序／○○番目）
何番目の○○／○○から何番目の○○

たんに「X番目の＿＿」という場合には，first, second, third, Xthなどの序数詞を使って the first ＿＿, the second ＿＿, the third ＿＿, the Xth ＿＿などと書きます。1st, 2nd, 3rd, Xthと書くこともできます。序数詞の前にはかならず定冠詞 the をつけます。「……から X 番目の＿＿」という場合，from……をつけて the Xth ＿＿ from……と書きます。

● 「X 番目の＿＿」

中学校ですでに学習したことではありますが，正しく覚えるために「＿＿」のかわりに「穴」を使って，その代表的なものを復習してみたいと思います。

    1番目の穴——the first hole——————the 1st hole
    2番目の穴——the second hole—————the 2nd hole
    3番目の穴——the third hole—————the 3rd hole
    4番目の穴——the fourth hole—————the 4th hole
    10番目の穴——the tenth hole—————the 10th hole
    11番目の穴——the eleventh hole————the 11th hole
    21番目の穴——the twenty-first hole————the 21st hole
    22番目の穴——the twenty-second hole———the 22nd hole
    23番目の穴——the twenty-third hole———the 23rd hole
    24番目の穴——the twenty-fourth hole———the 24th hole
    n 番目の穴—— the nth hole

注—「11番目」以降は数値をつづるより the 11th hole, the 21st hole, the 22nd hole などと算用数字を使って書くのがふつうです。

● 「……から X 番目の＿＿」

○ the Xth ＿＿ from ……

    左から2番目のスイッチ—— the second switch from the left
    下から4番目の棚—————— the fourth shelf from the bottom

注—「右から」ならば from the right,「上から」ならば from the top です。

24-4 順番(順序/○○番目)

何番目にどのような○○/もっともどのような○○

「X番目にどのような____」という場合には,「どのような」ということばを表わす形容詞の最上級を使って「the+序数詞（first/secondなど）+形容詞の最上級+____」で表わします。また,「もっともどのような（……）____」という場合には序数詞を取り除き,「the+形容詞の最上級+____」で表わします。形容詞の最上級をつくるには，その形容詞の後にestをつける方法と，前にmostを置く方法があります。これについては下の注1を参照してください。

● 「X番目にどのような（……）____」

　　2番目に古いスペース・シャトル
　　　　―― the second oldest space shuttle
　　3番目に速い車―――――― the third fastest car
　　3番目に大きい数―――――― the third highest number
　　2番目に重要な要因――――― the second most important factor
　　3番目にむずかしい問題―― the third most difficult problem

注1 ― 2音節以上の形容詞で，estをつけただけでは最上級をつくることができない形容詞に対しては，その形容詞の前にmostをつけます。

注2 ―「つぎに」という場合にはthe nextを使って表現します。
　　つぎに大きな数―― the next highest number

注3 ― 数の「大きい」「小さい」はlarge, smallではなくhigh, lowです。

● 「もっともどのような（……）____」

わかりやすいように，上の説明で使用したのと同じ例を使って説明します。それぞれ序数詞を取り除くだけで書くことができます。

　　もっとも古いスペース・シャトル―― the oldest space shuttle
　　もっとも速い車――――――――― the fastest car
　　もっとも大きな数――――――――― the highest number
　　もっとも重要な要因――――――――― the most important factor
　　もっともむずかしい問題――――――― the most difficult problem

25.1 条件

条件/○○の条件/どのような条件/○○が○○する条件

「条件」を表わすには，一般的な意味では condition を使います。仕様書などにおける必要条件には requirement を，契約書など法的条件には term を使います。「＿＿の条件」は＿＿ condition (requirement/term) などで表現します。「＿＿」に相当することばが長いときは，condition (requirement/term) of ＿＿のようにします。また，「どのような条件」は，「どのような（……）」を表わす形容詞をそれぞれのことばの前につけることによって表現できます。「＿＿が……する条件」は condition under which ＿＿……です。

● 「＿＿の条件」

○ ＿＿ condition (condition of ＿＿) など
  試験（の）条件—— the test conditions
  入力の，考慮に入れなければならない条件
    —— the conditions of the input that have to be taken into consideration

○ ＿＿ requirement (requirement of ＿＿) など
  最低速度の（必要）条件—— a minimum speed requirement
  あなたのコンピュータの（必要）条件
    —— the requirements of your computer

○ ＿＿ term (term of ＿＿) など
  支払い条件—— payment terms

● 「どのような（……）条件」

○ ……condition
  好ましい条件—— favorable conditions

○ ……requirement
  三つのおもな条件—— three main requirements

○ ……term
  きびしい条件—— severe terms

25.2 条件

○○の条件（のもと）で／○○が○○する条件（のもと）で

「条件（のもと）で」という表現は，基本的には under という前置詞を使って書きます。「＿＿の条件（のもと）で」ならば under ＿＿ conditions であり，「＿＿が……する条件（のもと）で」ならば under the conditions under which ＿＿……です。また，「＿＿という場合にかぎり」というように，「条件」ということばを使わず，「条件」を示唆しているだけの場合には，provided that ＿＿……や providing that ＿＿……で書くこともできます。

● 「＿＿の条件（のもと）で」

○ **under ＿＿ conditions**
　　適切な条件のもとでは――――― under suitable conditions
　　ある（特別な）条件のもとでは―― under some (special) conditions
　　雑音のある条件のもとでは――――under noisy conditions

● 「＿＿が……する条件（のもと）で」

○ **under the conditions under which ＿＿……**
　　最高許容温度が決められた条件のもとで
　　――― under the conditions under which the highest allowable temperature is determined

○ **provided that ＿＿……**
　　身分証明書を持っている場合にかぎり，工場敷地内への立ち入りができる。
　　> You may enter the factory premises, provided that you have an identification card.

○ **providing that ＿＿……**
　　この情報は，会社がそれを企業秘密として守秘するよう努力する場合にかぎり，「企業秘密」とみなすことができる。
　　> This information can qualify as a "trade secret," providing that the company makes an effort to keep it secret.

26-1 状態

状態/○○の状態/どのような状態

「状態」を表わすことばにはいろいろありますが，固体や液体などの物理的な状態には state を，作りだされた状態には condition を，状況や場合を表わす状態には situation をそれぞれ使います。「＿＿の状態」は ＿＿ state (condition/situation), state (condition/situation) of ＿＿ などで表現します。「どのような状態」は，「状態」を表わすことばの前にそれぞれの形容詞をつけて表現します。ものの「状態」にはいろいろな場合がありますが，ここでは，覚えておくと便利ないくつかの表現をあげてみます。

● 「＿＿の状態」
- ＿＿ **state (state of ＿＿)** など
  回路の考えられうる二つの状態—— two possible states of a circuit
- ＿＿ **condition (condition of ＿＿)** など
  データ・ディスクの状態—— the condition of a data disk
- ＿＿ **situation (situation of ＿＿)** など
  通信の状態を改善する—— to improve communication situations

● 「どのような（……）状態」
- …… **state (condition/situation)**
  解けた状態————————— the molten state
  異常な状態————————— abnormal conditions
  困難な状態に出くわす—— to face a difficult situation

● いろいろな状態の表現
  逆さまに現われる——— to appear upside down
  上に積み上げられる—— to be stacked on top of one another
  あおむけか，うつぶせの状態（姿勢）で
  　　—— in the supine or prone position
  ○○と同一平面に—— be flush with ○○
  ○○と平行に——— in parallel to ○○

26.2 状態

○○の状態で/○○が○○する状態で

「___の状態で（において）」は，前置詞 in をつけて in ___ state (condition/situation), in the state (condition/situation) of ___ などで表わします。「___が……する状態で（において）」は，in the state (condition/situation) in which ___ ……で表わします。in which で書くかわりに where で書くこともできます。

● 「___の状態で（において）」

◦ in ___ state
　自由な状態で ―――――― in the free state
　液体（固体）の状態で ―― in the liquid (solid) state
◦ in ___ condition
　ある病気の状態では ―― in a certain diseased condition
　通常の状態では ――――― in the normal condition
◦ in ___ situation
　オフの状態では ―― in an off situation

● 「___が……する状態で（において）」

◦ **in the state in which ___ ……**
　ガスが破裂に耐える状態では
　　―― in the state in which a gas resists bursting
◦ **in the situation in which ___ ……**
　低価格と単純さが必須条件である状態では
　　―― in the situation in which low cost and simplicity are mandatory
◦ **in the situation where ___ ……**
　交通量の大きな流れが交差する状態では
　　―― in situations where large flows of traffic intersect

26.3 状態

○○を○○した状態で

「＿＿を……した状態で」という表現を，英語ではwithを使って簡潔に表わすことができます。これは，基本的にはwith ＿＿……で表わすもので，＿＿には名詞を，そして，……には①過去分詞，②現在分詞，③前置詞，④形容詞，⑤副詞などを使います。ここでは，使用頻度の高い①②③の三つの場合についてのみ説明します。

●過去分詞

「with＋名詞＋過去分詞」という書き方になりますので，英語では，「＿＿が……された状態で」という感じになりますが，日本語の意味は「＿＿を……した状態で」になります。これはちょっとやっかいな「態」の問題が介在してきます（拙著①⑥⑩を参照）。この表現の使用頻度はきわめて高いものです。

たとえば，「蓋をはずした状態で」という場合，「＿＿」に「蓋（the lid）」を，「……」に「『除去する』の過去分詞（removed）」をそれぞれ入れると，with the lid removed という英語が書けます。

　　窓を閉めた状態で────────── with the windows closed
　　コントロール・キーを押した状態で── with the [ctrl] key pressed

●現在分詞

「＿＿を……した状態で」という意味をもつ表現方法で，英語では「with＋名詞＋現在分詞」で表わします。

　　プレーヤーの前面をあなたのほうに向けた状態で
　　　　── with the front of the player facing you

●前置詞

英語では「with＋名詞＋前置詞」で表わすもので，前置詞によりいろいろな意味になります。

　　親指を箱の内側に入れた状態で── with your thumb inside the box
　　爆発物をその中に入れた状態で── with an explosive in it

141

27-1 除外(除く/除去)

除外/除外する(除く)/除去/除去する

「積極的に排除する」という意味での「除外」は exclusion,「ふくまない」という意味での「消極的な除外」は exception で,「除外する」は exclude, except です(「77-例外」を参照)。一方,「除去」は removal, elimination,「除去する」は remove, とくに「悪いものを除去する」ときは eliminate を使います。

● 「除外」
- **exclusion**

    この除外区域は必要ない。
    | This exclusion area is not needed.

● 「除外(排除)する」
- **exclude**

    好ましくない騒音を排除する—— to exclude undesired noise

● 「除去」
- **removal**

    レーザーをセメントの除去に使う
    —— to use the laser for cement removal

- **elimination**

    ヒューマン・エラーの完全な除去
    —— complete elimination of human error

● 「除去する」
- **remove**

    真空装置からガスを除去する
    —— to remove gas from a vacuum system

- **eliminate**

    高電圧の危険を除去する—— to eliminate the hazard of high voltage

解説—to eliminate the need for ＿＿ (＿＿は必要ない), to eliminate the possibility of ＿＿ (＿＿の可能性はない) も覚えておくと便利です。

27-2 除外（除く/除去）

○○を除いて/○○を除いた○○/○○がなければ

「＿＿を除いて」「＿＿を除外して」は「どうこうする」という動詞とともに使われるもので，英語では「副詞的用法」といい，except for ＿＿, with the exception of ＿＿, excluding ＿＿, except ＿＿などで表わします。一方，「＿＿を除いた……」「＿＿を除外した……」は「除く」とか「除外する」ということばが「……」を修飾しているもので，英語では「形容詞的用法」といい，……except ＿＿, ……excepting ＿＿, ……but ＿＿, ……excluding ＿＿などで表わします。また，これらと似た表現に「＿＿がなければ」というのがありますが，これも except for ＿＿ で表わします。

● 「＿＿を除いて（除外して）」

○ **except for ＿＿**

　　衛星の打ち上げを除いて── except for the satellite launchings

○ **with the exception of ＿＿**

　　北極と南極の狭い地域を除いて
　　　　── with the exception of a small area at the North and South poles

● 「＿＿を除いた（除外した）……」

○ **……except ＿＿**

　　数種のダイヤモンドを除いたすべて── all except a few diamonds

○ **……excepting ＿＿**

　　肺を除いたすべての部分── all parts of the body excepting the lungs

○ **……but ＿＿**

　　加入者を除いただれもが── anyone but a subscriber

● 「＿＿がなければ」

○ **except for ＿＿**

　　ローラがなければ，これはリミット・スイッチと似ている。
　　　| Except for the roller, this is similar to a limit switch.

27-3 除外 (除く/除去)

○○であることを除いて/○○である場合を除いて

「___が……である（する）ことを除いて（除外して）」「___が……である（する）場合を除いて（除外して）」などは，それぞれ except that ___……, except when (where)___……などで表現します。そのほか except if ___……, except in cases where ___……などで表現することもできます。ここにあげたほとんどの表現は，よく「___が……である（する）ことを除いて（除外して）似ている（同じである/異なる）」などという使い方をします。

● 「___が……である（する）ことを除いて（除外して）」──────

○ **except that** ___……

この文章は，主語が動詞の前にくることを除いて，つぎの文章と似ている。

> This sentence is similar to the following one except that the subject comes before the verb.

プログラムは，コンピュータ言語に翻訳されていることを除けば，フロー・チャートと似ている。

> A program is similar to a flow chart except that it is translated into computer language.

曲線 A は，室温が高いことを除いて曲線 B と同じである。

> Curve A is the same as Curve B except that room temperature is higher.

● 「___が……である（する）場合を除いて（除外して）」──────

○ **except when** ___……

このことは入力がゼロではない場合を除いて正しい。

> This is true except when the input is not zero.

○ **except (in cases) where** ___……

これらの規定は，通勤に車を使う場合を除き，すべての従業員に適用する。

> These criteria apply to all the employees except where a car is used for commuting.

28.1 推奨(推薦)

○○の推奨(推薦)/○○の推奨(推薦)で

日本語では「推奨」は「こと」や「もの」に対して使い，「推薦」は「人」や「もの」に対して使うことばですが，英語ではどちらも recommendation です。「＿＿の推奨（推薦）」という場合は＿＿'s recommendation, recommendation by (of/with)＿＿などで表わします。「＿＿の推奨（推薦）で」という場合は on the recommendation of ＿＿で書きます。

● 「＿＿の推奨（推薦）」

○ ＿＿'s recommendation

コーヒー・メーカーについては，メーカーの推奨に従いなさい。

| Follow the manufacturer's recommendations for your coffee maker.

○ recommendation by (of/with)＿＿

本リストは旅行情報センターの推薦を意味するものではありません。

| This list does not imply a recommendation by the Tourist Information Centre.

ピーク・フロー・メーターは医師の奨めで使用するのが望ましい。

| Peak flow meters should be used with the recommendation of a physician.

● 「＿＿の推奨（推薦）で」

○ on the recommendation of ＿＿

トムは級友の推薦により学級委員長になった。

| Tom became head of the class on the recommendation of his friends.

注—推薦状は a letter of recommendation です。

彼は私に推薦状を書いてくれた。

| He wrote a letter of recommendation for me.

28-2 推奨(推薦)

○○を推奨(推薦)する

「推奨(推薦)する」はrecommendという動詞を使います。「＿＿を推奨(推薦)する」ならばrecommend＿＿，「......に＿＿を推奨(推薦)する」ならばrecommend＿＿to......，またはrecommend......＿＿です。「......なので＿＿を推奨(推薦)する」という場合はbecause of,「......するため＿＿を推奨(推薦)する」という場合はto-不定詞をつけて表現します。

● 「＿＿を推奨(推薦)する」

○ recommend＿＿

先生はこの辞書を推奨した。

| The teacher recommended this dictionary.

● 「......に＿＿を推奨(推薦)する」

○ recommend......to＿＿

彼は私にある有名なホテルを推奨した。

| He recommended a certain famous hotel to me.

○ recommend......＿＿

トレーナーは私にダイエットと運動を組み合わせたプログラムを推奨した。

| A trainer recommended me a combination program of diet and exercise.

● 「......なので＿＿を推奨(推薦)する」

○ recommend＿＿because of......

私は，軽いので，この鞄を推奨した。

| I recommend this bag because of its light weight.

● 「......するため＿＿を推奨(推薦)する」

○ recommend＿＿to (to-不定詞)

トレーナーは減量するため，私にダイエットのプログラムを推奨した。

| A trainer recommended me a diet program to take off extra weight.

28-3 推奨（推薦）

推奨（推薦）された○○／○○によって推奨された○○

「推奨（推薦）された____」は，「推奨（推薦）____」もふくめ，recommendの過去分詞を使って recommended____ と書きます。recommended に補足語がつく場合，たとえば，「......によって推奨（推薦）された____」は，____ recommended by...... と書きます。似たような表現で，「......による（の）推奨（推薦）____」という感じの強いときは recommended ____ by...... です。「推薦できる____」は形容詞を用いて recommendable ____ で表現します。

● 「推奨（推薦）された____」
  推奨株――――― a recommended stock
  推奨施肥量―― recommended amounts of fertilizer
  推奨摂取量―― recommended intake
  推奨法―――― a recommended practice
  推薦候補――― a recommended candidate
  ビタミンの推奨された食物許容量
   ――― Recommended Dietary Allowances (RDA) of vitamins

● 「......によって推奨（推薦）された____」
○ ____ **recommended by**......
  有名女優推薦の化粧品
   ――― cosmetics recommended (endorsed) by a famous actress

● 「......による（の）推奨（推薦）____」
○ **recommended** ____ **by**......
  先生の推薦図書―― books recommended (to students) by teachers
  旅行代理店の推薦ホテル
   ――― hotels recommended by a travel agency

● 「推薦できる」
  これらの本は子どもたちに推薦できる。
  | These books are recommendable to children.

29.1 図示

○○に図示する/○○に図示されるように

　この表現は技術関係の文章で多く見られます。「図示」とは，あるものを図やイラストやグラフで表わすことをいいます。「＿＿に図示する」の＿＿には，図面の名前や番号がはいり，is shown (illustrated/indicated/explained/represented) in ＿＿と受け身の形で表わします。また，これに schematically や graphically という副詞がつく場合もあります。さらに as shown (illustrated/indicated/explained/represented) in ＿＿（「＿＿に図示されるように」という意味）という表現も技術論文などで多く用いられます。

● 「＿＿に図示する」

○ **is shown in ＿＿**
　われわれの生産ラインをフロー・チャートに図示する。
　　| Our production line is shown in the flow chart.
○ **is illustrated in ＿＿**
　この種の機械を図3に図示します。
　　| A machine of this kind is illustrated in Fig. 3.
　それらから導いたいくつかの結論を図2に図示する。
　　| Conclusions derived from them are illustrated in Fig. 2.
○ **is represented in ＿＿**
　車の速度の関数としてのブレーキ・トルクを……に図示する。
　　| A braking torque as a function of vehicle speed is represented in ....

● 「＿＿に図示されるように」

○ **as shown (illustrated/represented) in ＿＿**
　図Aに図示されるように――― as illustrated in the drawing A,
　図1に図示するように――――― as schematically shown in Fig. 1
　注―これらの表現は，文章の初めや終わりによく使われますが，上の例文は文章の初めに，下のは文章の終わりに使われた例です。

29.-2 図示

○○を図示する

この表現は，前項とは異なり，「＿＿は……を図示する」という文章で，＿＿ show (illustrate/explain/represent) ……などで表わします。＿＿のところには，グラフや図の名前などがはいります。これらの表現にも schematically や graphically という副詞がつく場合があります。

● 「＿＿は……を図示する」

○ ＿＿ show ……

図3は，AとBの関係を図示します。
| Figure 3 shows the relation between A and B.

注―図1，図2という場合，Fig.1，Fig.2のように省略形を使いますが，この例のように，文章の初めでは Figure とスペルアウトするのが普通です。

この折れ線グラフは，これらの国のワイン消費量の変化を図示しています。
| This line graph shows the changes in wine consumption for these countries.

○ ＿＿ illustrate ……

グラフのオレンジ色のバーは，各メーカーの市場シェアを図示しています。
| The orange bars in the graph illustrate the market share for each maker.

この円グラフは，典型的な商品構成を図示しています。
| The pie chart illustrates a typical commodity composition.

○ ＿＿ represent ……

このチャートは，平均降水量を図示しています。
| This chart graphically represents the mean precipitation.

参考―よく使われるグラフの種類に，円グラフ (pie chart)，棒グラフ (bar chart)，線グラフ (line graph) があります。この chart も graph も日本語では，グラフと呼ぶ場合がありますが，graph はとくに二つの数量関係を表わす場合に使われること多いようです。

30.1 制限(制約)

制限する/制限がある

「制限」「制約」などは，限界や範囲を表わすことばで，「14—限界（限度）」と同じ単語の limit, limitation, restriction などで表現します。よく使われる「制限速度」「産児制限」は a speed limit, birth limitation で表わせ，the sky is the limit は「制限がない」「青天井だ」という意味になります。「＿＿を制限する」は limit (restrict) to ＿＿, put (set) limit (bounds/limitation/restriction) on ＿＿ などで表わせ，「＿＿に制限がある」の場合は is limited (restricted) in ＿＿, there is a limit for ＿＿ で表わします。

● 「＿＿を制限する」
○ **limit (restrict) to ＿＿**
　　医者は食物を軽いものに制限した。
　　　| My doctor has restricted me to a light diet.
　　彼はタバコを一日 10 本に制限した。
　　　| He limited himself to ten cigarettes a day.
○ **put (set) limit (bounds/limitation/restriction) on ＿＿**
　　われわれは経費を制限しなければならない。
　　　| We'll have to put a limit on our spending.
　　従業員の要求を制限した会社もある（または，会社のなかには従業員の要求を制限したところもある）。
　　　| Some companies set bounds on the claims of employees.

● 「＿＿に制限がある」
○ **be limited (restricted) in ＿＿**
　　A は数に制限がある——— A is limited in number.
　　B は時間に制限がある—— B is restricted in time.
○ **there is a limit for ＿＿**
　　会員になるのに年齢の制限はない。
　　　| There is no age limit for membership.

30-2 制限(制約)

制限的な/無制限な(に)

形容詞として用いられる「制限的な」あるいは「限られた」という表現は limited, restricted, restrictive などの語が，反対語の「無制限な」あるいは「限りない」という表現は unlimited, unrestricted, limitless などが使われます。また，副詞形の「無制限に」あるいは「限りなく」は without limit (limitation/restriction), freely などで表わします。

● 「制限的な」「限られた」

  制限された速度——— limited speed
 注—この場合「制限速度」ともいい，speed limit と書くのがふつうです。
  限られた資源——————— limited resources
  制限措置————————— restrictive measure
  関係代名詞の制限的用法—— the restrictive use of relative pronouns
  移住制限法——————— the restrictive immigration laws
  ステンドグラスが最初に現われたのはヨーロッパで，限られた規模であった。
  | Stained glass first appeared in Europe on a limited scale.

● 「無制限な」「限りない」

  無制限入国——— unrestricted admission
  無限の可能性——— limitless potential
  無数——————— limitless number
  彼らの生命は，実質上，無限である。
  | Their life is virtually unlimited.

● 「無制限に」「限りなく」

○ **without limit (limitation)**

  限りなく増えつづける——— to go on increasing without limit
  トランジスタは制約なしに電子スイッチとして使用できる。
  | The transistor can be used as an electronic switch without any limitation.

31.1 性質

○○の性質/どのような性質

「性質」は character, nature, quality, property で表現します。character は個別のものよりもグループの特徴的な性質，nature は人やもののもって生まれた性質，quality は物質，非物質を問わず広い範囲での性質，property はある種の特有の性質を表わします。「＿＿の性質」は quality (character/nature/property) of ＿＿と書きます。「どのような性質」という場合は，それぞれのことばの前に形容詞をつけて表現します。そして，「どのような(……) 性質の＿＿」という場合は……-natured ＿＿と表現します。

● 「＿＿の性質」

○ **character (nature) of ＿＿**

琥珀は電気の性質を帯びる。
| Amber bears the character of electricity.

一人の管理者が監督できる人数は仕事の性質による。
| The number of persons one manager can oversee depends on the nature of the work.

○ **quality of ＿＿**

ダイヤモンドの性質の一つは堅いことである。
| One of the qualities of a diamond is hardness.

鉄の性質は引っ張り強さと腐食性である。
| Qualities of iron are tensile strength and corrosiveness.

● 「どのような性質」

金のいろいろな性質―― various qualities of gold
犬の多くの性質の一つ―― one of the numerous qualities of a dog

● 「どのような (……) 性質の＿＿」

○ **……-natured ＿＿**

彼は良い（悪い）性質の人間である。
| He is a good-natured (ill-natured) person.

31-2 性質

○○する性質がある

「……する性質」は，前項 31-1 のそれぞれのことばの後ろに of……ing をつけて the property (character/nature/quality) of……ing で表現します。「___は……する性質がある」は，「___は……する性質をもつ」と発想して ___ have the property (character/nature/quality) of……ing で表現します。これらの場合には，とくに property を使います。「性質が変化する」という場合は change という動詞を使いますので，「___の性質が変化する」は change in the property (character/nature/quality) of ___ となります。

● 「……する性質」
○ **property of……ing**
熱くなる性質――― the property of becoming hot
汚れをとる性質――― the property of removing dirt

● 「___は……する性質がある」
○ **___ have the property (character/nature/quality) of……ing**
これは，また，埃を落とす性質がある。
| This also has the property of shedding dust.
花はつねに太陽に向く性質をもっている。
| A flower has the property of always turning toward the sun.
磁石は鉄を引きつける性質がある。
| A magnet has the property of attracting iron.
ガラスは水をはねる性質がある。
| Glass has the property of repelling water.

● 「___の性質が変化する」
○ **change in the quality (character/nature/property) of ___**
子犬の性質に変化が見られた。
| There have been changes in the character of puppies.

31-3 性質

性質上／性質的に

「性質上」「性質的に」などは characteristically で表わします。また，「＿＿の性質によって」は depending upon the property of ＿＿, by the nature of ＿＿ で表現します。

● 「性質上」「性質的に」
○ **characteristically**

この反応は性質上きわめて急速で，一般に水と塩を生成する。
> This reaction is characteristically very rapid and generally produces water and a salt.

秋田犬の耳は性質的に立っており，頭に比べて小さい。
> The ears of the Akita characteristically are erect, and small in proportion to the head.

● 「＿＿の性質によって」
○ **depending upon the property of ＿＿**

研究期間はプログラムの性質により 4 年から 7 年になることもある。
> The duration of the study may be from four to seven years depending upon the property of the programs.

麻は気候の性質や土質によって 5 m の高さにもなる。
> A hemp plant may be as high as 5 m, depending upon the climate and the property of soil type.

○ **by the nature of ＿＿**

反応物はプロセスの性質によってあらかじめ決まる。
> Reactants are often predetermined by the nature of the process.

科学は，その性質上，蓄積活動と改善活動と考えられている。
> Science is viewed by its nature as a cumulative and progressive activity.

32-1 接触(触れる)

接触

「接触」は，英語では contact および touch です。いずれもものが触れ合うような物理的な意味での「接触」と，交渉などにおけるかかわりあいのような観念的な意味での「接触」の二つの意味に使うことができます。形としては名詞であっても，さまざまな動詞と組み合わされて，意味的に動詞として使うこともよくあります。これらについては，つぎの項で述べます。touch は偶然的・短期的な「接触」という感じをもっており，contact はやや長い時間の「接触」という感じを持っています。「接触事故」は collision といいます。

●物理的な「接触」

○ **contact**

牛乳との直接の接触──direct contact with milk

異物が混入している流体においては物理的な接触と摩耗が起こる。
> Physical contact and abrasion occur in fluids with foreign particles.

●観念的な「接触」

○ **contact**

飛行機との交信（接触）を失う──to lose contact with the aircraft

エイズ患者との普段の接触（つきあい）
　　──casual contact with AIDS victims

上級管理職との直接的な接触
　　──direct contact with upper management

○ **touch**

技術的な問題との接触を断ってしまった人間
　　──a man who has lost touch with engineering problems

●その他

接触事故 (a minor collision)，接触面積 (a contact area)，接触表面 (contact surfaces) なども覚えておくと便利です。

32-2 接触(触れる)

○○と接触する

「＿＿は……と接触する」は「接触する」という行為・動作を表わしています。すなわち，いままで「離れていたもの」が「接触する」というものです。これはたんに＿＿ contact (touch)……と書けばよいので，だれもが簡単に書けます。また，＿＿ come in contact with……と書くこともできます。これとまちがいやすい日本語に「＿＿は……と接触している」というのがありますが，これについてはつぎの項で述べます。

● 「＿＿は……と接触する」

○ ＿＿ contact ……

棒の先端が物体に接触すると，
> When the tip of the bar contacts an object,

ほかのコンピュータへの接触を始めましょう。
> Let's begin to contact other computers.

注―「だれだれに連絡をとる」という場合も contact を使って表現できます。

○ ＿＿ touch ……

ワイヤーはケースに接触してはいけません。
> Wires may not touch the casing.

製品が上部ベルトに接触しないように注意してください。
> Take care that the product does not touch the upper belt.

○ ＿＿ come in contact with ……

窓で冷やされた空気が人間に接触すると，
> When air chilled by windows comes into contact with humans,

感染したコンピュータが感染していないソフトに接触すると，
> When the infected computer comes in contact with an uninfected piece of software,

32-3 接触(触れる)

○○と接触している/○○と接触している○○

「＿＿は……と接触する」は，たんに＿＿ contact (touch)……や＿＿ come into contact with……で書けばよいことは前の項で説明しました。ここは「＿＿は……と接触している」というように「接触している」状態を表わしているもので，英語では＿＿ is in contact with……と書きます。たとえば，「木が塀に接触する」ならば，たんに The tree touches the fence. でよいのですが，「木は塀に接触している」ならば，The tree is in touch with the fence. と書かなければなりません。このように「ものの状態」は be 動詞＋in で表わします。「……と接触している＿＿」は＿＿ in contact (touch) with……です。

● 「＿＿は……と接触している」

○ ＿＿ is in contact with……

カムがローラと接触しているとき，
| While the cam is in contact with the roller,

装置の平滑な表面は血液と接触している。
| Smooth surfaces of the apparatus are in contact with the
| blood.

もしピンが紙に直接，接触していたならば，
| If the pin were in direct contact with the paper,

注 — in と contact の間に direct を入れれば「直接（に）接触している」となり，firm を入れれば「しっかり接触している」となります。direct や firm という英語の形容詞が「直接に」とか「しっかり」という日本語の副詞と対応していることに注意してください。

● 「……と接触している＿＿」

○ ……in contact with ＿＿

ミルクと接触しているすべての部品—— all parts in contact with milk

空気に直接接触している表面
　　—— surfaces in direct contact with air

32-4 接触（触れる）

○○と接触させる

「___を……と接触させる」という場合，make, bring, establish などという動詞を使って make ___ contact with……, bring ___ into contact with……, establish ___ contact with……などと表現します。もちろん，contact を動詞として使って contact ___ with……と書くこともできます。これらの表現はいずれも「何が」とか「だれが」とかいうように行為者がはっきりしている場合の表現です。

一方，行為者が文中にかくれていて特定されていない場合があります。その場合には，「態の変換」というちょっとやっかいな問題がはいってきますが，「___を接触させる」という部分を，___を主語にして受身の形で書き，___ is made contact with……とか___ is brought into contact with……と書きます。この「態の変換」については，拙著①⑥⑩を参照してください。

●行為者がはっきりしている

○ **make ___ contact with……**

彼は右手を車に接触させた。

| He made the right hand contact with the car.

○ **bring ___ into contact with……**

彼は先端を容器に接触させた。

| He brought the leading edge into contact with the container.

●行為者が特定されていない

○ **___ is made contact with……**

机を壁に接触させた。

| The desk was made in contact with the wall.

○ **___ is brought into contact with……**

2枚の刃をその表面に接触させる。

| The two blades are brought into contact with its surface.

33.1 選択(選ぶ)

選択/○○選択/○○に対する選択/どのような選択

「選択」は choice, selection などで表わします。いずれもある程度は interchangeably に使えることばですが，choice は一般的な「選択」で，その使用範囲は広いものです。一方 selection は適切なものや良いものの「選択」に使うことばです。「＿＿の選択」は choice of ＿＿, selection of ＿＿です。＿＿ choice, ＿＿ selection などで書くこともできます。「＿＿に対する選択」は前置詞 for を使って choice for ＿＿, selection for ＿＿と書きます。「どのような選択」の場合には「どのような」を表わす形容詞を choice や selection の前につければ表現できます。

● 「＿＿の選択」
- choice of ＿＿
    コンピュータの選択に影響をおよぼすもう一つのファクター
        —— another factor affecting the choice of a computer
- selection of ＿＿
    エアー・ドライアの最終選択—— the final selection of an air dryer
- ＿＿ choice
    ルートの選択—— route choice
- ＿＿ selection
    チャンネルの選択時に—— at the time of channel selection

● 「＿＿に対する選択」
- choice (selection) for ＿＿
    将来の電信ネットワークに対する選択
        —— the choice for future telephony networks

● 「どのような選択」
    よりよい選択—— a better choice
    適切な選択—— a proper selection

33-2 選択(選ぶ)

○○を選択する

「選択する」という動詞は choose や select です。また，make choice (selection) で表現することもできます。「＿＿は......を選択する」のように主語がはっきりしている場合は，＿＿ choose......とか＿＿ select......などと書きます。しかし，たんに「......を選択する」というように主語が文中に隠れていたりする場合には，「......を」という目的語を主語にして，......is chosen とか......is selected などのように受け身の形で書きます。これについては，拙著①⑥および⑩を参照してください。

● 「＿＿は......を選択する」――――――――――――――――――
  ○ ＿＿ **choose (select)** ......
    あなたが大きな車を選ぶとき，
    | When you choose a larger car,
    著者は，つねにより正確なことばを選択しなければならない。
    | Whenever possible, the writer should select more precise
    | terms.
  ○ **make choice (selection)**
    彼らは正しい選択をした。
    | They made the right choices
● 「......を選択する」――――――――――――――――――――――
  ○ ......**is chosen**
    もし，後者の方法を選択した場合には，
    | If the latter method is chosen,
  ○ ......**is selected**
    この目的のためには，より小型のテキストを選ばなければいけない。
    | For this purpose, a smaller text must be selected.

解説――これらの二つは，日本語の「選択する」とか「選ぶ」とかいう能動態が，英語では is chosen, be selected などのように受身形になっている例です。

33-3 選択(選ぶ)

○○が選択される/選択された○○

「＿＿が選択される」は純然たる受け身の表現で，一つの文章を構成しているものです。英語では，＿＿ is chosen (selected) と書きます。一方，「選択された＿＿」は文章のなかであることば（＿＿）を修飾しているもので，英語では chosen (selected)＿＿ と書きます。また，＿＿ chosen (selected) で書くこともできます。

● 「＿＿が選択される」

○ ＿＿ is chosen

しかしながら，低速度が選ばれた。

| However, the slow speed was chosen.

○ ＿＿ is selected

メンバーは大学から選ばれる。

| Members are selected from universities.

● 「選択された＿＿」

○ chosen ＿＿

選ばれた戦略——the chosen strategies

○ selected ＿＿

選択されたリボン——selected ribbons

注 —「選択された」ということばになんらかの説明語がつく場合は，chosen や selected はその説明語とともに名詞の後につけます。

話し合いの間で選択された方法

——the method selected during discussion

注 —これを the selected during discussion method と書く人はいないと思いますが，the selected method during discussion と書く人はよくいます。なんとか意味はわかりますが，自然な英語ではありません。

「注意ぶかく選択された色」のように，副詞が介在した場合には，carefully chosen colors のように，「副詞＋chosen (selected)＋名詞」の順に書きます。

34-1 増加（上がる/上昇/増える）

増加/○○の増加

「増加」ということばは，「上昇」「増大」などとともに，ふつう increase, rise などで表わします。「＿＿の増加」という場合は，an increase in ＿＿と書きます。日本人のなかには「＿＿の」の「の」に引きずられ，of を使い，an increase of ＿＿と書いてしまっている人がいますが，正確には in であることに注意してください。ただ，これは英語を書くときの注意点であって，逆に英語を日本語に訳す場合は，この in を「＿＿のなかの増加」とは訳さないように注意しなければいけません。

もう一つ注意しなければならないことは，日本語と英語とでは品詞がそのままでは対応しないということです。たとえば，英語における an increase in price が「価格の上昇」ではなく「価格が上昇すると」とか「価格が上昇するので」と訳したほうがよいことがあります。これは日本語にはなく，英語にのみ発達している「無生物主語構文」における「主語」の訳し方の問題としてとらえるべきものです。このこともよく留意する必要があります。

● 「＿＿の増加」「＿＿の上昇」

○ **an increase in ＿＿**

　　電圧の増加―― an increase in voltage
　　電流の増加―― an increase in current
　　室温の上昇―― an increase in room temperature
　　価格の上昇―― an increase in price

　注―「価格の急激な上昇」は，a jump in price ということもあります。

○ **a rise in ＿＿**

　　温度の上昇―― a rise in temperature

● 英語の「価格の上昇」は日本語の「価格が上昇すると」と対応する

　抵抗が増加すると電流は低下する。

　| An increase in resistance will cause current to decrease.

34-2 増加(上がる/上昇/増える)

○○は増加する/○○は○○によって増加する

「＿＿は増加（上昇/増大）する」という場合，たんに自動詞を使って＿＿ increase (rise/go up) などで表わします。increase も rise も，ともに「増加（上昇/増大）」という名詞にも「増加（上昇/増大）する」という自動詞にも使えます。また，increase は「増加（上昇/増大）させる」という他動詞にも使えますが，rise は自動詞だけで，他動詞は raise です。これについては，後の 34-5 項で説明します。「＿＿は……によって増加（上昇/増大）する」という場合には，その後に with, depending on, according to, with respect to などの語句をつなげて表現します。

● 「＿＿は増加（上昇/増大）する」——————————————

○ ＿＿ **increase**

その結果，エンジンの速度は増加する。
  | As a result, the engine speed increases.
高温では繁殖力は増大する。
  | At elevated temperatures, propagative power will increase.
注—「高温において」という場合，ふつう at high (higher) temperatures と書きますが，elevated を使ってこのように書くこともあります。
牛乳の温度が上昇するにつれ，その粘度は減少する。
  | As the temperature of milk increases, its viscosity decreases.

○ ＿＿ **rise**

製品の温度は 50°F より上に上昇してはいけません。
  | The temperature of the product may not rise above 50°F.

● 「＿＿は……によって増加（上昇/増大）する」——————————

○ ＿＿ **increase with** ……

この電流は温度により指数的に増加する。
  | This current increases exponentially with temperature.
注—「温度により増加する」は「温度の上昇により増加する」

34-3 増加（上がる/上昇/増える）

○○は○○が増加する

「＿＿は……が増加（上昇/増大）する」という場合の「……が」は，前にも何回かでてきましたように，前置詞 in を使って in…… と表現します。すなわち，＿＿ increase (rise/go up) in…… と書きます。これは 15-3 項にもでてきたように「複主語構文」と呼びます。このような「複主語構文」は，in…… の使い方を知っていないと書くことができません。「＿＿の……は」と発想して……of ＿＿ increase (rise/go up) と書いて書けないことはありませんが，ニュアンスが違ってしまいます。すなわち，「＿＿は……が減少する」という場合の主語は＿＿と……であるのに対し，「＿＿の……は減少する」という場合の主語は……です。

● 「＿＿は……が増加（上昇/増大）する」

○ ＿＿ **increase in** ……

この装置は，光のコントラストが増加する。
| This unit increases in light contrast.

これらの機械は，それにつれて能力が増大した。
| These machines have correspondingly increased in capacity.

衛星通信は，人気が増加していくようである。
| It is likely that satellite communications will increase in popularity.

負荷を小さくすると，車は速度が上がる。
| When the load is decreased, the car increases in speed.

注—「＿＿を小さくする」という日本語は，英語では＿＿という目的語を主語にして＿＿ is decreased で書きます。すなわち，「負荷を小さくする」は，英語では the load is decreased です。

○ ＿＿ **rise in** ……

加熱されると，その液体は温度が上昇する。
| When heated, the liquid rises in temperature.

34-4 増加（上がる/上昇/増える）

○○につれて増加する/○○が○○するにつれて増加する

「＿＿につれて増加（上昇/増大）する」は，increase (rise/go up) with ＿＿で，34-2項「＿＿によって」とよく似ています。極端な言い方をすると，「＿＿につれて」も「＿＿によって」も，ともに with ＿＿ と訳すことができるといえます。「＿＿が……するにつれて増加（上昇/増大）する」は increase (rise/go up) as ＿＿ です。要するに「＿＿につれて」は with ＿＿，「＿＿が……するにつれて」は as ＿＿ です。「減少」の場合と同じです。

● 「＿＿につれて増加（上昇/増大）する」

○ increase with ＿＿

電流は抵抗の減少につれて増加する。

| Current increases with a decrease in resistance.

注―電流や抵抗などという物理量は，冠詞をつけないで単数形で書きます。

○ rise with ＿＿

発病率は年齢につれて増加する。

| The incidence of sickness rises with age.

○ go up with ＿＿

室温は熱源の数が増えるにつれて上昇する。

| Room temperature goes up with an increase in the number of heat sources.

● 「＿＿が……するにつれて増加（上昇/増大）する」

○ increase as ＿＿

この数字は，温度が増加するにつれて加速度的に大きくなる。

| This number increases exponentially as temperature increases.

○ rise as ＿＿

価格は，為替レートが下がるにつれて上昇する。

| Prices rise as the foreign exchange rate decreases.

34-5 増加（上がる/上昇/増える）

○○を増加させる

「＿＿を増加させる（上げる）」には，「……は＿＿を増加させる（上げる）」というように，「①主語が明確である」場合と，たんに「＿＿を増加させる（上げる）」というように，「②主語が漠然としていて文章に現われていない」場合の二つがあります。前者は，たんに他動詞を使って……increase (raise)＿＿と書けばよいので，ここでは後者についてだけ述べることにします。

わかりやすいように，「速度を上げる」について考えてみます。日本語では，このように主語のない文章がよくあります。それは，主語はだれであってもよく，とくに限定する必要がないからです。しかし，英語では，主語のない文章は命令形でないかぎり許されません。そこで，目的語である「速度」を主語にし，「上げる」という他動詞を「上げられる」という受身形にし，「速度が上げられる」と発想して The speed is increased (raised). と書くわけです。

● 「＿＿を増加させる」

○ ＿＿ **is increased**

電圧を増加させると，
　| When the voltage is increased,
速度を上げると，出力電流は上がる。
　| When the speed is increased, the output current increases.
注—この例文で「＿＿を上げる」と「＿＿は上がる」の違いをよく理解してください。前者は＿＿ is increased であり，後者は＿＿ increases です。

○ ＿＿ **is raised**

液体の温度を上げると，
　| When the temperature of the liquid is raised,
注— rise は「上がる」という自動詞，raise は「上げる」という他動詞です。まちがえないようにしてください。raised は raise の過去分詞です。

　この項は日本語の「＿＿を……させる」が，英語では＿＿ is……ed となるという「能動態」と「受動態」がテーマです。

34-6 増加(上がる/上昇/増える)

○○が増加すると/○○を増加させると

これらは少しむずかしい英語になりますが，英語には「無生物主語構文」といって「＿＿すること」を主語にとる構文があります。すなわち，「＿＿が増加すること」（英語では an increase in ＿＿と書きます）や「＿＿を増加させること」（英語では動名詞を使って increasing ＿＿と書きます）を主語にとる構文です。その際，「＿＿（目的語）を……させる（他動詞）」となっている英語は「＿＿（主語）は……する（自動詞）」という日本語にかえなければいけません（拙著①⑥および⑩を参照してください）。一つ注意しなければならないことは，同じ英語の表現でも，「＿＿が増加するので」というように，理由を表わしていることもありますので，前後関係で理解する以外，方法はありません。

●「＿＿が増加すると」

○ **an increase in ＿＿**

抵抗が増加すると，ネオン・ランプの寿命は短くなる。

| An increase in resistance decreases the life of the neon lamp.

○ **a rise in ＿＿**

圧力が増加すると，水の流速は速くなる。

| A rise in pressure will increase the flow velocity of water.

●「＿＿が増加するので」

○ **an increase in ＿＿**

エラー率が上昇したので，われわれは新しい方法を考え直した。

| An increase in error rate has led us to review a new method.

●「＿＿を増加させると」

○ **increasing ＿＿**

酸素の圧力を上げると，燃焼性もまた増す。

| Increasing the oxygen pressure also increases flammability.

解説—an increase in ＿＿は「＿＿が増加すると」という自動詞，increasing ＿＿は「＿＿を増加させると」という他動詞になります。

Tea time

セミコロン──「しかし」「したがって」「たとえば」「すなわち」など

　日本語では，セミコロンはめったに使いません。そのため英和翻訳の際は，とかくセミコロンを無視してしまう傾向があります。しかし，英語のセミコロンはさまざまな意味に使われています。したがって，それぞれの文章における意味を前後関係から正確に読み取り，正しく訳出しなければいけません。

　セミコロンのおもな意味は「したがって」「しかし」「すなわち」「なぜならば」「一方」「たとえば」「むしろ」などです。「したがって」と「しかし」はまったく逆の意味をもっていることばですが，それが同じセミコロンで表わされているのですから，よく注意して訳さないといけません。

　英語は，ふつう，これらのことばを行間に隠して，省略している場合が多く，そのまま訳すと，丸太が並んでいるようで，それぞれの文章の間に有機的なつながりがなくなってしまいます。そのため，セミコロンはかならず，しかも正しい意味に訳出しなければなりません。

　和訳文は載せませんが，下にいくつか典型的な例を示してみます。

○「したがって」

　　Circuits carrying 240 volts are almost always used for a single appliance ; check its amperage against fuses.

○「しかし」

　　The heat input may be dissipated through natural cooling ; if this is insufficient, a heat exchanger must be added to the system.

○「すなわち」

　　The verb must agree in number with the subject of the sentence ; a single subject takes a single verb, and a plural subject takes a plural verb.

　　　　　　　　　(拙著①⑥⑩および⑪を参照してください。)

Practical English:
Sentence Patterns and Concise Expressions

た行

35-1 耐(侵されない)

耐える

「耐える」は,その対象により resist, withstand, endure などいろいろなことばがあります。resist は「積極的に耐える」,すなわち,「抗する」という感じで,摩耗・振動・流れ・曲がりなどの「現象に耐える」という意味で使います。withstand は「受け身的に耐え忍ぶ」という感じで,電圧・圧力・温度などの「物理量に耐える」という意味で使います。endure はどちらにも使います。また,「影響を受けない」と発想して be unaffected と書くこともできます。

● 「耐える」

○ **resist**

ダイヤモンドは摩耗に耐えられる。
| Any diamond will resist abrasion.

○ **withstand**

このテープは,−10℃〜52℃の温度に耐えられる。
| The tape will withstand temperatures from −10 to +52℃.

注―日本語では「範囲」を表わす意味で波印(〜)を使いますが,英語では使いません。

このカプセルは DC 600 V に耐えることができる。
| This capsule is able to withstand 600 VDC.

注―日本語では「DC 600 V」とか「直流600 V」などと書きますが,英語では DC は V の後につけ,600 VDC と書きます。600 と V の間にはかならずスペースを入れます。VDC のほかには Vdc や volts dc などいろいろな書き方があります。

○ **endure**

セラミック・ベアリングは高温に耐えられる。
| Ceramic bearings endure high temperatures.

● 「影響を受けない」「侵されない」

これについては 4-5 項を参照してください。

(た)

35-2 耐(侵されない)

耐○○性

「耐___性」とは，あるものに耐えられる性質を表わすことばです。英語では，resistance to ___, ___ resistance などで表現します。「......の耐___性」というように「ある物質の耐___性」という場合には，resistance of......to ___, ___ resistance of......などで表わします。これ以外に定着している「耐___性」という用語がある場合は，それを優先して使用してください。

● 「耐___性」────────────────
○ **resistance to ___**
　　耐振性──── resistance to vibration
　　耐熱性──── resistance to heat
○ **___ resistance**
　　耐摩耗性──── abrasion resistance
　　耐食性───── corrosion resistance

● 「......の耐___性」─────────────
○ **resistance of......to ___**
　　皮の耐油性──── resistance of leather to oil
　　紙の耐水性──── resistance of paper to water

注─leather resistance to oil, paper resistance to water と書くこともできます。leather や paper と resistance の間に which is を補って考えると，理解できます。また，leather's resistance, paper's resistance などと書くこともできます。

○ **___ resistance of......**
　　金属の耐変形性──────── deformation resistance of metal
　　ポリエチレンの耐薬品性──── chemical resistance of polyethylene

参考─「耐○○性」が良いとか悪いとかという場合には，resistance の前に，良ければ high, excellent, good, superior などの形容詞を，悪ければ poor, bad などの形容詞をつけてそれぞれ表現します。

35-3 耐(侵されない)

耐○○性の○○

　これは「耐＿＿性」の形容詞形で，英語では resistant ということばを使って表わします。したがって，「耐＿＿性の......」は＿＿-resistant...... で表わします。-resisting, -proof などで表わすこともできます。しかし，英語には「きれいな花」という場合のように「花」を修飾するときの形容詞と，「花はきれいである」という場合のように補語としての形容詞の二つの用法がありますので，これらはわけて考えなければいけません。日本語では前者を形容詞，後者を形容動詞と呼んで区別しています。この項では前者について説明し，後者についてはつぎの項で説明します。

● 「耐＿＿性の......」

○ ＿＿-resistant ......

　　耐火性（の）液体──────── fire-resistant fluids
　　耐食性（の）ステンレス鋼──── corrosion-resistant stainless steel
　　耐水性ラッカー─────────── water-resistant lacquer
　　耐熱性（の）合金────────── heat-resisting alloys

注1 ─ この場合には resistant の前にハイフンを入れるのがふつうです。それにより二つのことばを一つの形容詞にして使うわけです。

注2 ─ 日本語ではよく「ステンレス」といいますが，正確には「ステンレス鋼」のことであり，英語では stainless steel と書かなければなりません。もっとひどい人は「ステン」といっている人もいますが，「レス」(less) がつくから「錆びない」という意味になるのであって，たんに「ステン」では「錆びる」という意味になってしまいます。

○ ＿＿-resisting ......

　　耐食性の金属──── corrosion-resisting metals

○ ＿＿(-)proof ......

　　耐候性のケース──── a weatherproof casing

35-4 耐(侵されない)

○○は耐○○性で(が)ある

　これは「......は耐＿＿性で（が）ある」ということを表わす表現で，英語では......is resistant to ＿＿.と......is ＿＿ resistant.の二つがあります。いずれも resistant という形容詞を使って表現します。35-2項で「耐＿＿性」には名詞形として resistance to ＿＿と＿＿ resistance の二つがあるとを説明しましたが，その resistance という名詞形が resistant という形容詞形になったものです。注意しなければならないのは，日本語では「耐＿＿性がある」という名詞形を使用しているので，「良い」とか「悪い」とかいう形容詞をつけることができますが，英語では resistant という形容詞を使用しているので，「ひじょうに」とか「わずかに」などという副詞をつけなければなりません。

● 「......は耐＿＿性で（が）ある」
○ ......**is resistant to** ＿＿

　このビルは耐振性がある。
　| This building is resistant to vibration.
　校倉（あぜくら）作りと呼ばれる特別な構造は耐湿性がある。
　| A special construction called azekura is resistant to moisture.

○ ......**is** ＿＿ **resistant**

　ラッカーは耐水性がある。
　| Lacquers are water resistant.
　セラミックは耐食性と耐摩耗性がある。
　| Ceramics are corrosion and abrasion resistant.
　注—この場合には resistant の前にはハイフンはつけません。

● 副詞をつける

　このビルは大きな耐振性がある。
　| This building is highly resistant to vibration.
　注—日本語では「大きな耐振性」といいますが，英語では highly resistant, つまり「大きく耐性がある」と発想します。

36.1 対応

対応

これはあるものと他のものとの対応を表わすもので，きわめて頻繁に使うことばです。日本語では簡単に「対応」といいますが，その意味はひじょうに広く，英語の単語もいろいろあります。「対応/相対」(correspondence)，「釣り合い/合致/匹敵/相当」(equivalence/match)，「対処/処理」(compliance)，「応答/反応」(reaction/response)，「調和」(harmony) などがあげられます。

● 「対応/相対」
○ **correspondence**
　　カーソルの位置とボールとの間の対応
　　　　—— the correspondence between cursor position and the ball

● 「釣り合い/合致/匹敵/相当」
○ **equivalence/match**
　　古い測定値と新しい測定値との対応
　　　　—— the equivalence between new and old measurements

● 「対処/処理」
○ **compliance**
　　顧客の要望への対応
　　　　—— compliance with the customer's requirements

● 「応答/反応」
○ **reaction/response**
　　彼女の対応はきわめて早かった。
　　| Her reaction was extremely quick.

● 「調和」
○ **harmony**
　　環境対応の（環境に対応した）体内時計
　　　　—— an internal clock in harmony with the environment

36.2 対応

対応する①

「対応する」にもいろいろな意味があり，それに対応する英語もいろいろあります。ここでは「釣り合い/合致/匹敵/相当」(be equivalent to/agree with/meet/match with/correspond to)，「応答する/反応する」(react to/respond to) などという意味をもつ「対応する」について説明します。

● 「釣り合い/合致/匹敵/相当」

○ **be equivalent to**

直径の 19％の増加は硬さの 100％の増加に対応する。

> A 19 % increase in diameter is equivalent to a 100 % increase in stiffness.

○ **agree with**

これらの数字は当社の提案に対応していない。

> The figures do not agree with our proposal.

○ **meet**

適切な植物成長の要求に対応するため

> —— to meet the demand for optimum plant growth

○ **correspond to**

ブレーカは，機能的にはヒューズに対応している。

> A circuit breaker corresponds functionally to a fuse.

● 「応答する/反応する」

○ **react to**

私たちは地震が起きたとき，どう対応すればよいか知っている。

> We know how to react to an earthquake when it hits.

○ **respond to**

デパートは消費者のニーズの変化に対応しきれなかった。

> Department stores could not respond to changing consumer needs.

36.3 対応
対応する②

　この項では「対処する/処理する」(comply with/deal with/manage/handle/cope with/meet),「準拠する」(comply with/meet) などという意味をもつ「対応する」について例をあげます。

● 「対処する/処理する」
- **comply with**
  検査官のすべての要求に対応する
  —— to comply with all requests of the Inspector
- **deal with**
  諸問題に対応するためのテクニック
  —— techniques to deal with the problems
- **manage**
  喘息にこの方法で対処するため—— to manage asthma in this way
- **handle**
  UFOが現われたとき，人びとがどのように対応するかをみる
  —— to see how people handle it when a UFO appears
- **cope with**
  これらの必要条件に対応するため—— to cope with these requirements
- **meet**
  新しい問題に対応する—— to meet new problems

● 「準拠する」
- **comply with**
  ウェブ・ページは規格基準に対応しなければならない。
  | Web pages have to comply with a rating system standard.
- **meet**
  空気汚染条例に対応するため
  —— in order to meet air-pollution regulations

37-1 違う（異なる/差/相違する）

違い/差/相異点

「違い（差/相異点）」などは，英語では difference で表現します。また，「＿＿と……との間の違い（差/相異点）」の場合は difference between ＿＿ and……で，「＿＿間の違い（差/相異点）」のときは＿＿に複数形の名詞を使って difference between ＿＿ s で表現します。

● 「違い（差/相異点）」

多少の相違点がある。
| There are some differences.

違い（差）が大きければ大きいほど，問題も大きい。
| The greater the difference is, the greater the problem is.

これらの相異点は彼の好みの違いからきている。
| These differences come from the difference in his taste.

● 「＿＿と……との間の違い（差/相異点）」

○ difference between ＿＿ and……

男性の賃金と女性の賃金との差
　　　— the difference between pay scales for male and female

コピー機とプリンタとの違いは大きい。
| The difference between a copier and a printer is great.

電気式と機械式との間の違い
　　　— a difference between electronical and mechanical methods

● 「＿＿間の違い（差/相異点）」

○ difference between ＿＿ s

これら二つの概念のもう一つの違いは……である。
| Another difference between these two concepts is….

これら二つの設計間の違いは明らかである。
| The difference between these two designs is obvious.

注—difference among ＿＿ s で表現することもできます。

37-2 違う（異なる/差/相違する）

○○の違い（差）

「温度の差」「価格の差」というときの表現で，difference in temperature, difference in price などで表現します。日本語では「＿＿の違い（差）」といいますので，英訳する場合，「＿＿の」に誘われ，of を使いがちですが，英語では in です。これと前項の表現を組み合わせると，「＿＿と……との間の＿＿の違い（差）」は difference in ＿＿ between ＿＿ and …… と書けます。

● 「＿＿の違い（差）」

○ **difference in ＿＿**

この温度の差はあまり重要ではない。
| This difference in temperature is not so important.

沸騰点の差はわずかである。
| The differences in boiling point are small.

深さの違いは精度に大きな影響を持っている。
| The difference in depth has a great influence on accuracy.

注—また，＿＿ difference で表現することもできます。

この大きな電圧の差は無視してはいけない。
| This large voltage difference may not be ignored.

● 「＿＿と……との間の＿＿の違い（差）」

○ **difference in ＿＿ between ＿＿ and ……**

液体と固体との間の体積の差
―― the difference in volume between liquid and solid

上側のベルトと下側のベルトとの間の速度差が大きい。
| The difference in speed between the upper and lower belts is great.

炭素鋼間には若干の比重の違いがある。
| There is a slight difference in specific gravity between carbon steels.

37-3 違う（異なる/差/相違する）

○○は違う（異なる）

「＿＿は違う」は＿＿ differ または＿＿ is (are) different で表現します。前者は「それぞれがみんな，お互いに違う」というときに使われるもので，主語にはかならず名詞の複数形か，または and で結ばれた二つ以上の名詞を使います。後者は前者と同じ意味にも使えますが，すでに話題になっていることを念頭に入れ，それに対して「違う」というときにも使えます。主語は複数形であることも単数形であることもあります。これらの表現には「わずかに」(slightly)「大きく」(greatly/largely/markedly)「基本的に」(basically) などの副詞が伴われることがよくあります。また，「同じではない」「似てはいない」と発想して，＿＿ is dissimilar と書くこともできます。

● 「＿＿は違う」

○ ＿＿ **differ**

これらの二つの法律は，本質的に違う。
　| These two laws essentially differ.
これら2種類のバクテリアは大きく違う。
　| These two types of bacteria differ greatly.
情報を書き込む方法と読みだす方法は異なる。
　| The methods of writing and reading information differ.

○ ＿＿ **is (are) different**

・「それぞれがみんな，お互いに違う」という場合――
かれらの意見はわずかに違っている。
　| Their opinions are slightly different.
・「すでに話題になっているものに対して違う」という場合――
したがって，このアプローチは違っている。
　| Therefore, this approach is different.

注―上記は，暗に「いま，俎上に乗っているアプローチとは違っている」ことを示していることになります。

37-4 違う（異なる/差/相違する）
○○によって違う（異なる）

　これは「＿＿は……によって違う（異なる）」という場合の表現で，ふつうには＿＿ differ (vary) with (depending on/based on/according to/with regard to)……などで表現します。それぞれの前置詞や群前置詞によって多少ニュアンスは違いますが，日本語では，いずれも「……によって」ということになります。変わった表現として＿＿ differ (vary) from……to……というのがあります。この場合には，……には同じことばをいれます。

● 「＿＿は……によって違う（異なる）」

○ ＿＿ differ (vary) with (according to/depending on/based on/with regard to など)……

焦点距離はレンズの厚みによって違ってくる。
　The focal length differs with the thickness of the lens.

入力要領はソフトの種類によって違う。
　The inputting procedure differs according to the type of software.

その味は地域によって異なっている。
　Its taste differs depending on the locality.

作業時間は顧客の要望によって異なる。
　Work hours vary with respect to customer demands.

○ ＿＿ differ (vary) from……to……

日本の気候は地域によって違う。
　Japan's climate differs from region to region.

バターの中の塩分はメーカーにより違う。
　The salt content in butter differs from company to company.

注—「システムによって」(from system to system) とか「機械によって」(from machine to machine) などもあります。変形としては「電力会社によって」(from one utility company to another) という例もあります。

37-5 違う（異なる/差/相違する）

○○とは違う

これは「＿＿は他の……とは違う」という場合の表現です。＿＿ differ(s) from……または＿＿ is (are) different from……で表現します。これらには明確な違いはなく，互換性がありますが，前者は「動的に違う」ときに使い，後者は「性質や状態などが静的に違う」ときに使うと考えてさしつかえありません。また，＿＿ is different than……という表現もよく使われます。

● 「＿＿は他の……とは違う」

○ ＿＿ differ(s) from……

これはコンピュータとは違う。
| This differs from a computer.

マッキントッシュⅡは，その他のマッキントッシュ機とは違う。
| The Macintosh II differs from other Macintosh models.

もう少し複雑な構造の文章をみてみましょう。

工作物の温度は機械の温度とは違う。
| The temperature of the workpiece differs from that of the machine.

注―この場合，temperature をくり返さないで，2度目にでてきた「温度」は that で表わします。複数形の場合には，下例のように those で表わします。

○ ＿＿ is (are) different from……

コピー機はプリンタとは違う。
| Copiers are different from printers.

この材質の特性は，ポリエチレンの特性とは違っている。
| The properties of this material are different from those of polyethylenes.

○ ＿＿ is (are) different than……

調理時間はチャートの中の時間とは違っていることがある。
| Cooking times may be different than those in the chart.

37-6 違う（異なる/差/相違する）

○○とは○○が違う

これは「＿＿は……とは＿＿という点が違う」という表現で，＿＿ differ(s) from……in＿＿，または＿＿ is (are) different from……in＿＿．です。from……in＿＿を in＿＿ from……と順序を変えることもできます。

● 「＿＿は……とは＿＿という点が違う」

○ ＿＿ differ(s) from……in＿＿

このマーカーはあのマーカーとは色が違う。
> This marker differs from that marker in color.

ワープロはパソコンとは用途が違う。
> Word processors differ from personal computers in application.

注1 ―「用途が違う」を強調したい場合には in application を前にだします。
> Word processors differ in application from personal computers.

注2 ― もし違う点が二つ以上ある場合には，and でつなぎます。

このマーカーはあのマーカーとは色，長さ，および直径が違う。
> This marker differs from that marker in color, length, and diameter.

○ ＿＿ is (are) different from……in＿＿

あなたが事務所で使うプリンタは，家で使うものとはメモリ容量が違う。
> A printer you use at the office differs from the one at home in memory capacity.

注3 ― この場合も違う点が二つ以上ある場合には，and でつなぎます。

日本茶は紅茶とは味・色・香りなどが違う。
> Japanese green tea is different from regular tea in taste, color, flavor, and so forth.

注4 ― 文中では etc. ですが，文章の終わりでは and so forth を使います。

37-7 違う（異なる/差/相違する）
○○とは○○が○○する点が違う

　前項では，「違っている点」はたんなる名詞でしたが，この項は節（主語も動詞もあるもの）で表わしているもので，「＿＿は……とは＿＿が＿＿する点が違う」という場合です。前項における in ＿＿ の部分を in that ＿＿ として表現します。すなわち，＿＿ differ(s) from……in that ＿＿．です。わかりやすいように，文章全体を示します。

● 「＿＿は……とは＿＿が＿＿する点が違う」――――――――――――
○ ＿＿ differ(s) from……in that ＿＿．

　　ワープロは，パソコンとは通信機能に制限があるという点が違う。
> Word processors differ from personal computers in that they have limited communications capability.

　　ヒューズは，ブレーカとは大きな電流が流れるととんでしまうという点が違う。
> A fuse differs from a circuit breaker in that it blows when excessive current flows.

注1―ふつう日本語では「ブレーカ」といいますが，英語では circuit breaker といいます。そして，「ブレーカがとぶ」は trip，「ブレーカを入れる」は reset という動詞を使います。

注2―in that it blows となっていますが，この場合の it は主節の中の主語，すなわち A fuse です。

　　あなたが事務所で使うプリンタは，家で使うプリンタとは電流を多くは消費しない点が違う。
> A printer you use at the office differs from the one at home in that it draws less current.

注3―これら三つの例文において，that 節の中の主語は本文中の主語と一致しますので，they や it はそれぞれ Word processors, A fuse, A printer を表わしています。

37-8 違う（異なる/差/相違する）

○○と違って/違った○○/○○と違った○○

これは「アメリカ人と違って，日本人は……」とか「電車と違って，飛行機は……」というときの表現で，unlike を使って表現します。すなわち，「……と違って，＿＿は＿＿する（である）」という場合は，unlike……, ＿＿＿と書きます。「違った＿＿」は different ＿＿, dissimilar ＿＿, differing ＿＿ などと書き表わします。また，「……と違った＿＿」は different ＿＿ than (from)……, ＿＿ that is different from……, ＿＿ differing from…… などと書くこともできます。

● 「……と違って，＿＿は＿＿する（である）」
○ **Unlike……, ＿＿＿**

電気と違って，空気は熱を発生しない。
| Unlike electricity, air does not generate heat.

YMODEM と違って XMODEM は 1 度に 1 個のファイルしか送れない。
| Unlike YMODEM, XMODEM can send only one file at a time.

● 「違った＿＿」
○ **different ＿＿**

違ったコマンド —— different commands

○ **dissimilar ＿＿**

異なった材料 —— a dissimilar material

● 「……と違った＿＿」
○ **different ＿＿ than (from)……**

いままで得られたものとは違った結果
—— different results from those obtained thus

○ **＿＿ that is different from……**

在来のものとはまったく違った考え
—— an idea (that is) entirely different from conventional ones

38.1 注意

注意/○○への注意/注意事項

「注意」は，英語では attention, care, caution, note, precaution などを使い，「＿＿への注意」には attention to ＿＿を用います。取扱い説明書などによくでてくる「注意事項」は note(s), caution, precaution(s) です。note(s) は重要事項の強調であり，caution(s) や precaution(s) は，その条件や操作により装置などが破損するような場合で，注意の喚起を表わしています。ちなみに warning(s) となると，その条件や操作によっては人が危険にさらされるという「警告」を意味します。

● 「注意」
○ **care**
　事故を避けるための細心の注意── great care to avoid accidents
　周辺を保護するために必要な特別の注意
　　　── the extra care required to protect surrounding areas
○ **caution**
　……するときは，つねに注意（すること）が望ましい。
　　| Caution is always advisable when....

● 「＿＿への注意」
　もっとも重要な問題への細心の注意
　　　── close attention to the most important matters

● 「注意事項」
○ **note(s)**
　安全に関する注意事項── notes on safety
○ **caution(s)**
　注意事項：かならず……すること── CAUTION: Be sure to....
○ **precaution(s)**
　あなた自身の安全のために，これらの注意事項に従いなさい。
　　| For your own safety, follow these precautions.

38-2 注意

注意ぶかい○○/注意ぶかく○○する

「注意ぶかい（入念な）____」は careful ____ です。「注意ぶかく（入念に）……する」は日本語の「副詞＋動詞」をそのまま英語にして……carefully と書く書き方と，careful……として「形容詞＋名詞」（ただし，この場合の名詞は動詞から転じたもの）で書く書き方の二つがあります。後者の場合，日本語と英語とでは品詞が対応していないので注意する必要があります。

● 「注意ぶかい（入念な）____」
　注意ぶかい（入念な）仕上げ── careful finishing

● 「注意ぶかく（入念に）……する」

○ careful……
　条件を注意ぶかく検討することにより，
　| By careful study of the conditions,
　注 ─日本語では「注意ぶかく検討する」といいますが，英語では「careful（注意ぶかい）study（検討）」と書くのがふつうです。以下，すべて同じです。
　慎重に考慮したのち，
　| After careful consideration,
　彼女が入念に掃除をしてしまったあとで，
　| After she had done the careful cleaning,
　彼女はそれに自分らしくない筆跡で注意ぶかく（慎重に）署名した。
　| She signed it in a careful handwriting not like her own.

○ carefully……
　送金する前にそれを注意ぶかく（よく）お読みください。
　| Please read it carefully before you send money.
　下記の指示に注意ぶかく従ってください。
　| Carefully follow the instructions below.
　その手順を注意ぶかく観察することが彼の役割だった。
　| It was his role to carefully observe the procedure.

38.3 注意
注意しなさい/注意して

「注意しなさい」という命令形には，Be careful，Pay (Give) attention, Take care, Note (that)などがあります。「＿＿に注意しなさい」は Pay (Give) attention to ＿＿，「注意（確認）しなさい」は Be sure ＿＿ to (to-不定詞) や Be sure that ＿＿，「注意して ＿＿ する」は ＿＿ with care で書きます。

● 「注意しなさい」────────────────
○ **Be careful**
　……をなくさないように注意しなさい。
　　| Be careful not to lose....
○ **Take care**
　お皿が熱いうちは触らないように注意してください。
　　| Take care not to touch the plate while it is hot.
○ **Note (that)**
　A は B とはほとんど同じであることに注意せよ。
　　| Note that A is almost the same as B.

● 「＿＿に注意しなさい」────────────────
○ **Pay (Give) attention to ＿＿**
　つぎの文に注意すること。──Pay attention to the following sentence.

● 「注意（確認）しなさい」────────────────
○ **Be sure to ＿＿ （to-不定詞）または Be sure that ＿＿**
　○○を使用して△△を防ぐように注意（確認）せよ。
　　| Be sure to use ○○ so as to prevent △△
　ループが適切に配置され，取りつけられていることを確認しなさい。
　　| Be sure that the loops are properly placed and installed.

● 「注意して ＿＿ する」────────────────
○ **＿＿ with care**
　注意してそれを作成する──to prepare it with care

38-4 注意

注意する/○○に注意する

「注意する」という表現は，special (great/extreme などの形容詞) care (attention/caution/precaution など) に，should be (must be) taken (given/paid/exercised/used など) を続けるか，または is (are) necessary (required/needed など) を続けた基本形で表わすことができます。「＿＿に注意する」はこの「基本形＋about (to)」を，「＿＿するように注意する」は「基本形＋(so as) to-不定詞」を，「＿＿しないように注意する」は「基本形＋(so as) not to-不定詞」を，「……が＿＿する（しない）ように注意する」は「基本形＋so that ……(do not)＿＿」，「＿＿する際には注意する」は「基本形＋when ＿＿ ing」または「基本形＋in ＿＿ ing」を用います。

● 「＿＿に注意する」

あなたはもっと細部に注意をしなければならない。

| You must pay more attention to the details.

● 「＿＿するように注意する」

爆発を避けるように細心の注意をしなければならない。

| Extreme caution must be used to avoid an explosion.

● 「＿＿しないように注意する」

AをBと混同しないように注意しなければならない。

| Care must be taken not to confuse A with B.

● 「……が＿＿する（しない）ように注意する」

使い過ぎて痛くならないように，とくに親指には注意しなさい。

| Particular attention must be paid to your thumb so that it does not become sore through overuse.

● 「＿＿する際には注意する」

この材料を使用する際には，とくに注意するべきである。

| When using this material, extreme care should be used.

39.1 長所（短所/欠点/弱点）

どのような長所/○○の長所

「長所」は，ふつう advantage で表わしますが，benefit を使うこともあります。advantage が性質・状態の優位性を表わすのに対し，benefit はそれによる結果，すなわち，利益などの意味に用いられます。「どのような（……）長所」という場合には advantage の前にその形容詞をつけます。「＿＿の長所」は advantage of ＿＿, advantage that ＿＿ offer (have), advantage offered by ＿＿ などで表現されます。テニスで使う advantage はデュース後の最初の得点を意味します。後にでてくる項 (39-5, -6, -7, -8) で，「短所」を表わすことばとして weak point がでてきますが，「長所」を strong point という場合もありますので，注意してください。

● 「どのような（……）長所」

  大きな長所──── great advantage
  おもな長所──── major advantage
  機械的な長所──── mechanical advantage
  固有の長所──── inherent advantage

● 「＿＿の長所」

○ **advantage of ＿＿**
  この機械のおもな長所
    ── the primary advantage of this machine
  コンピュータの一つの大きい長所── one big advantage of computers

○ **advantage that ＿＿ offer (have)**
  耐熱ガラスの大きな長所
    ── the major advantage that heat resisting glass has
  格別な長所の一つはつぎのことである。
   | One special advantage that they offer:

○ **advantage offered by ＿＿**
  電子工学の長所── the advantage offered by electronics

39.2 長所（短所/欠点/弱点）
○○という長所/○○にとっての長所

「＿＿という長所」は advantage of ＿＿で表現されますが，「＿＿」には名詞や動名詞が用いられます。「＿＿の長所」と同じ形になるので，その違いに注意が必要です。advantage that ＿＿（節）の形をとる場合もあります。「＿＿にとっての長所」は，＿＿がものを対象にするときは advantage for (to) ＿＿で表わし，人を対象にするときは advantage to ＿＿を使います。

● 「＿＿という長所」

○ **advantage of ＿＿**

　　騒音レベルが低いという長所――― the advantage of low noise level
　　毒性が低いという重要な長所
　　　　―― the important advantage of low toxicity
　　スペースを節約できるという長所―― the advantage of saving space

○ **advantage that ＿＿**

　　信頼にたる計算ができるという長所
　　　　―― the advantage that reliable calculations are available
　　製品の製造費が安くなるという長所
　　　　―― the advantage that the product will be cheaper to produce

● 「＿＿（もの）にとっての長所」

　　パソコンにとっての長所―― the advantage for personal computers
　　新製品にとっての多くの長所
　　　　―― many advantages to the new product

● 「＿＿（人）にとっての長所」

　　設計者にとってのもう一つの長所
　　　　―― another advantage to the designer
　　聡明さが彼にとっての大きな長所である。
　　| His intelligence is of great advantage to him.

39.3 長所(短所/欠点/弱点)

長所がある

これは「＿＿には……な長所がある」，あるいは「＿＿には……という長所がある」という場合の表現です。前者は＿＿ have……advantage, ＿＿ provide (offer)……advantage, there is……advantage in (with/to)＿＿ などで表現し，後者は＿＿ have the advantage of……, ＿＿ provide (offer) the advantage of……などで表わします。advantage のかわりに benefit, merit を使うこともあります。

● 「＿＿には……な長所がある」

○ ＿＿ have……advantage

どのソフトにも固有の長所がある。
| Each piece of software has specific advantages.

注 — 日本語では「ソフト」といいますが，英語では software です。これは数えられない名詞ですので，each や数詞をつけるときはこのように書きます。

○ ＿＿ provide (offer)……advantage

これらのカプリングには，特別の長所がある。
| These couplings offer very special advantages.

○ there is……advantage in (with/to)＿＿

この材料の使用には，いくつかの長所がある。
| There are several advantages to the use of this material.

● 「＿＿には……という長所がある」

○ ＿＿ have the advantage of……

それには，安いという長所がある。
| It has the advantage of being inexpensive.

○ ＿＿ provide (offer) the advantage (benefit) of……

この運転モードには，燃料効率が高いという長所がある。
| These operating modes provide the benefit of greater fuel efficiency.

39.4 長所(短所/欠点/弱点)

長所は○○である

「＿＿の長所は……である」という表現には，「……」の部分がたんなる語や句の場合と節の場合があります。前者は advantage of ＿＿ is (include)……, advantage of ＿＿ lies in……などで表現し，後者は advantage of ＿＿ is that……で表わします。「……に対する＿＿の長所は……である」は，advantage of ＿＿ over……is……で表わします。

● 「＿＿の長所は……〈語/句〉である」

○ **advantage of ＿＿ is (include)……**

この機械のおもな長所は，その信頼性である。
| The chief advantage of this machine is its reliability.

その方法の長所は，生産性と品質が向上することである。
| Advantages of the method include improved productivity and quality.

○ **advantage of ＿＿ lies in……**

アルミニウムの長所は，軽いことである。
| The advantage of aluminum lies in its light weight.

● 「＿＿の長所は……が……すること〈節〉である」

○ **advantage of ＿＿ is that……**

この洗濯機の長所は，取り扱いが簡単なことである。
| The advantage of this washing machine is that it is easy to handle.

● 「……に対する＿＿の長所は……である」

従来のカメラに対するこのカメラの長所は，軽量で小型であることである。
| The advantages of this camera over conventional cameras are lighter weight and smaller size.

ほかの流体に対する水の長所は，安価なことである。
| The advantage of water over other fluids is lower cost.

39.5 長所（短所/欠点/弱点）

○○な(の)短所（欠点/弱点）

「短所」は disadvantage または shortcoming，「欠点」は drawback，そして，「弱点」は weak point で表現します。「＿＿の短所（欠点/弱点）」は disadvantage (weak point) of ＿＿, drawback to ＿＿ などで表わします。drawback には of ではなく to を用います。「どのような（＿＿）短所（欠点/弱点）」という場合には，disadvantage (drawback/weak point) の前にその形容詞をつけます。和訳する際に，disadvantage は「不利な点」と訳すほうがぴったりとする場合がよくあります。

● 「＿＿の短所（欠点/弱点）」
○ **disadvantage (weak point) of ＿＿**
　　現代生活の最大の短所―― the biggest disadvantage of modern life
　　その装置の長所と短所
　　　　―― the advantages and disadvantages of the device
　　その方法の主なる短所―― the main disadvantage of the method
　　セラミックの固有の弱点―― the inherent weak point of ceramics
○ **shortcoming in ＿＿**
　　既存の機械のおもな短所
　　　　―― the major shortcomings in existing machines
○ **drawback to ＿＿**
　　このプロセスの最大の欠点
　　　　―― the greatest drawback to this process
　　レーザー・プリンティングの一つの欠点
　　　　―― one drawback to laser printing
● 「どのような（＿＿）な短所（欠点/弱点）」
　　主なる短所―― primary disadvantage
　　主なる欠点―― chief drawback
　　もう一つの弱点―― another weak point

39.6 長所(短所/欠点/弱点)

○○という短所/○○にとっての短所

「＿＿という短所（欠点/弱点）」は，disadvantage (drawback/weak point) of ＿＿で表わし，「......が＿＿するという短所（欠点/弱点）」は，disadvantage (drawback/weak point) in that............で表わします。「＿＿にとっての短所（欠点/弱点）」は，「＿＿」がものを対象にするときは for（または to）を用いて disadvantage (drawback/weak point) for (to)＿＿で，人を対象にするときは，for ＿＿のかわりに to ＿＿を使います。

● 「＿＿という短所（欠点/弱点）」
- disadvantage (drawback/weak point) of ＿＿

   高価であるという短所——the disadvantage of being expensive
   高燃費という短所——the disadvantage of high fuel consumption

● 「......が＿＿するという短所（欠点/弱点）」
- disadvantage (drawback/weak point) in that............

   その工具が取り扱いにくいという短所
   　　——a disadvantage in that the tool is difficult to handle
   室温では作動しないという短所
   　　——a disadvantage in that they do not operate at room temperature

● 「＿＿（もの）にとっての短所（欠点/弱点）」
- disadvantage (drawback/weak point) for (to)＿＿

   町の中に事務所のないのが，その会社にとっての短所である。
   | Not having a downtown office is a disadvantage to the firm.
   クラッチにとってのおもな欠点は，接触面が摩耗することである。
   | The main drawbacks to clutches are the wear of contact surfaces.

● 「＿＿（人）にとっての短所（欠点/弱点）」

   使用者にとっての重大な欠陥——the serious drawback to users

39.7 長所(短所/欠点/弱点)

短所(欠点/弱点)がある

これは「＿＿には……な短所（欠点/弱点）がある」，または「＿＿には……という短所（欠点/弱点）がある」というときの表現で，前者は＿＿ have…… disadvantage (drawback/weak point), there is……disadvantage (drawback/weak point) to (with)＿＿などで，後者は＿＿ have the disadvantage (drawback/weak point) of……で表わします。また，「＿＿には……が……するという短所（欠点/弱点）がある」という場合には，＿＿ have the disadvantage (drawback/weak point) in that……で表わします。さらに，＿＿ is at a disadvantage in that……で表わすこともできます。

● 「＿＿には……な短所（欠点/弱点）がある」
○ ＿＿ have……disadvantage (drawback/weak point)
　　この計画には，一つの大きな欠点がある。
　　| This plan has one big drawback.
○ there is……disadvantage (drawback/weak point) to (with)＿＿
　　この制度には，明らかにいくつかの欠点がある。
　　| There are some definite drawbacks to this system.
● 「＿＿には……という短所（欠点/弱点）がある」
○ ＿＿ have the disadvantage (drawback/weak point) of……
　　この機械は，高価であるという短所がある。
　　| This machine has the disadvantage of being expensive.
● 「＿＿には……が……するという短所（欠点/弱点）がある」
○ ＿＿ have the disadvantage (drawback/weak point) in that……
　　この部品は，製作するのがむずかしいという短所がある。
　　| This part has a disadvantage in that it is difficult to make.

39-8 長所(短所/欠点/弱点)

短所(欠点/弱点)は○○である

「＿＿の短所（欠点/弱点）は……である」という場合の表現で，「……」の部分がたんなる語や句の場合と節になる場合とがあります。前者の場合は，disadvantage (weak point) of ＿＿ is……, drawback to ＿＿ is……などで，後者は「＿＿の短所（欠点/弱点）は……が……することである」という場合の表現で，disadvantage (weak point) of ＿＿ is that…………, drawback to ＿＿ is that…………などで表わします。

●「＿＿の短所（欠点/弱点）は……〈語/句〉である」
○ **disadvantage (weak point) of ＿＿ is……**
　この車の短所は，燃料消費量が大きいことである。
　| The disadvantage of this car is its high fuel consumption.
　新しいシステムの短所は，費用がかさむことである。
　| A disadvantage of the new systems is their expense.
○ **drawback to ＿＿ is……**
　そのプリンタのおもな欠点は，カートリッジの寿命が短いことです。
　| The main drawback to the printers is the short life of the
　| cartridge.
　レーザー・プリンティングの欠点の一つはコストである。
　| One drawback to laser printing is cost.

●「＿＿の短所（欠点/弱点）は……が……すること〈節〉である」
○ **disadvantage (weak point) of ＿＿ is that…………**
　スチール缶の短所の一つは，重いことである。
　| One disadvantage of the steel can is that it is heavy.
○ **drawback to ＿＿ is that…………**
　このオファーの致命的な欠点は，要件に合致しないことである。
　| The fatal drawback to the offer is that it does not meet the
　| requirements.

40-1 調整

調整／○○の調整

機械などの調子を整えるという意味での「調整」は，adjustment, tuning, tune-up などで表わします。「＿＿の調整」は adjustment of ＿＿, adjusting of ＿＿, ＿＿ adjustment などを用います。また，取扱説明書などにおいて「＿＿の調整」というタイトルの場合，「＿＿を調整すること」というように，動的な感じをだすため Adjusting ＿＿ と書くことがよくあります。念入りに調整することを「微調整」といいますが，これは，英語では fine adjustment または fine tuning といいます。また，この逆の粗調整は，coarse adjustment といい，おおざっぱに調整することです。

● 「調整」「＿＿の調整」
○ ＿＿ **adjustment**
　　高さの調整――― height adjustment
　　価格（の）調整―― price adjustment
○ **adjustment of ＿＿(adjusting of ＿＿)**
　　水温の調整――― adjustment of water temperature
　　テスターの調整―― adjusting of the tester
○ ＿＿ **tune-up (tuning)**
　　エンジンの調整―― engine tune-up
　　コンピュータ制御の車用のエンジン調整
　　　　―― engine tuning for computer-controlled cars

● 「微調整」「粗調整」
○ **fine adjustment**
　　微調整つまみ―― fine adjustment knob
○ **coarse adjustment**
　　メータがゼロをさすまで粗調整ねじを回してください。
　　| Turn the coarse adjustment screw until the meter reads zero.

40.2 調整

○○を調整する/○○は調整されている

「＿＿を調整する」は，adjust＿＿，control＿＿，regulate＿＿，coordinate＿＿，tune＿＿などで表わします。たんに「調整する」なら，make adjustment です。「＿＿は調整されている」という状態を表わすには受動態を使用して，＿＿ is adjusted (regulated/arranged) で表わします。「うまく調整されている」ならば properly adjusted，「うまく調整されていない（調整不良）」ならば improperly adjusted，または maladjusted です。

● 「＿＿を調整する」

○ **adjust** ＿＿
   調節器がモータの速度を調節する。
   > The controller adjusts motor speed.

○ **control** ＿＿
   音量つまみを調整する —— to control the volume knob

○ **regulate** ＿＿
   水量を調整する —— to regulate the water flow
   温血動物は，自分の体温を冬でも調節できる。
   > Warm-blooded animals can regulate their body temperature even in winter.

○ **coordinate** ＿＿
   コーディネーターとは，グループ活動を調整をする人のことです。
   > A coordinator is a person who coordinates the activities of a group.

● 「＿＿は調整されている」

○ ＿＿ **is adjusted (regulated/arranged)**
   この計器は，地球の磁場に対して正しく調整されている。
   > This instrument is properly adjusted for the earth's magnetic field.

40-3 調整

○○は調整可能である

機械などが調整できる状態にある、または調整できるような構造になっていることをいい、＿ is adjustable で表現します。「＿は……が調整可能である」、または「＿の……は調整可能である」という場合は、＿ is adjustable in…… で表現します。また、「＿は……が……するように調整可能である」という場合は、＿ is adjustable so that……で表現します。

● 「＿は調整できる」
○ ＿ is adjustable

もし机の高さが調整できない場合は、
| If your table height is not adjustable,

出力は、簡単に手の届く位置にあるボリューム・ツマミで調整できます。
| Output is adjustable with easily accessible volume control.

● 「＿は……が調整可能である」
○ ＿ is adjustable in ……

この機械は回転速度が調整できる。
| The machine is adjustable in rotation speed.

キーボード支持台は、高さが調整可能であるならば、
| If your keyboard support is adjustable in height,

解説—日本語には「＿は……が」と、一つの文章に主語が二つあるときがよくあります。そのときは「……が」を in……で表わすと、解決できます。

● 「＿は……が……するように調整可能である」
○ ＿ is adjustable so that ……

このスプリングは、そのスイッチが較正できるように調整可能です。
| This spring is adjustable so that the switch can be calibrated.

毎月の支払いが……できるように、弊社が提供する利率は調整可能です。
| The rates we offer are adjustable so that monthly payments can be ….

40.4 調整

調整できる(調整可能な)○○

「調整できる___」とか「調整可能な___」という場合,英語では adjustable (tunable/regulating)___などで表わします。

● 「調整できる___」「調整可能な___」

○ **adjustable** ___

調整できるペーパー・ガイドつき用紙受け棚
—— receiver racks with adjustable paper guides
調整可能な翼を持ったグライダー —— gliders with adjustable wings

注——同じ adjustable でも,つぎのような例は「調節可能な___」ではなく,「調節するための___」という意味になりますので注意してください。

ボックスに取りつけられた調整機構
—— adjustable mechanism mounted in the box

○ **tunable** ___

この調整可能なバンドパス・フィルタは,どの波長に対しても作製可能です。
| This tunable bandpass filter can be made for any wavelength.
調整可能なアンテナは,隣接したアンテナからの干渉に対して敏感ではない。
| Tunable antennas are less susceptible to adjacent channel interference.

参考——tunable は adjustable に比較すると,使用例は少ないようです。

○ **regulating** ___

調節可能な反応条件を制御する
—— to control regulating reaction conditions
体の内部環境を調節できる装置
—— regulating devices for the body's internal environment

参考——「調節可能な」の反対の「固定の」は fixed で表わします。たとえば,焦点固定レンズは,fixed を使って fixed focal length lens といいます。

41.1 定義

定義/○○の定義/定義によると

「定義」ということばは，技術文や法律文で多く使用されるもので，definitionで表わします。「定義は＿＿」はdefinition is＿＿で，「＿＿の定義」はdefinition of＿＿です。また，「定義によると」という場合は前置詞byを使ってby definitionで表わします。「＿＿が定義を与える」は，＿＿ provide (give) definitionなどで表現します。

● 「定義」
○ **definition**
　　この定義では，……が独立した関係であることを仮定しています。
　　　| This definition assumes an independent relationship of ....

● 「＿＿の定義」
○ **definition of ＿＿**
　　合金鋼の定義はつぎのとおりです。
　　　| The definition of alloy steel is as follows :
　注—「つぎのとおりである」はis (are) as follows : です。

● 「定義によると」
○ **by definition**
　　定義によると，白血病は血液の病気です。
　　　| Leukemia is a blood disease by definition.

● 「＿＿が定義を与える」
○ **＿＿ provide definition**
　　正確な定義が，専門家からなるOECDパネルによって与えられた。
　　　| A precise definition has been provided by the OECD panel of experts.

○ **＿＿ give definition**
　　ここで与えられる定義は，一般に受け入れられている。
　　　| The definitions given here are generally accepted.

41-2 定義

○○を定義する／○○を○○と定義する

「＿＿を定義する」は，define ＿＿ です。また，definition という名詞を品詞変換して「定義する」という意味に使うこともあります。「＿＿を......として定義する」という場合は，define ＿＿ as...... と書きます。

● 「＿＿を定義する」

○ **define ＿＿**

技術用語を定義する必要性—— the need to define technical terms
われわれがこのプロセスの効率を......として定義すると，
| If we define the efficiency of the process as...,
すべての変数を定義するのはむずかしいので，
| Because of the difficulty in defining all the variables,

○ **definition**

確率を数学的に定義することにより，
| On the basis of this mathematical definition of probability,

解説——もちろん，この例は「確率の数学的定義にもとづいて」と訳すこともできますが，先の訳のほうが理解しやすい日本語です。要するに，英語の「形容詞 (mathematical)＋名詞 (definition)」は，日本語では「副詞 (mathematically)＋動詞 (define)」に対応するということです。

● 「＿＿を......として定義する」

○ **define ＿＿ as......**

中村博士がそれを......と定義している。
| Dr. Nakamura defines it as......

注——「厳密に（正確に／的確に／明確に）定義する」という場合は，define にそれぞれ strictly, precisely, properly, specifically などの副詞をつけて表わします。

41-3 定義

定義される／○○として定義される／○○によって定義される

「定義される」は受身形を使って be defined と書きます。よく使用される表現として「＿＿は……として定義される」，および「＿＿は……によって定義される」がありますが，これらはそれぞれ＿＿ is defined as……, ＿＿ is defined by……で表わします。この……は，説明のことばがはいりますが，by のあとには人名や人称代名詞がはいる場合もあります。

● 「＿＿は定義される」
○ ＿＿ is defined

これは，まだ明確には定義されていない。
| This has yet to be clearly defined.

● 「＿＿は……として定義される」
○ ＿＿ is defined as……

風は，重力による空気の動きとして定義してもよい。
| The wind may be defined as the movement of air, caused by gravity.

半径は，……の距離として定義する。
| The radius is defined as the distance of….

● 「＿＿は……によって定義される」
○ ＿＿ is defined by……

われわれは，式1で定義される関数を導入する。
| We introduce a function defined by Eq. 1.

注―この Eq. 1 のところには，具体的に式が書かれる場合もあります。

理論モデルは，佐藤博士によって……として定義された。
| The theoretical model was defined as…by Dr. Sato.

燃料の燃焼特性は，厳格な仕様によって定義されている。
| Combustion characteristics of fuels are defined by rigorous specifications.

42-1 程度(かなり/度合い/非常に/わずか)
程度/○○の程度/○○が○○する程度

「程度」はものごとの度合いを表わすことばで，英語ではふつう degree や extent を用います。level を使うこともあります。「＿＿の程度」は the degree (extent) of ＿＿などで表現します。ことばによっては「＿＿度」となることもあります。「＿＿が……する程度」は，the degree (extent) to which ＿＿……, などで書きます。これらはあくまでも「程度」という名詞の表現です。to which のように，関係代名詞の前に前置詞がつく用法については，拙著①④を参照してください。

● 「＿＿の程度」

○ **the degree of ＿＿**

デジタル化の程度―――― the degree of digitalization
結晶の程度（度合い）―― the degree of crystalinity
妥協の程度―――――――― the degree of compromise

○ **the extent of ＿＿**

外科的外傷の程度―― the extent of surgical trauma

○ **the level of ＿＿**

信頼性の程度―― the level of reliability

● 「＿＿が……する程度」

○ **the degree to which ＿＿……**

人工頭脳が理解できる程度
　　　―― the degree to which a mechanical brain can understand
温度が精度に影響をおよぼす程度
　　　―― the degree to which temperature affects accuracy

○ **the extent to which ＿＿……**

この新しい概念が受け入れられる程度
　　　―― the extent to which this new concept is accepted

42-2 程度(かなり/度合い/非常に/わずか)

○○の程度に(程度まで)

この項はいずれも副詞的で，to という前置詞をつけて書きます。「＿＿の程度に」は to ＿＿ extent (degree) などで書きますが，その典型的なものが「ある程度まで」で，to some (an 〈a〉/certain) extent (degree) と書きます。＿＿には「程度」を修飾する形容詞をいれ，「かなりの程度に」「わずかな程度に」「いろいろな程度まで」「いかなる程度にも」などいろいろな形で使えます。

● 「ある程度まで」

○ **to some (an/certain) extent**

未来の車はある程度まで開発された。
| Future cars have been developed to some extent.

○ **to some (a/certain) degree**

装置の性能は，ある程度までは配管によって左右される。
| The system's performance is governed, to a certain degree, by the piping.

● 「＿＿の程度に」

○ **to ＿＿ extent (degree)**

わずかの程度に――――― to a less (small/slight) extent (degree)
いろいろな程度まで―― to a variable (varying) extent (degree)
限られた程度に――――― to a limited extent (degree)
かなりの（相当な）程度に
―― to a large (high/great/considerable/significant) extent (degree)
いかなる程度にも
―― to any extent (degree)/to a greater or lesser extent (degree)

注―実例を集めてみると，to a greater or lesser degree などというのもありますが，これは「いろいろな程度に」という意味です。

(て)

42-3 程度(かなり/度合い/非常に/わずか)
○○が○○する程度に/どの程度まで

この項の表現は，前項より少し複雑になった「＿＿が……する程度に」です。to such an extent (a degree) that ＿＿……, to the extent (degree) that ＿＿……などで書きます。「どの程度まで」は to what extent です。

● 「＿＿が……する程度に」

○ **to such an extent that ＿＿……**
子どもでも読める程度に文章の長さを短くしてください。
> Reduce the sentence length to such an extent that even children can read it.

お湯の温度が 42°C になる（程度）まで水を加えてください。
> Add water to such an extent that the temperature of the hot water goes down to 42°C.

○ **to such a degree that ＿＿……**
容易に回収できる程度まで
> —— to such a degree that they can easily be collected

○ **to the extent that ＿＿……**
人間が，確実に理解できる程度にまで単純化しなければいけない。
> They have to be simplified to the extent that anyone can thoroughly understand them.

○ **to the degree that ＿＿……**
機械は，われわれには修理できない程度まで損傷してしまった。
> The machine was damaged to the degree that we cannot repair it.

● 「どの程度まで」

○ **to what extent**
彼がどの程度まで仕事を理解しているかわからない。
> It is not known to what extent he understands our job.

43-1 適応(適している)
適応/適応性/適応性のある

日本語の「適応」は「あてはまる」という意味をふくんでおり，英語ではadaptation, accommodation, adjustment, conformity, fitnessなどで表わします。「適応性」はadaptabilityで，「適応(性のある)＿＿」はadaptive ＿＿でそれぞれ表現します。

● 「適応」
◦ **adaptation**

嫌気性条件を維持するための興味ある適応
—— an interesting adaptation for maintaining anaerobic conditions

現状適応の視点から政府の金融安定化策
—— the government's plan for financial system stabilization from a view of adaptation to the present situation

◦ **accommodation**

幼児や老人の場合，適応不良は乱近視の原因になる。
In infants and older persons, failure of accommodation causes blurred near vision.

◦ **adjustment**

新しいビジネス環境への適応が今後もっと重要になってくる。
Adjustment to a new business environment will be more important in the future.

● 「適応性」
電極の……用としての適応性
—— the adaptability of the electrode for…use

● 「適応(性のある)＿＿」
◦ **adaptive ＿＿**

適応制御工業用ロボット—— adaptive controlled industrial robots

43.2 適応(適している)

適応する/○○に適応する/○○に適応させる

「適応する」は adapt, accommodate, adjust などを用います。「＿＿は……に適応する」は，＿＿ is adapted to……, ＿＿ adapt to……, ＿＿ conform to……, ＿＿ accommodate……, ＿＿ adjust to……などで，また，「＿＿を……に適応させる」は，adapt (accommodate)＿＿ to……です。

● 「＿＿は……に適応する」

- **＿＿ is adapted to……**
  この方法は，とくに大口径のパイプに適応している。
  | This method is particularly adapted to large-diameter pipes.

- **＿＿ adapt to……**
  このモニタはあなたの作業環境に適応しやすい。
  | The monitor is easy to adapt to your working environment.

- **＿＿ conform to……**
  そのピンは図3に示す寸法に適応するものとする。
  | The pin shall conform to the dimensions shown in Fig. 3.

- **＿＿ accommodate……**
  各位置は，三つの材料に適応することができる。
  | Each position can accommodate three pieces of material.

- **＿＿ adjust to……**
  このサスペンションは条件変化に適応できる。
  | The suspension adjusts to the change of conditions.

● 「＿＿を……に適応させる」

- **adapt (accommodate)＿＿ to……**
  生物は，自分自身を周囲の環境に適応させていく。
  | Living creatures adapt themselves to the environment.
  文書をプリンタに適応させる
  —— to accommodate the document to the printer

44-1 適切(最適)

適切(さ)/最適(さ)

「適切(さ)」「最適(さ)」は名詞で，あまり頻繁に使われることばではありませんが，英語では adequacy, fitness, pertinence など表わします。「最適化」という名詞は，「最適化する」という動詞 optimize から転じた optimization で表わします。

● 「適切(さ)」「最適(さ)」

○ **adequacy**

目的に適切か否かの問題は，国際間で答えを見いだす必要がある。
> The question of adequacy will have to be answered internationally.

保守と較正の適切さ—— adequacy of maintenance and calibration

○ **fitness**

私はその本の，私の目的にたいする適切さは考えなかった。
> I didn't consider the fitness of the book for my purpose.

○ **pertinence**

彼は，調査の問題点にたいする適切さについては正しく知らされていなかった。
> He had not been apprised properly of the pertinence of the questions to the investigation.

● 「最適化」

○ **optimization**

このプロセスは，通常，「最適化」と呼ばれている。
> This process is normally termed "optimization."

解説—アメリカ英語では，文章の終わりを表わすピリオド (.) を引用符 ("○○") の中に入れるのがふつうです。

目的が設計の最適化であるときには，
> When the objective is design optimization,

44-2 適切(最適)

適切(最適)な○○/○○は適切(最適)である

「適切な」という形容詞は suitable, adequate, appropriate です。suitable は目的や状況にふさわしいことを，adequate は条件にあっていることを，appropriate は自然に備わっていることを表わしています。「適切（最適）な___」は suitable (adequate/appropriate)___，「……にとって適切（最適）な___」は ___ suitable (adequate/appropriate) for……，「___は適切（最適）である」は ___ is suitable (adequate/appropriate) と書きます。

● 「適切な（最適）___」
○ suitable (adequate/appropriate)___
　　適切な温度――――― suitable temperature
　　適切な品質管理―― adequate quality control

● 「……にとって適切（最適）な___」
○ ___ suitable (adequate/appropriate) for……
　　子ども二人の家庭にとって最適なこのアパート
　　―― this flat suitable for families with two children
　　ヘリコプターにとって最適な独立制御装置
　　―― the independent controls adequate for the helicopter
　　機械生産にとって最適な工場のレイアウト
　　―― the factory layout appropriate for machine production

● 「___は適切（最適）である」
○ ___ is suitable (adequate/appropriate)
　　彼との取引きは適切であった。
　　| My dealing with him was suitable.
　　推奨された潤滑油は適切である。
　　| Recommended lubricant is adequate.
　　彼の選択は適切であった。
　　| His choice was appropriate.

44-3 適切(最適)

○○にとって適切(最適)である/最適化する

「___は......にとって適切(最適)である」は,前項の suitable, adequate, appropriate を使って ___ is suitable (adequate/appropriate) for...... と書きます。また,「___は......するのに適切(最適)である」は ___ is suitable (adequate/appropriate) to...... (to- 不定詞)で表わします。「最適化する」は optimize という動詞を使います。

● 「___は......にとって適切(最適)である」
○ ___ is suitable (adequate/appropriate) for......

このアパートは子ども二人の家庭には最適である。
| This flat is suitable for families with two children.
4系統の独立制御装置がヘリコプターには最適である。
| Four independent controls are adequate for the helicopter.
この簡単なスタイルは機械生産に適している。
| These simple styles are appropriate for machine production.

● 「___は......するのに適切(最適)である」
○ ___ is suitable (adequate/appropriate) to...... (to- 不定詞)

この設計はベアリングを正しくサポートするのに適切である。
| This design is adequate to properly support the bearings.
この電圧および電流レベルは……を駆動するのに適切である。
| These voltage and current levels are suitable to drive....

注—suitable が to- 不定詞をとることはめったにありません。

● 「___は......を最適化する」
○ ___ optimize......

燃費を最適化する—— to optimize fuel consumption
モデムにはファイル転送を最適化するため……が組み込まれている。
| The modem contains...to optimize file transfers.

44-4 適切(最適)
最適に/適切に○○された○○

「適切に」という副詞は suitably, adequately, appropriately, properly などで表わします。したがって，「適切に……された____」は，suitably (adequately/appropriately/properly)……ed ____ で表わします。また，これは……ed や ____ の位置を変えて ____ ……ed suitably (adequately/appropriately/properly) とか ____ suitably (adequately/appropriately/properly)……ed などと書くこともできます。

● 「適切（最適）に」
○ **suitably (adequately/appropriately/properly)**

電子レンズは適切に磁界や静電界を形成する。
> Electron lenses shape magnetic or electrostatic fields suitably.

この問題は適切に処理された。
> This issue has been adequately dealt with.

処置は適切に調整できる。
> The treatment can be adjusted appropriately.

ファスナーを適切に供給できれば，ファスナーをつけてもよい。
> If a fastener can be fed properly, it can be installed.

● 「適切に……された____」
○ **suitably (adequately/appropriately/properly)……ed ____**

適切に配置されたレイアウト —— a suitably arranged layout
適切に作成されたドキュメント —— adequately compiled documents
適切にサポートされた提案 —— a properly supported proposal

○ **____ ……ed suitably (adequately/appropriately/properly)**

適切に配置されたレイアウト —— a layout arranged suitably

○ **____ suitably (adequately/appropriately/properly)……ed**

適切に配置されたレイアウト —— a layout suitably arranged

（て）

45-1 適用

適用/適用性/○○への適用/○○への適用性

「適用」は application,「適用性」は applicability で表現します。「___の……への適用」は application of ___ to ……で，「___の……への適用性」は applicability of ___ to ……で表現します。規格や仕様書の冒頭などでよく「適用範囲」ということばを使いますが，これは scope です。

● 「適用〈範囲〉」
○ application

適用範囲は広い。
　| The extent of the application is wide.

その理論は適用範囲が狭い。
　| The theory does not cover a wide range of application.

● 「適用性」
○ applicability

このユニークなアイディアの適用性
　── the applicability of this unique idea

● 「___の……への適用」
○ application of ___ to ……

天文学の，航海への適用
　── the application of astronomy to navigation

● 「___の……への適用性」
○ applicability of ___ to ……

この改善された方式の，新しい生産工場への適用性
　── the applicability of this improved method to the new production plant

● 「適用範囲」

適用範囲：この仕様書は……について規定する。
　| Scope: This specification covers ….

213

45.2 適用

○○に適用する/○○に適用される/○○に適用できる

「適用する」は自動詞の apply を使って表現します．したがって，「＿＿は……に適用する」という場合は＿＿ apply to……です．「＿＿は……に適用される」という場合は＿＿ is applied to……と書きます．また，「＿＿は……に適用できる」という場合は＿＿ is applicable to……と書くこともできます．「＿＿を……に適用する」という場合は apply ＿＿ to……と書きます．

● 「＿＿は……に適用する」

○ ＿＿ **apply to**……

この式は非圧縮性の流体に適用する．

| This equation applies to an incompressible fluid.

解説 — 私たちは apply という動詞を自動詞として使うことにあまりなれていません．そのため＿＿ apply to……と書くべきところを，つい＿＿ is applied to……で書いてしまいます．日本語としては妙に響きますが，「＿＿が……に apply するのだ」という確信をもつことです．

● 「＿＿は……に適用される」

○ ＿＿ **is applied to**……

LP ガスということばは，ある特定の炭化水素に適用される．

| The term LP gas is applied to certain specific hydrocarbons.

● 「＿＿は……に適用できる」

○ ＿＿ **is applicable to**……

この発明はほかの種類のスイッチにも適用できる．

| This invention is applicable to other types of switches.

● 「＿＿を……に適用する」

○ **apply** ＿＿ **to**……

上に述べた原理を気体に適用する場合，

| In applying the above principle to a gas,

45-3 適用

適用できる〇〇／〇〇に（が）適用できる〇〇

「適用する（できる）＿＿」という場合，applicable という形容詞を使って applicable ＿＿と書きます。また，「……に適用できる＿＿」の場合には＿＿ applicable to……と書きます。「……が適用できる＿＿」という場合は＿＿ to which……is applicable で表わします。

● 「適用できる＿＿」
○ applicable ＿＿

適用できる国際規格 ── applicable international standards
最初に適用可能な方法は，それが熱で溶けるのを防ぐことであった。
> The first applicable method was to prevent it from melting by heat.

適用する検査の内容を事前に記載しておくことはよいことである。
> It is good to describe the contents of the applicable inspection in advance.

● 「……に適用できる＿＿」
○ ＿＿ applicable to ……

交渉中の契約に適用できる最近の経験
── recent experience applicable to the contract under discussion

● 「……が適用できる＿＿」
○ ＿＿ to which …… is applicable

この手法が適用できる（適用可能な）実験は，遺伝子分析に限られる。
> The experiments to which this technique is applicable are limited to only a gene analysis.

参考─to which というように，関係代名詞の前に前置詞がついている表現については拙著①④を参照してください。

46.1 時(期間)

時/○○時(○○の時)

「時」はふつう time で表わします。また，「＿＿時」「＿＿の時」は at the time of ＿＿で表現します。英語では＿＿は名詞ですが，「時」を表わす表現ですから，ほとんどの場合，動詞から転じている名詞です。そのため英語の＿＿の部分を日本語でもそのまま名詞で表現すれば，「＿＿時」となり，動詞で表現すれば，「＿＿の時」「＿＿する時」となります。また，in (when)＿＿ing で書くこともできます。ほかに「＿＿すると即座に」は on ＿＿ing です。

● 「時」

「このとき」「あのとき」「ほかのとき」「別のとき」は，それぞれ at this time, at that time, at other times, at different times などで表わします。

● 「＿＿時」「＿＿の時」「＿＿する時」

○ at the time of ＿＿

　　読み込み時（読み込みの時/読み込みする時）
　　　　—— at the time of reading
　　取りつけ時（取りつけの時/取りつけする時）
　　　　—— at the time of mounting
　　故障発生時（故障の時/故障が発生した時）
　　　　—— at the time of the trouble
　　爆発時—— at the time of explosion

○ in (when)＿＿ing （上のような表現の分解は省略します）

　　データの書き込み時———— in writing data
　　基板の実装時———————— in mounting the board
　　読書時———————————— in reading a book
　　このテストを行なう時———— in making this test
　　機械の最終調整を行なう時
　　　　—— when making the final adjustment of the machine

46.2 時（期間）

○○する時

　これは「＿＿が……する時」という場合のもので，when ＿＿＿……で表現します。また，at the time when ＿＿＿……とも表現できます。「＿＿を……する時」もこれらの表現を使えますが，in (when)……ing ＿＿と書くこともできます。ほかに where ＿＿＿……，in case that ＿＿＿……，および in the case that ＿＿＿……などとも表現できますが，これらは，むしろ「時」というよりも「場合」という意味を持つ表現です（56項「場合」を参照）。

● 「＿＿が……する時」

○ **(at the time) when** ＿＿＿……

　　ヒューズが飛んだ時に ——— (at the time) when the fuse blows
　　コンピュータが壊れた時
　　　　—— (at the time) when the computer breaks down

○ **when** ＿＿＿……

　　ドアが開いた時——— when the door opened
　　細胞分裂が起こる時—— when cell division takes place

● 「＿＿を……する時」

○ **(at the time) when** ＿＿＿……

　　ON ボタンを押した時
　　　　——(at the time) when the ON button is pressed

解説—日本語の能動態（ボタンを押す）が英語の受動態（the ON button is pressed）と対応します。すなわち，日本語は人間を主語にして，英語はものやことを主語にして書くということを理解しておかなければいけません。

○ **in (when)** …… **ing** ＿＿

　　最良の本を選択する時——— in choosing the best book
　　本を読む時——————— in reading a book
　　その車を止めるとき——— when stopping the car

　注—この表現は，実質的には前項の in (when)＿＿ ing と同じです。

46.3 時（期間）

○○から/○○まで/○○から○○まで

「＿＿から」は from ＿＿ や since ＿＿ で，「＿＿まで」は to ＿＿ や through ＿＿, by ＿＿, till (until)＿＿ などを使います。「＿＿から……まで」は，from ＿＿ to …… で書き表わします。また，「＿＿が（を）……する時から」は from the time (when)＿＿…… と書き，「＿＿が（を）……する時まで」は to the time (when)＿＿…… とそれぞれ書きます。したがって，「＿＿が（を）……する時から，＿＿が（を）……する時まで」は上の二つの英語を組み合わせます。「＿＿が（を）……する時と，＿＿が（を）……する時の間」は between the time (when)＿＿…… and the time (when)＿＿…… と書きますが，ふつう when は省略します。

● 「＿＿から」「＿＿まで」「＿＿から……まで」
- 2000年6月から ――――― from June 2000
- 1998年以来 ――――――― since 1998
- 2005年まで ―――――――― to 2005
- 2010年までには ――――― by 2010（途中はあまり問題にしません）
- 1998年から2010年まで ―― from 1998 to 2010
- 朝から夜まで ――――――― from morning till night（ずうっとという感じ）

● 「＿＿が（を）……する時から，＿＿が（を）……する時まで」
○ **from the time (when)＿＿……to the time (when)＿＿……**
  コンピュータの電源を入れてから電源を切るまで
    ―― from the time the computer is turned on to the time it is turned off

● 「＿＿が（を）……する時と，＿＿が（を）……する時の間」
○ **between the time (when)＿＿……and the time (when)＿＿……**
  球が動き始めた時と，球が終点に着いた時の間
    ―― between the time the ball started to move and the time it reached the end

46.4 時(期間)

○○の間/○○が○○する間/○○以内

「＿＿の間」は「長い」とか「短い」とかいう時間を表わすことばをともない，「どのくらいの間」という場合は for ＿＿で，「動作や状態の間」の場合には during ＿＿で表現します。「＿＿が……する間」という場合には while ＿＿……, during the time ＿＿……などで書き表わします。「＿＿以内」は within ＿＿または in ＿＿です。「期間」は period, duration などです。

● 「＿＿の間」

○ **for ＿＿**

　　長い間——— for a considerable (a longer period of, a very long) time
　　数秒の間——————————— for a few seconds
　　1999年から2001年の間——— for the period 1999-2001

○ **during ＿＿**

　　東京に滞在している間——— during my stay in Tokyo
　　通常の作動の間——————— during normal operation

● 「＿＿が……する間」

○ **while ＿＿……**

　　モデムが使われている間——— while your modem is in use
　　プロセス・チーズを熱い間に包装する
　　　　——— to package processed cheese while it is hot

○ **during the time ＿＿……**

　　コンピュータが作動している間——— during the time the computer is on

● 「＿＿以内」

○ **within ＿＿**

　　出荷の日から1年以内——— within one year from date of shipment

○ **in ＿＿**

　　作業は3日以内に始まる。
　　| The work will start in three days.

（と）

46-5 時(期間)

年/月/週/日/時/分/秒

年は year，月は month，週は week，日は day を使用します。また，時間は hour，分は minute，秒は second で表わします。「毎___」「___ごとに」についても説明します。

● 「年」「月」「週」「日」「時」「分」「秒」

 1 年半の長さの調査——— a year-and-a-half-long survey
 約 5 か月の間——— for about five months
 約 12 週間かかる——— to take about 12 weeks
 1/1000 秒——— 1/1000 of a second
 注—10 以下の数値はつづり，10 を超える数値は数字で書きます。

● 「毎年（月/週/日/時/分/秒）」

a，per，every，または each などを使用して a week（毎週），per hour（毎時），every year（毎年），each month（毎月）のように表わすことができます。また，annually（毎年），monthly（毎月），weekly（毎週），daily（毎日）なども覚えておくと便利です。

 その事務所で使用される紙の年間枚数
  ——— the annual number of sheets of paper used in the office
 プリンタは，毎日 20 時間動作します。
  | The printer operates 20 hours a day.
 そのテーブルを週に 1 度，清掃してください。
  | Clean the table once a week.
 シャワーは，毎月検査する必要があります。
  | The shower must be checked monthly.

● 「何年（か月/週間/日/時間/分/秒）ごとに」

every を使用することができます。

 フィルタは 12 か月ごとか 2500 動作時間ごとに交換してください。
  | Replace the filter every 12 months or after 2,500 operating hours.

46.6 時(期間)

年/月/日/時/分/秒などの表現

ここでは，何年，何月，何日，何時，何分，何秒の表現について説明します。日本語では，年→月→日の順に表記しますが，英語では，月→日→年の順に表記します。昭和とか平成とかいう日本の年号は使わず，◯◯年はすべて西暦で表記します。ここでは，とくにこれらの時の表現と前置詞との組み合わせについて説明します。

● 年月日───────────────────

実質的なことばは「日」ですので，前置詞は on を使います。

　1869年5月10日── on May 10, 1869
　1945年8月15日── on August 15, 1945
　1967年7月7日── on July 7, 1967

● 年月だけ───────────────────

実質的なことばは「月」ですので，前置詞は in を使います。

　1997年12月── in December 1997
　1986年4月── in April 1986

注──この場合は，「月」を表わすことばと年号との間にカンマはつけません。

● 月だけ───────────────────

「月」の表現ですので，前置詞は in を使います。

　今年の5月── in May of this year

● 年だけ───────────────────

「年」の表現ですので，前置詞は in を使います。

　インテルサット3の開発は1966年に始まった。
　| The development of the Intelsat 3 began in 1966.

● 月日だけ───────────────────

実質的なことばは「日」ですので，前置詞は on を使います。

　昨年の11月23日── on November 23 last year

46.7 時(期間)

現在/過去/未来(将来)

ここでは現在，過去，および未来の表現について説明します。「過去」は past，「現在」は present，そして，「未来」は future で表現します。「＿＿前」といって「過去」のことを表現する場合は＿＿ago を使用します。「現在」とか「現在では」という場合には，(at) the present, presently などを使います。「現在の＿＿」とは present ＿＿で表現し，「＿＿現在」は as of ＿＿で表現します。「将来には」という場合には，in the future を使用します。

● 過去

○ past

　　過去 5 年で——in the past five years
　　この車は過去いくどとなく修理されました。
　　 | The car has been repaired many times in the past.
　注—past ＿＿と in the past を混同しないように注意する必要があります。「過去のデータ」は the data in the past ではなく，the past data です。

● 現在

○ 現在（現在は）

　　現在（現在は/現在のところ）——at (the) present, at the present time

○ 現在の＿＿

　　現在の技術——present (present-day) technologies

○ ＿＿現在

　　1999 年現在——as of 1999

● 未来（将来）

　　近い将来——in the near future
　　将来（今後），計画が新たに開発されます。
　　 | New plans will be developed in the future.
　注—「最近」を表わすには recent や recently を使用します。

46-8 時(期間)

○○の前/○○の後/○○の前後/直前/直後

ここでは「とき」に関する「前」「後」「直前」「直後」について説明します。「＿＿の前（後）」は before (after)＿＿で，「......する前（した後）」は before (after)......ing で，「＿＿が......する前（した後）」は before (after)＿＿......で表わします。「＿＿の前後」は before and after ＿＿で表現します。「＿＿の直前（直後）」は before (after)＿＿の前に shortly, right, immediately, just, directly などのことばをつけて表わします。

● 「＿＿の前」「＿＿が......する前」

　　清掃前に─────── before cleaning
　　コインが沈む前に── before the coin sinks
　　注 ─「前」の表現には上記以外にも prior to, previously などがあります。
　　その戦争の前に── prior to the war
　　前述のように─── as discussed previously

● 「＿＿の後」「＿＿が......した後」

　　最初の反応後─────────── after the first reaction
　　あなたがその工具を使用した後── after you use the tool

● 「＿＿の（......してから）何時間後（何時間前）」

「時間の表現＋after (before)」で書きます。また，later も使えます。
　　設置の1時間前と3時間後
　　　── one hour before and three hours after installation
　　彼が電話してからちょうど5分後── just five minutes after he called

● 「＿＿の直前（直後）」

　　インターフェロンの発見直後
　　　── shortly after the discovery of interferon
　　コンピュータの起動直後
　　　── immediately after starting the computer
　　第2次世界大戦直前── just prior to World War II

46.9 時（期間）

頻度

「つねに」「いつも」は「頻度」の高い場合で always, at all times, at any time などで、「しばしば」「頻繁に」はやや高い場合で often, frequently などで、「ときどき」「たまに」はやや低い場合で sometimes, from time to time, at times, at intervals, occasionally などで、そして、「まれに」「めったに」はいちばん低く、否定の意味に近くなり、rarely で表現します。

● 「つねに」「いつも」

表面は、いつも清潔にしておく必要があります。
| The surfaces must always be kept clean.
ボールの通り道は、いつもわかっている必要があります。
| The path of a ball must be recognized at all times.
本は、いつでも追加できます。
| Books can be added at any time.

● 「しばしば」「頻繁に」

障害は、しばしば2次障害の原因になります。
| Faults often give rise to secondary faults.
それを頻繁に冷却する —— to cool it frequently

● 「ときどき」「たまに」

レコードは、ときどき使用されることがある。
| Records are sometimes used.
ときどき汚れをふき取ってください。
| At times, dirt should be wiped off.
このソフトウェアは、ときどきアップグレードしてください。
| The software should be upgraded at intervals.

● 「まれに〜ない」「めったに〜ない」

残念ながら、このような相互作用はまれにしか見られない。
| Unfortunately, such interaction is rarely seen.

46-10 時(期間)

一度に/同時に/ただちに

「一度に___する」というときの表現で，at a time, at one time などで表わします。「同時に」は at the same time, simultaneously です。「___と同時に」の場合には at the same time as ___, simultaneously with ___, などで表現します。「ただちに」は at once, immediately などを使います。at one time と at once を混同しないように注意する必要があります。

● 「一度に」

コンピュータが一度に取扱えるビット数
—— the number of bits a computer can handle at a time
一度に2個以上の工具を使用する
—— to use more than one tool at one time

注1 — more than は「以上」ではなく「超え」だから，「2個以上の工具」です（拙著①②③⑤を参照）。

注2 — 「いくつかのものを一度に___する」ということから「いくつずつ」という意味にも使うことができます。

ファイルを一度に一つずつ転送する—— to transfer files one at a time

● 「___と同時に」

すべてのボールが同時に形成されます。
| All balls are formed at the same time.
それは，その条件と同時に発生しました。
| It was generated simultaneously with the condition.

● 「ただちに」

板の両面をただちに清掃してください。
| Clean both sides of a plate at once.
あなたが入力した命令は，ただちにモデムに送られます。
| Any instructions you type in are immediately sent to the modem.

46-11 時(期間)

時間に関する諸表現

この項では「時間」に関する動詞について述べます。時間が「かかる」は take,「節約する」は save,「浪費する」は waste,「経過する」は pass, elapse などです。時間に「遅れる」は be late, delay,「間に合う」は be in time などです。時計が「遅れて(進んで)いる」は slow, fast などで表わします。

● 「時間がかかる」

この実験は2〜4時間かかります。
| The experiment takes from two to four hours.

このプロジェクトの開発には長時間かかります。
| The development of this project takes a long time.

● 「時間を節約(浪費)する」

Aの指示に従うことにより,時間を節約することができる。
| You can save time by following the instructions in A

彼の努力を再現しても,たんに時間を浪費するにすぎない。
| Duplicating his efforts merely wastes time.

● 「時間が経過する」

時間が経過するにつれ—— as time passed

最後にペンキを塗ってから長時間経過すると,
| When a long time has elapsed since the last painting,

● 「時間に遅れる(間に合う)」

彼はいつも学校に遅れる。
| He is always late for school.

会議に間に合うようにします。
| I will try to be in time for the meeting.

● 「時計が遅れている(進んでいる)」

私の時計は5分遅れて(進んで)いる。
| My watch is five minutes slow (fast).

47-1 特性

特性

「特性」とは，ものの特有の性質を表現することばで，英語では attribute, characteristic, property, feature, quality などを使います。attribute はある事物に属する性質を，characteristic はあるグループの顕著な性質または道徳的な人格や性質（characteristic の集まったものが character です）を，property はある事物の本質的な性質を，feature は特長としてもつ性質を，そして，quality は人や物のもつ特別な性質や行動を表わすことばです。

● 「特性」
- attribute

    機械的および電気的特性—— mechanical and electrical attributes

    ファイルの特性を改めたり，表示したりする

    —— to change or display the attributes of a file

- characteristic

    動作特性———————— operating characteristics

    トランジスタの特性—— the characteristics of a transistor

- property

    流体の電気的特性—— the electrical properties of the fluid

    熱力学系にはもう一つの特性がある。

    | Thermodynamic systems have another property.

- feature

    これらのプロセスの基本的特性

    —— the fundamental features of these processes

- quality

    エンジンのいろいろな特性—— various qualities of an engine

    この特性によってプラズマ・ディスプレーに多くの関心が寄せられた。

    | This quality has generated a great deal of interest in plasma displays.

47-2 特性

○○の特性がある

「＿＿は……の特性がある」は，ふつう＿＿ is (have) characteristic (property/attribute) of……で表わします。「特性を示す」という意味をこめて show で書くこともあります。また，「＿＿の特性は……である」は＿＿ is characterized by……で表わします。「特性として」という副詞として表現する場合には，characteristically を使って表現します。

● 「＿＿は……の特性がある」
  ○ ＿＿ is (have) characteristic (property/attribute) of……
    これらの曲線は各式の特性を示す。
      | These curves are characteristic of each formula.
    テフロンは，また，埃を落とす特性がある。
      | Teflon also has the property of shedding dust.

● 「＿＿は……の特性を示す」
  ○ ＿＿ show characteristic (property/attribute) of……
    このワイヤーはプラスティック被覆ワイヤーのすぐれた特性を示している。
      | This wire shows the favorable attributes of plastic-covered wire.

● 「＿＿の特性は……である」
  ○ ＿＿ is characterized by……
    それらの新生物には細胞極性欠損の特性がある。
      | These neoplasms are characterized by loss of cellular polarity.
    この噴霧は低速という特性がある。
      | The spray is characterized by low velocity.

● 「特性として」
  ○ characteristically
    第二鉄は，特性としてアメジスト中にわずかに存在する。
      | Ferric iron is characteristically present in traces in amethyst.

48-1 特長（特徴）

特長／○○の特長／○○する特長

「特長」とは良い意味で「めだってすぐれた点」のことで，「特徴」は良し悪しは別として「とくにめだつ点」のことです。「特長」は feature で，「どのような（……）特長」という場合には feature の前にその形容詞をつけ，……feature で表わします。「＿＿の(においての)特長」は feature of (in)＿＿などで表わし，「＿＿を……する特長」は feature that……＿＿で表現します。「＿＿が……する特長」ならば，feature that ＿＿……です。

● 「＿＿の（においての）特長」
○ feature of ＿＿
　このモデムのおもな特長――― the major features of this modem
　その装置のきわだった特長――― the outstanding feature of the system
　この映画の最大の特長――― the most striking feature of this movie
　現代のいちじるしい特長――― a significant feature of our time

○ feature in ＿＿
　鉄の望ましい特長――――――― the desirable features in iron
　彼の性格のいちじるしい特長――― a strong feature in his character
　総合的な設計の重要な特長
　　　――― the important features in the overall design

● 「＿＿を……する特長」
○ feature that……＿＿
　信頼性を増す特長の一つ――― one feature that increases reliability
　その機械をより使いやすくする主要な特長
　　　――― the primary features that make the machine more useful
　ほかと異なるいくつかの特長
　　　――― several features that distinguish it from the others

参考 ―前述したように「特長」は良い点をさすので，merit, strong point などで表現されることもあります。

48-2 特長(特徴)

○○の特長がある/特長は○○である

「＿＿には……の特長がある」は＿＿ have……feature（名詞形），または＿＿ feature（動詞形）……などで表わします。また，「＿＿の特長は……である」は feature of ＿＿ is……で，「＿＿の特長は……が＿＿することである」は feature of ＿＿ is that…………で表現します。

● 「＿＿には……の特長がある」

○ ＿＿ have……feature

このテープ・レコーダには，以下に示すような多くの特長があります。
| This tape recorder has many features, as shown below.

その本には，これといった特長はない。
| The book has no special features.

○ ＿＿ feature

そのカメラには，軽いという特長がある。
| The camera features a light-weight body.

このレストランは，伝統的フランス料理が特長である。
| This restaurant features traditional French fare.

コンピュータの開発が今世紀の特長である。
| The development of the computer features this century.

● 「＿＿の特長は……である」

○ feature of ＿＿ is……

この中古車のきわだった特長は，値段の安いことである。
| The outstanding feature of this used car is its low price.

オランダの，もう一つの興味ある特長は風車である。
| Another interesting feature of the Netherlands is windmills.

● 「＿＿の特長は……が＿＿することである」

この構造の注目すべき特長は，ハチの巣状をしていることである。
| A notable feature of this structure is that it is honey-combed.

48-3 特長(特徴)

特徴/○○の特徴/○○する特徴

「特徴」はふつう characteristic で表現し,「どのような特徴」という場合には,characteristic の前にその形容詞をつけて表現します。「＿＿の特徴」は characteristic of ＿＿で,「＿＿する特徴」は characteristic that ＿＿で表現します。「＿＿の特徴は……である」は characteristic of ＿＿ is ……と書き,「＿＿の特徴は……が＿＿することである」は characteristic of ＿＿ is that ……です。なお,前項の feature も「特徴」という意味に使われることがあります。また,科学用語にでてくる characteristic は「特性」という意味の場合が多く,characteristic curve は「特性曲線」と訳します。

● 「＿＿の特徴」
ゴシック建築の特徴
―― the characteristics of Gothic architecture
そのレンズの光学的特徴―― the optical characteristic of the lens
慎み深い態度は彼女の特徴です。
| Discreet behavior is characteristic of her.

● 「＿＿する特徴」
誠実さは私たちが称賛する特徴です。
| Sincerity is a characteristic that we admire.

● 「＿＿の特徴は……である」
○ **characteristic of ＿＿ is ……**
この時計の重要な特徴は,その正確さである。
| An important characteristic of this watch is its precision.

● 「＿＿の特徴は……が＿＿することである」
○ **characteristic of ＿＿ is that ……**
プラントのいちじるしい特徴は,エネルギー消費量が少ないことである。
| An outstanding characteristic of the plant is that the energy consumption is low.

48-4 特長(特徴)
特徴がある/特徴づける

「＿＿には……の（な）特徴がある」，または「＿＿は……が特徴である」は，＿＿ have……characteristic, ＿＿ is characterized by……などで表現します。「＿＿は……を特徴づける」は，＿＿ characterize……で表わします。

● 「＿＿には……の（な）特徴がある」「＿＿は……が特徴である」

○ ＿＿ have……characteristic

われわれには一つの共通した特徴がある。
| We have one characteristic in common.

この機械は多くの好ましくない特徴をもっている。
| This machine has a number of undesirable characteristics.

○ ＿＿ is characterized by……

この病気は高熱が特徴である。
| This sickness is characterized by high fever.

その装置には軽いという特徴がある。
| The device is characterized by light weight.

ラクダは背中のこぶが特徴である。
| A camel is characterized by the hump on its back.

油脂類の栄養価は，高エネルギー量が特徴である。
| The nutritive value of fats and oils is characterized by high energy content.

● 「＿＿は……を特徴づける」

○ ＿＿ characterize……

簡潔さが彼の文体を特徴づける（彼の文体には簡潔さという特徴がある）。
| Simplicity characterizes his style.

敏捷さが彼の行動を特徴づける（彼の行動には敏捷さという特徴がある）。
| Quickness characterizes his action.

注—この項の和文は，いずれも（　）内のように書くことができます。

49.1 取りつけ（据えつけ）

取りつけ/据えつけ

「取りつけ」という表現には，installation や mounting などを用います。installation には「設備や装置などを取りつける」という意味があり，mounting にはもう少し具体的に「部品や装置などを土台や構造物に取りつける」という意味があります。「据えつけ」はふつう installation です。

● 「取りつけ」

○ **installation**

 取りつけ用工具── installation tools

 取りつけ位置─── an installation position

 現場取りつけ─── field installation

 火災条例では，新築家屋にはすべて検知器の取りつけを命じている。
> The fire ordinances require the installation of detectors in all new homes.

○ **mounting**

 取りつけネジ── a mounting screw

 背面取りつけ── back-to-back mounting

 底面取りつけ，または側面取りつけ用のプラスチック・ソケット
> ── plastic sockets for either bottom or side mounting

 ロッド・ソケットは内部取りつけが可能になる。
> Rod sockets allow inside mounting.

 二つの形式があるので，取りつけ場所の選択の自由が広がる。
> Two formats are provided to give more options for mounting location.

● 「据えつけ」

 機械の据えつけ── installation of the machine

 信号システムの設計，据えつけ，および保守
> ── design, installation, and maintenance of signal systems

と

49.2 取りつけ（据えつけ）
○○を○○に（で）取りつける①

「___を......に（___で）取りつける」は，英語では install ___ in (to/on など)......(with ___), mount ___ on......(with ___), attach ___ to......(with ___), fit ___ to......(with ___) などで表わします。install ___ には「機械や装置を据えつけたり，部品を取りつける」という意味があります。mount ___ には「特定の部品を取りつける」，attach ___ には「あるものを他のものに連結または接着させる」という意味があります。fit ___ には「ぴったり取りつける」という意味と，equip と同義の「装備している」という意味があります。この項では install という動詞について説明します。

● 「___を......に（___で）取りつける」
○ install ___ in (to/on など)......(with ___)

取りつける人がメーターを家に取りつけようとしたとき，
| When a fitter tried to install the meter at the house,
いずれの装置も……というようなやり方で，それに取りつけてはならない。
| Never install any device on it in such a manner that....
この装置を既存の建物に取りつけると，
| When this equipment is installed in an existing building,
シャッターは窓枠の内側にヒンジで取りつける。
| The shutters are installed inside the window frame with the hinges.

注―コンピュータなどにソフトを組み入れるとき，日本語では「インストールする」ということばを使いますが，これも英語では install です。

解説―最後の2例のように，行為者である人間が特定されていない場合に，英語では ___ is installed in...... と受動態で表現されていても，これを日本語に訳す場合には，「___を......に取りつける」というように能動態の表現にしたほうが自然な日本語になります。

49.3 取りつけ(据えつけ)
○○を○○に(で)取りつける②

この項では mount, attach, fit という動詞について説明します。

● 「＿＿を……に (＿＿で) 取りつける」

○ mount ＿＿ on …… (with ＿＿)

図1に示すように部品をボードに取りつけます。
| Mount the components on the board as shown in Fig. 1.

アンテナは屋根に確実に取りつけなくてはならない。
| The antenna must be securely mounted on the roof.

それはモニタの背面に直接取りつけられるようにデザインされている。
| It is designed to be mounted directly on the back of the monitor.

○ attach ＿＿ to …… (with ＿＿)

その女性だけは，彼らがドアに郵便受けを取りつけるのを拒んだ。
| Only that woman refused to let them attach a mailbox to her door.

彼らは小さな電極を各被験者の頭皮に取り（貼り）つけ，……を測定した。
| They attached small electrodes to the scalp of each subject and measured....

つぎに，2個のヒンジをシャッター端にネジで取りつける。
| Next, attach two hinges to the shutter edges with screws.

○ fit ＿＿ on (in) …… (with ＿＿)

自動車産業では，ロボットが自動車の部品を組立ライン上で取りつける。
| In the automotive industry, robots fit the parts of an automobile on assembly lines.

彼の部屋に内線電話を取りつけてください。
| Fit a telephone extension in his room.

49.4 取りつけ(据えつけ)
○○は○○に(で)取りつけられている

「___は......に(___で)取りつけられている」は，___ is installed in (at/to/on など)......(with___)で表わします。mount, attach, fit についても同じです。

● 「___は......に(___で)取りつけられている」

○ ___ is installed in (at/to/on など)......(with___)
ゴミの進入を防ぐために，ドアの上にファンが取りつけられている。
| Fans are installed above doors to prevent the entry of dust.
廃水管への各入口には，トラップが取りつけられている。
| Traps are installed at each inlet to the waste piping.

○ ___ is mounted in (at/to/on など)......(with___)
ハード・ディスクは，通常コンピュータの内部に取りつけられている。
| A hard disk is usually mounted in the computer.
RAM チップはコンピュータ内部のマザーボードに取りつけられている。
| RAM chips are mounted on the motherboard inside the computer.

○ ___ is attached in (at/to/on など)......(with___)
ホイールはフレームにばねで取りつけられている。
| The wheels are attached to the frame by the springs.
暖かいときには，庭のホースは戸外の蛇口に取りつけたままにしておける。
| In warm weather, garden hoses can be kept attached to outdoor faucets.

○ ___ is fitted in (at/to/on など)......(with___)
ドライブがシャーシに4個のネジで取りつけられている場合，
| When the drive is fitted to a chassis with four screws,

解説 —「___を取りつける」(49-2項)という行為を表わす表現も，この「___が取りつけられている」という状態を表わす表現も，ともに___ is installed です。

49.5 取りつけ（据えつけ）

○○には○○が取りつけられている

「＿＿には……が取りつけられている」は，＿＿ is fitted with……で表現されます。また，＿＿ is equipped with……は「＿＿には……が装備されている」，＿＿ is furnished with……は「＿＿には必要な……が備えられている」という意味があります。＿＿ is provided with……も，このような意味に使えます。

● 「＿＿には……が取りつけられている」

○ ＿＿ is fitted with……

ほとんどのカメラには，オート・フォーカスが取りつけられている。
| Most cameras are fitted with automatic focusing systems.

すべての車には，4.0リットルの6気筒エンジンが取りつけられている。
| All the cars are fitted with the 4.0-liter six-cylinder engine.

○ ＿＿ is equipped with……

多くの航空機には，慣性航法システムが取りつけられている。
| Many aircraft are equipped with inertial navigation systems.

これらの航空機には，スーパーチャージャが取りつけられている。
| These airplanes are equipped with a supercharger.

工場には，日本で最大のソーラー・システムの一つが取りつけられている。
| The factory is equipped with one of the largest solar heat systems in Japan.

○ ＿＿ is furnished with……

各個室にはエアコンが取りつけられている。
| Each stateroom is furnished with air-conditioning.

台所には大きな食器棚が取りつけられていた。
| The kitchen was furnished with a large cupboard.

○ ＿＿ is provided with……

コンベアには非常停止ボタンが取りつけられている。
| The conveyor is provided with an emergency stop button.

49.6 取りつけ（据えつけ）

○○に取りつけられた○○／○○を取りつけた○○

「……に取りつけられた___」には，___ installed in……, ___ mounted on……, ___ attached to……を用います。一方，「……を取りつけた___」は，___ fitted (equipped/furnished/provided) with……などを用いて表現できます。

● 「……に取りつけられた___」

○ ___ installed in (mounted on/attached to)……

既存の建物に取りつけられた設備
—— the equipment installed in an existing building

カメラに取りつけられたフラッシュ・ユニット
—— a flash unit mounted on the camera

ホイールに取りつけられた滑車とロープ
—— a pulley and rope attached to the wheel

自動車に取りつけられた安全ベルトを使用すると，事故死や傷害を50〜60パーセント減らすことができる。

> Use of the safety belts installed in automobiles can reduce fatalities and injuries by 50 to 60%.

● 「……を取りつけた___」

○ ___ fitted (equipped with/furnished with/provided) with……

ビデオ装置を取りつけた部屋 —— a room fitted with video equipment

ROMを取りつけたマイクロプロセッサ
—— microprocessors equipped with ROM

配線しやすいように，スペード・コネクタを取りつけたケーブル
—— the cable furnished with spade connectors for easy wiring

注 — a modem-equipped laptop（モデムを取りつけた〈搭載した〉ラップトップ機）というように，ハイフンを使う方法もあります。

50.1 取りはずし

取りはずし/取りはずし可能な○○

「取りはずし」という表現には removal, detachment, dismounting, disengagement などを用います。「取りはずし可能な___」という表現には detachable (removable)___ を用います。

● 「取りはずし」

○ **removal**

マザーボードからの ROM チップの取りはずし
—— the removal of the ROM chips from the motherboard
取りはずしを簡単にするために、それには差し込み式のケースがついている。
| It has plug-in cases for easy removal.

○ **detachment**

テーブルからの案内板の取りはずし
—— detachment of the guide plate from the table

○ **dismounting**

テープの自動取りはずし、および自動交換
—— automatic dismounting and replacing of the tape

○ **disengagement**

二つの部品の取りはずし—— disengagement of the two parts

● 「取りはずし可能な___」

○ **detachable ___**

ユニットには、プラグイン式の取りはずし可能なマイクがついている。
| The unit has a plug-in detachable-type microphone.

○ **removable ___**

クリーニングが容易なように、……には取りはずし可能なブラシが装備されている。
| For easier cleaning, a removable brush is installed on....

50.2 取りはずし

○○を(から)取りはずす

「＿＿を（……から）取りはずす」という表現には，remove(dismount/detach)＿＿(from……) を用います。removal という名詞を使って，the removal of＿＿として「＿＿を取りはずす」という表現にすることも可能です。その場合，removal of＿＿は主語にも目的語にも使えます。

● 「＿＿を（……から）取りはずす」

◦ remove ＿＿(from ……)

ヒューズはコイルに近すぎるので，容易に取りはずすことができない。
| The fuses cannot be easily removed because they are too near the coils.

ボルトをナットから取りはずしなさい。
| Remove the bolts from the nuts.

ブラシをそれらのホルダーから取りはずし，それから，……
| Remove the brushes from their holders, then….

ディスクは絶対にジャケットからは取りはずさないでください。
| The disk should never be removed from the jacket.

◦ dismount ＿＿(from ……)

電源を切った状態で……のカバーを取りはずすこと。
| With the power turned off, dismount the cover of the….

◦ detach ＿＿(from ……)

クリップを……から取りはずすときには，注意してください。
| Pay attention when you detach the clips from….

◦ removal of ＿＿

両方のカートリッジを取りはずすと，すべての家庭用電源を遮断する。
| Removal of both cartridges shuts off all household power.

これにより，カバーを取りはずさなければならなくなった。
| This required removal of the cover.

50-3 取りはずし

○○が(から)取りはずされている

「＿が（……から）取りはずされている」という「状態」を表わす表現には，＿ is removed (from……)，＿ is detached (from……)，＿ is dismounted (from……)，および＿ is dismantled (from……)などを用います。50-2項の「＿を取りはずす」も，この項の「＿が取りはずされている」も，英語ではともに受身形になることに注意してください。

● 「＿が（……から）取りはずされている」

○ ＿ is removed (from……)

完成後，工具を加工品から回収できるようにカッター部分は取りはずされている。

| The cutting head is removed so that the tool can be withdrawn from the workpiece after completion.

止まり木の一つが，鳥かごから取りはずされているので，

| Since one of the perches is removed from the cages,

○ ＿ is detached (from……)

計器箱は，機械本体から取りはずされている。

| The instrument package is detached from the machine proper.

このキーボードは，完全に取りはずされている。

| This keyboard has been completely detached.

○ ＿ is dismounted (from……)

テープはテープ・ドライブから取りはずされ，資料室で保管されている。

| Tapes are dismounted from tape drives and stored in libraries.

○ ＿ is dismantled (from……)

二つの大きな天窓は……するように取りはずされている。

| The two big skylights are dismantled so that ....

51.1 努力
(○○の/○○への) 努力/○○する努力

「努力」の名詞的な表現には effort や endeavor を用います。effort には目的を達成するために肉体的・精神的なエネルギーを使うという意味があり，endeavor には努力して何かを企てるという意味があります。両方とも複数で用いると，attempt や try と同義になります。「＿＿（へ）の努力」には＿＿ effort (endeavor)，effort of ＿＿，「＿＿する努力」には endeavor (effort) to ＿＿ (to-不定詞) を用います。effort on (for)＿＿とも書けます。

● 「＿＿（へ）の努力」

- ＿＿ **effort**
  肉体的（精神的）努力―― physical (mental) effort
  開発努力―――――――― development effort
  あらゆる努力―――――― every effort

- ＿＿ **endeavor**
  彼の誠実な努力のおかげで―― through his honest endeavor
  AとBの共同の努力―――――― a joint endeavor between A and B

- **effort of ＿＿**
  最近の問題は，科学者のチームの努力で解決された。
  | Current problems were solved by team efforts of scientists.

● 「＿＿する努力」

- **endeavor to ＿＿ (to-不定詞)**
  Aをさらに深く理解する努力
  ―― the endeavor to gain ever greater understanding of A

- **effort to ＿＿ (to-不定詞)**
  彼は……を克服する努力に身を投じた。
  | He threw himself into the effort to overcome....
  彼女の顔はそれを抑える努力で歪んだ。
  | Her face contorted with the effort to hold it back.

51-2 努力

○○するように努力する

「＿＿するように（するために）努力する」という表現には，make effort to ＿＿ (to-不定詞)，endeavor (strive) to ＿＿ (to-不定詞) などいろいろあります。

● 「＿＿するように（するために）努力する」
○ **make effort to ＿＿（to-不定詞）**

私どもは，ご注文の品を7日以内にお届けするように努力します。
| We make every effort to deliver orders within seven days.

地域社会では，リサイクル用の廃棄物を収集するために真剣な努力をしています。
| Communities have made serious efforts to collect waste materials for recycling.

近年，政府は観光産業を刺激して経済振興のためにおおいに努力してきた。
| In recent years the government has made great efforts to improve the economy by stimulating the tourist industry.

○ **endeavor to ＿＿（to-不定詞）**

人びとは，苦労して得た知恵と，より良い世界へのあこがれを子どもたちに伝えようと努力する。
| People endeavor to pass along to their children their hard-won wisdom and their aspirations for a better world.

○ **strive to ＿＿（to-不定詞）**

生物学者は，植物や動物に関する自然現象を理解しようと努力する。
| Biologists strive to understand the natural phenomena associated with plants and animals.

最近の歯科医は歯を保存し，義歯の使用を避けるように努力している。
| Dentistry today strives to preserve the teeth and avoid dentures.

Tea time

「○○が」の in——象は鼻が長い

「○○は△△がどうである」という日本語はよくあります。「○○はどうである」と考えれば，○○が主語になり，「△△がどうである」と考えれば，△△が主語になります。このようにひとつの文章に主語がふたつ以上ある文章を，一般的には「複主語構文」といいます。

この複主語構文を英訳する場合，もちろん「○○の△△はどうである」としてしまえば簡単に訳すことができますが，「○○は△△がどうである」という文章のニュアンスをそのまま訳そうとすると，主語が二つあるので，それほど簡単ではありません。そのようなとき，「△△が」という部分の「が」を in で表現すると，らくに訳すことができます。

これを「この機械は概念がユニークである」という文章で考えてみましょう。「この機械の概念はユニークである」でよければ，

| The concept of this machine is unique.

と書けるわけですから簡単です。しかし，ニュアンスはかならずしも正確には訳出されていません。そこで「概念が」を in concept と書くと，「この機械は」を主語にした

| The machine is unique in concept.

という日本文と同じニュアンスの英文を書くことができます。もしユニークである点が「概念」だけではなく，「デザイン」もであるならば，それを，そのあとに続けていけば，文章は完成します。

| The machine is unique in concept and design.

もしユニークである点が「概念」とか「デザイン」などのようにことばではなく，「＿＿が……することがユニークである」という場合には，unique の後ろに in that として「＿＿が……する」をつなげ，

| The machine is unique in that ＿＿……

と書くと，表現できます。この in の用法は非常に範囲の広いものです（拙著①④⑥および⑩を参照してください）。

Practical English:
Sentence Patterns and Concise Expressions

な行

52-1 名（名前/名称）

名前/名前をつける/○○という名の○○

「名」とか「名前」は，一般的には name です。技術関係の文書で「名称」というときには nomenclature ということもあります。「名前をつける」は name をそのまま動詞として使います。また，give a name とも書きます。したがって，「名前がつけられている」は be named または be given a name で，さらに「……という名の＿＿」は＿＿ named……です。

● 「名」「名前」「名称」──────────

○ name

　　「レーザー」という名前はこのことから来ています。
　　　| The name "laser" came from this.

○ nomenclature

　　この欄には部品の名称を記入してください。
　　　| Enter the nomenclature of the parts in this column.

● 「名前をつける」──────────

○ name

　　第一段階はそれに名前をつけることです。
　　　| The first step is to name it.

○ give a name

　　表から適切なプリンタを選び，そのプリンタに名前をつける。
　　　| Choose the appropriate printer and give it a name.

● 「名前がつけられている」──────────

○ be named

　　ヒューズは，……であることから，そのような名前がつけられている。
　　　| A fuse is so named because….

● 「……という名の＿＿」──────────

○ ＿＿ named……

　　欲望という名の電車── A Streetcar Named Desire

52-2 名(名前/名称)
○○の名で/○○の名にかけて/名前で

「___の名（名前）で（において/のもとに）」は by (in/under) the name of ___ と書きます。また，似たような表現で「___の名にかけて（誓って）」という表現がありますが，これは in the name of ___ と書きます。また，たんに「名前で呼ぶ」とか「名前で区別する」などの場合の「名前で」は by name で表現します。

● 「___の名（名前）で（において/のもとに）」
○ **by (in/under) the name of ___**

民主主義という名のもとに国民を堕落させる
　　—— to corrupt people in the name of democracy
かれは……を自分の父親の名前で（名義で）購入した。
　| He bought...in the name of his father.
この概念は PERT という名前で開発されてきた。
　| This concept has been developed under the name of PERT.
スライダーという名前でその製品を販売する
　　—— to sell the product by the name of "slider"

● 「___の名にかけて（誓って）」
○ **in the name of ___**

神の名にかけて—— in the name of God

● 「名前で」
○ **by name**

日本からの参加者を名前で識別する
　　—— to identify the participants from Japan by name
この部品は国によって異なった名前で呼ばれている。
　| This part is called by different names in different countries.
個々を名前で呼ぶ
　　—— to call individuals by name

53.1 内蔵

内蔵する/○○を内蔵している/○○は内蔵されている

「内蔵する」ということばは，英語では contain または house で表わします。したがって，「＿＿は……を内蔵している」は，＿＿ contain (house)……となり，「……は＿＿に内蔵されている」は，……is contained (housed) in ＿＿と書きます。また，built in ということばを使って……is built in ＿＿と書くこともできます。

● 「＿＿は……を内蔵している」

○ ＿＿ **contain** ……

　このカメラはセルフタイマを内蔵している。
　| This camera contains a self-timer.

　初期の Apple 社のコンピュータは Motorola 6800 を内蔵している。
　| Earlier models of Apple computers contain the Motorola 6800.

○ ＿＿ **house** ……

　入力部は感圧ダイアフラムを内蔵している。
　| The input section houses a pressure sensing diaphragm.

● 「……は＿＿に内蔵されている」

○ …… **is contained in** ＿＿

　二つの光源が一つの装置に内蔵されている。
　| Two light sources are contained in a single unit.

○ …… **is housed in** ＿＿

　ディスク・ドライブは本体のなかに内蔵されている。
　| A disk drive is housed in the main body.

○ …… **is built in** ＿＿

　ランプはスイッチのなかに内蔵されている。
　| A lamp is built in the switch.

　注―この場合には built と in の間にはハイフンはいれません。

53.2 内蔵

○○を内蔵している○○/内蔵された○○/○○に内蔵された○○

「......を内蔵している___」は, ___containing (housing)......, ___with built-in......などで表わしますが, たんに「内蔵された......」は, built-in (self-contained/housed)......, internally stored......などで表現します。さらに「___に内蔵された......」は, ...contained (housed) in ___, ...built-in ___などで書きます。

● 「......を内蔵している___」

○ ___ containing ......
　これらの部品を内蔵しているケース
　　　── a casing containing these parts

○ ___ housing ......
　マイクロスイッチを内蔵している安全装置
　　　── a safety device housing a microswitch

○ ___ with built-in ......
　ストレイン・ゲージを内蔵しているプローブ
　　　── a probe with built-in strain gauges

● 「内蔵された......」

○ built-in (self-contained/housed) ......
　内蔵された電極── built-in electrodes
　内蔵された光源── a self-contained light source

○ internally stored ......
　内蔵された水銀── internally stored mercury

● 「___に内蔵された......」

○ ...... contained (housed) in ___ / ...... built-in ___
　炊飯器に内蔵されたサーモスタット
　　　── a thermostat built-in a rice cooker

54-1 似ている

類似/類似点/○○と○○との類似点

「類似」「類似点」は，similarity, analogy, resemblance などで表現します。いずれも同じような意味をもっていることばですが，similarity がもっとも一般的です。「......との類似（類似点）」は similarity (analogy/resemblance) to (with)......で表現します。したがって，「___の......との類似点」は similarity (analogy/resemblance) of ___ to (with)......のようになります。「___と......との類似点」は，similarity (analogy/resemblance) between ___ and......で表現します。

● 「......との類似点」
- similarity (to ......)
  - 外観の類似点——— similarity in external appearance
  - スキャナとの類似点—— similarity to a scanner
- analogy (to ......)
  - 各建物の間の類似点—— analogies between buildings
- resemblance (to ......)
  - 車とのきわだった類似点—— a striking resemblance to cars

● 「___の......との類似点」
- similarity (analogy/resemblance) of ___ to (with) ......
  - このデバイスと半導体との類似点
    —— similarities of this device to semiconductors
  - ポリエチレンのポリプロピレンとの類似点
    —— resemblance of polyethylene to polypropylene

● 「___と......との類似点」
- similarity (analogy/resemblance) between ___ and ......
  - ヒューズとブレーカとの類似点
    —— analogies between fuses and circuit breakers

54.2 似ている

似ている/○○と似ている

「似ている」は resemble という動詞か，similar to, analogous to, akin to などの形容詞を使って表現します。「＿＿は……と似ている」ならば，＿＿ resemble……, ＿＿ is similar (analogous/akin) to……, ＿＿ have similarity to……, ＿＿ look (is) like……などで表現します。

● 「＿＿は……と似ている」

○ ＿＿ **resemble**……

この点では，パソコンはワープロに似ている。

> In this respect, a personal computer resembles a word processor.

注―resemble という動詞の場合には前置詞 to はとりません。

○ ＿＿ **is similar to**……

図 3-2 は図 3-5 と似ている。

> Figure 3-2 is similar to Fig. 3-5.

注―「図」を表わす Figure ということばを Fig. と省略することがありますが，文中では Fig. と書いても，文頭では Figure とつづるのがふつうです。また，「図 1 および図 2」は，Figs. 1 and 2 と書くほうがふつうです。

○ ＿＿ **is analogous to**……

この検索方法はファイル名の検索に似ている。

> This scanning method is analogous to scanning a file name.

○ ＿＿ **is akin to**……

この手法は，渋滞している道路の通行を緩和するために新しい道路を作るのに似ている。

> This approach is akin to building a new road to relieve traffic on a congested road.

54-3 似ている

○○が似ている/○○が○○する点が似ている

これは,「＿＿は……とは＿＿という点が似ている」という場合の表現で，前の項の表現に in ＿＿ を加えるだけで書き表わせます。すなわち，＿＿ resemble……in ＿＿，＿＿ is similar (analogous/akin) to……in ＿＿，＿＿ have similarity to……in ＿＿，＿＿ look (is) like……in ＿＿ です。さらに複雑になって「＿＿は……とは＿＿が＿＿するという点が似ている」という場合には，in ＿＿ のかわりに in that ＿＿ を加えるだけで表現できます。

● 「＿＿は……とは＿＿という点が似ている」

○ ＿＿ resemble……in ＿＿

テレビは，パソコンのディスプレイとは外観が似ている。

> A television resembles the display of a personal computer in external appearance.

○ ＿＿ is similar to……in ＿＿

サラダ・ドレッシングは，マヨネーズとは成分が似ている。

> Salad dressings are similar to mayonnaise in composition.

注—to……と in ＿＿ の順序を変えて，つぎのように書くこともできます。

> Salad dressings are similar in composition to mayonnaise.

● 「＿＿は……とは＿＿が＿＿するという点が似ている」

○ ＿＿ is similar to……in that ＿＿

このシステムは，ワープロとはユーザーが，直接，ラベルに打ち込めるという点が似ている。

> This system is similar to a word processor in that users can directly type on labels.

注 — that 以下の文章は本文中の主語に関するものであるというルールがありますので,「ラベルに打ちこめる」ものは This system です。

54-4 似ている

○○を除けば似ている/○○が○○するのを除けば似ている

「似ている」という表現の場合,「＿＿の点を除けば似ている」とか「＿＿が＿＿するのを除けば似ている」というシチュエーションが意外と多くあります。「＿＿は……と似ている」は54-2項および54-3項とまったく同じです。「＿＿の点を除けば」は except for ＿＿ を,「＿＿が＿＿する点を除けば」は except that ＿＿ を,それぞれ「＿＿は……と似ている」の表現の後につけるだけで表わすことができます。さらに「〜が似ている」という情報を加えると,「＿＿は,……とは＿＿の点を除けば 〜 が似ている」とか「＿＿は,……とは＿＿が＿＿する点を除けば 〜 が似ている」などという表現も組み立てることができます。「〜が」は in 〜 で書きます。in 〜 の位置は54-3項で述べたとおりです。

● 「＿＿は,……とは＿＿の点を除けば似ている」

○ ＿＿ is similar to ……, except for ＿＿

このレジンは,耐熱性を除けばポリエチレンと似ている。

> This resin is similar to polyethylene, except for heat resistance.

○ ＿＿ look like ……, except for ＿＿

私の車は,彼の車とは色を除けば似ている。

> My car looks like his car, except for color.

● 「＿＿は,……とは＿＿が＿＿するという点を除けば似ている」

○ ＿＿ is similar to ……, except that ＿＿

ヒューズは,とんでしまうと二度と使えないという点を除けば,ブレーカと似ている。

> A fuse is similar to a circuit breaker, except that it is not reused once it blows.

54-5 似ている
似た○○／○○と似た○○／似たように（同様に）

「似た（似たような）＿＿」は similar (analogous) ＿＿などで表現します。「......と似た＿＿」は＿＿ similar (analogous) to......，＿＿ resembling ......などで表わします。また，前の文章を受けてつぎの文章の最初に書く「似たように（同様に）」という表現は Similarly，Likewise などで書きますが，これについては 5-7 項を参照してください。

● 「似た（似たような）＿＿」

○ similar ＿＿
　　同じ，または似た種類のほかのビールス
　　　　——other viruses of the same or similar types
　　似たようなシステムが，いま，秋田で作られている。
　　　　A similar system is now under construction in Akita.

○ analogous ＿＿
　　動きの変化を類似の電気信号に変換する
　　　　——to transform a change in movement into an analogous electric signal

● 「......と似た＿＿」

○ ＿＿ similar to......
　　カセット・レコーダのレコーディング・ヘッドに似たヘッド
　　　　——heads similar to the recording heads in a cassette recorder

○ ＿＿ resembling......
　　装甲車に似た車——a car resembling an armored car

○ ＿＿ analogous to......
　　電気回路の中の抵抗に似た磁気回路
　　　　——a magnetic circuit analogous to resistance in an electric circuit

55.1 任意

任意の〇〇／〇〇は任意である

「任意の」は，英語では random, arbitrary, any, discrete, optional, free などで表現します。「＿＿は任意である」は，＿＿ is optional で，「＿＿は任意に……できる」は，＿＿ is free to……（to- 不定詞）です。

● 「任意の＿＿」
　任意の方法――― a random manner, a random fashion
　任意の力――― random forces
　任意の動き――― random motion
　任意の 2 字――― two arbitrary characters
　任意の解釈――― an arbitrary interpretation
　任意の温度で――― at any selected temperature
　任意の点に――― at any selected point
　任意の大きさ――― optional size
　この温度では，その物質内の自由電子はつねに任意の動きをしている。
　| The free electrons in the material are in continuous random motion at this temperature.
　それは 5 色の中の任意の色で印刷できる。
　| It can be printed in any of five colors.
　チューナは一般に 12 の任意のポジションをもっている。
　| The tuner generally has 12 discrete positions.

● 「＿＿は任意である（任意に……できる）」
○ ＿＿ **is optional**
　寄付は任意です。――― Contributions are optional.

● 「＿＿は任意に……できる」
○ ＿＿ **is free to**……
　製造業者は，任意にその製品の成分を調整することができる。
　| The producer is free to adjust the ingredients of the product.

55.2 任意

任意に

「任意に」は副詞で，randomly, arbitrarily, at random, at will, at one's option, at the discretion of, at one's discretion, have the option of, voluntarily などで表現します。「任意に」とは「自由意志で」「思うがままに」ということであり，そのほかにも at one's pleasure, as one pleases などいろいろな表わし方があります。

● 「任意に」

すべての解から任意に選ばれた最高の解
—— the best solution selected arbitrarily from all solutions
任意に選定した入力速度で——at an arbitrarily chosen input speed
温度を任意に調節する————to regulate the temperature at will
任意に行動する————to act at one's option (at one's discretion)
任意に任せる————to leave (a matter) to one's option
原子核は高速で任意に動いている。
| Nuclei are moving randomly at very high speed.
マイクロプロセッサはメモリ内の情報に任意に接することができる。
| A microprocessor can get at information in memory randomly.
それは任意に，しかし，前もって決めた速度で変わる。
| It changes at random but predetermined rates.
行くのもここにとどまるのも任意です。
| You may go or stay here at will.
この装置はエンジニアが任意に使用してよい。
| This device may be used at the discretion of the engineer.
契約者はそれを第三者から任意に買うことができる。
| The contractor has the option of purchasing it from someone else.

56.1 熱

熱/熱を発生する/熱を失う/熱を奪う/熱を伝達する

「熱」には技術分野で使う「熱」と,「体温」を表わす身体の「熱」の二つがあります。前者は heat で表わし,後者は fever で表わします。「熱が高い」は a high fever,「熱が低い」は a low fever です。この項では,技術分野で使う「熱」に関する表現のうち,代表的なものを取りあげます。

● 「熱を発生する」
○ generate (develop/produce) heat

……はほとんど熱を発生しない。

| …generate (develop, produce) little heat.

● 「熱を奪う (取り去る/除去する)」
○ remove heat

ジャケットは熱を取り去るために装着されている。

| Jackets are provided to remove heat.

● 「熱を伝達する」
○ transfer (conduct) heat

熱い板から冷えた水に熱を伝達する

—— to transfer heat from the hot plate to the cool water

● 「熱を放射する」
○ radiate heat

この材質は熱を放射するのではなく,反射する。

| This material will reflect rather than radiate heat.

解説 —上にあげた四つの表現はいずれも「熱」を目的語としていますが,「熱」を主語にして「熱が発生する」「熱が除去される」「熱が伝達する」「熱が放射される」の場合には,それぞれ heat を主語にして,Heat generates (develops/is produced),Heat is removed,Heat is transferred,Heat is radiated などで表現します。

56-2 熱

熱処理/熱交換/熱発生/熱伝達/熱膨張/熱変形など

この項では「熱」に関する技術用語を説明します。技術用語そのものについてはほとんど技術用語辞典に掲載されていますので，ここではできるかぎりその用語の周辺の表現をふくんでいる例文をあげるようにします。

● 「熱処理」

○ **heat treatment**

鋼の熱処理—— heat treatment of steel

熱処理の後—— after heat treatment

注—「熱処理する」は，本来は treat by heat であったと考えられますが，いまではheat-treatとして動詞で使います。「熱処理できる」はheat-treatableであり，「熱処理した____」は heat-treated ____ です。

● 「熱交換」

○ **heat-exchange**

熱交換特性—— heat-exchange characteristics

注—熱交換器は heat exchanger です。

● 「熱発生」

○ **heat generation**

熱発生とエネルギー消費
　　—— heat generation and energy consumption

注—「熱発生の____」は heat-generating ____ で表わします。

● 「熱伝達」

○ **heat transfer (transmission)**

対流による熱伝達—— heat transfer by convection

● 「熱膨張」

○ **thermal expansion**

小さい熱膨張—— low thermal expansion

注—「熱膨張した____」は，thermally expanded ____ です。

57.1 年代

○○年代

「＿＿年代」は the ＿＿s,「＿＿年代に」は in the ＿＿s, また,「＿＿年代の……」は……of the ＿＿s と書きます。for, since, until, during, within, throughout などを補うと, さまざまな表現ができます。

● 「＿＿年代」

○ **in the ＿＿s**

　1980 年代および 1990 年代に—— in the 1980s and 1990s,

○ **……of the ＿＿s**

　1950 年代の 10 年間で—— in the decade of the 1950s,

　1930 年代のカメラ—— cameras of the 1930s

○ **……for the ＿＿s**

　1920 年代の日本の戦略—— Japan's strategy for the 1920s

○ **since the ＿＿s**

　……への関心は 1960 年代以来, 急速に高まってきた。

　| Interest in...has grown rapidly since the 1960s.

○ **until the ＿＿s**

　1980 年代までは———— until the 1980s

　1970 年代になって初めて—— it was not until the 1970s

○ **during the ＿＿s**

　1920 年代に行なわれた研究の結果, ……が証明された。

　| Results of work done during the 1920s proved that....

○ **within the ＿＿s**

　これらの病院のいくつかは 1990 年代のうちに廃院となると予想される。

　| Some of these hospitals are expected to close within the 1990s.

○ **throughout the ＿＿s**

　1960 年代全般をとおして—— throughout the 1960s

57-2 年代

○○年代の初期(中期/後期)/前半(後半)/初め(終わり)

「＿＿年代の初期（中期/後期）」は，the early ＿＿s, the mid-＿＿s, the late ＿＿s で書きます。また，「＿＿年代の前半（後半）」は the first half of the＿＿s, the second (latter) half of the ＿＿s で，「＿＿年代の初め（終わり）」は the beginning (starting, start) of the ＿＿s, the end of the ＿＿s で表わします。

●「＿＿年代の初期（中期/後期）」

○ **the early ＿＿ s**

1960年初期にアメリカの科学者が……であることを示した。
| In the early 1960s the American scientist showed that....

○ **the mid-＿＿ s**

1990年代中期に―― in the mid-1990s
1960年の中期までには……は進歩したけれども，
| Although by the mid-1960s progress had been made in....

○ **the late ＿＿ s**

カラー・カメラは1970年代後期に出現した。
| Color cameras appeared in the late 1970s.

●「＿＿年代の前半（後半）」

○ **the first half of the ＿＿ s**

1970年代の前半に―― in the first half of the 1970s

○ **the second (latter) halh of the ＿＿ s**

90年代後半までに―― by the latter half of the '90s

●「＿＿年代の初め（終わり）」

○ **the beginning (starting/start) of the ＿＿ s**

1980年代の初め以来―― since the beginning of the 1980s

○ **the end of the ＿＿ s**

50年代の終わりに―― at the end of the '50s

57-3 年代
○○時代

「___時代」という意味の「時代」の表現には，age，era，epoch，days，generation，period，time などを用います。このうち，epoch には時代の「幕開け」という意味があります。

● 「___時代」────────────────

○ **age**
現代を称して情報時代とはよくいうことだ。
| It is common to speak of the present as the information age.

○ **era**
抗生物質の時代が始まった。
| The antibiotic era had begun.

○ **epoch**
彼は化学に新時代を開いた。
| He opened a new epoch in chemistry.

○ **days**
錬金術師の時代には── in the days of the alchemist,

○ **generation**
マイケル・ファラデーの発見が電気の時代の原理を確立した。
| Michael Faraday's discoveries established the principles of electrical generation.

○ **period**
同時代に，彼はほぼ同一の周期表を考えだした。
| During the same period, he developed a nearly identical periodic table.

○ **time**
そのアイデアは古代ギリシアの時代以来，受け入れられていた。
| The idea had been accepted since the time of ancient Greece.

58.1 能力(できる)

能力/○○の能力/○○する能力

「能力」はふつう ability, capability, capacity などで表わします。ability はものごとをなしえる能力または努力によって習得できる能力を，capability はもとから備わっている，ものごとをなしとげる能力を，capacity はものごとを受け入れる能力を表わします。そのほか competence, power, faculty などがあります。「＿＿の能力」は ability (capability/capacity) of ＿＿で，「......する能力」は ability (capability/capacity) to......（to- 不定詞）で表わします。

● 「能力」「＿＿の能力」
○ ability (capability/capacity/competence/power) (of ＿＿)

彼はプロジェクト・マネージメントには興味も能力もほとんどない。
| He has little interest or ability in project management.

ここに，あなたの能力を高めるプランがあります。
| Here is a plan for expanding your capability.

その製紙工場には，生産能力日産50トンの新聞用紙用機械が2基あった。
| The mill had two newsprint paper machines with a production capacity of 50 tons/day.

若い管理職たちは偉大な能力を誇示した。
| Young managers have demonstrated significant competence.

彼は有能な人だ。
| He is a man of fine power.

● 「......する能力」
○ ability (capability/capacity) to...... (to- 不定詞)

彼は自分の知識を生徒に伝える能力をもっている。
| He has the ability to transmit his knowledge to his class.

周囲に存在する化学物質を検出する能力
―― an ability to detect chemicals in the environment.

58-2 能力(できる)

○○の○○する能力

前項の「＿＿の能力」と「……する能力」がいっしょになった「＿＿の……する能力」(「……する＿＿の能力」)という表現もあります。対応する英語の表現は ability (capability/capacity) of ＿＿ to ……（to- 不定詞）です。of ＿＿の部分が ＿＿'s とか my，our，your，his，their，its などの形をとって ability (capability/capacity) の前につくこともよくあります。

●「＿＿の……する能力」①
○ **ability (capability/capacity) of ＿＿ to ……（to- 不定詞）**
　自動車の，速度を落としたり，停止したりする能力
　　| the ability of a car to slow down or stop
　壁の，振動に耐える能力——the ability of a wall to resist vibration
　注—日本語では「壁の耐振性」といったほうがわかりやすいかもしれません。
　ポンプの，圧力に耐える能力
　　——the capability of the pump to withstand pressure
　土地の，森林を創りだす能力
　　——the capacity of land to produce forests

●「＿＿の……する能力」②
○ **＿＿'s ability (capability/capacity) to ……（to- 不定詞）**
　読者の，それを理解する能力
　　——the reader's ability to comprehend them
　人間の，交信できる能力——man's ability to communicate
　注—この表現は「人間」の場合のみではなく，「もの」の場合にも使えます。
　プリンタの，カラー・ハード・コピーを作り出す能力
　　——the printer's ability to produce color hard copies
　それの，電子メッセージを高速で伝える能力
　　——its capability to deliver electronic messages with great speed

58.3 能力（できる）

○○の能力がある／○○する能力がある

「＿＿は……の能力がある」は＿＿ have……capability です。「どのくらいの能力がある」というように数量語句をともなうときは、＿＿ have a capacity of X□で表現します。X は数値、□は単位です。また、「＿＿は……できる」と書き換えて＿＿ is capable of……ing とも書けますが、これについては 58-6 項で述べます。「＿＿は……する能力がある」は＿＿ have the ability to……（to- 不定詞）、＿＿ have capability of……ing などで表現します。

● 「＿＿は……の能力がある」

○ ＿＿ have……capability

ワード・プロセッサのなかには特殊な能力があるものがある。
| Some word processors have special capabilities.

解説 ―「＿＿のなかには……するもの（……であるもの）がある」という日本語は some ＿＿s を主語にして書くと、英語らしい表現になります。

● 「＿＿はどのくらい（X□）の能力がある」

○ ＿＿ have a capacity of X□

ふつうの炉は1回の操業で 200 トンから 300 トンの能力がある。
| Typical furnaces have a capacity of 200-300 tons per heat.

● 「＿＿は……する能力がある」

○ ＿＿ have the ability to……（to- 不定詞）

患者にはそれをする能力がある。
| The patient has the ability to do it.
彼は大きなプロジェクトの全体を見る能力がある。
| He has the ability to see the full scope of large projects.

○ ＿＿ have the capability of……ing

これには小さな温度差を検出できる能力がある。
| This has the capability of detecting a small temperature difference.

58-4 能力(できる)
能力のある/○○する能力のある○○

「能力のある___」は capable という形容詞を使って capable ___ と書きます。「......する能力のある___」は，___ with (having) the ability (capability/capacity) of (for)......ing や，___ with (having) the ability (capability/capacity) to......(to-不定詞)などで表現します。

● 「能力のある___」

○ **capable ___**
　　能力のある通訳─── a capable interpreter
　　能力のある弁護士─── a capable lawyer

● 「......する能力のある___」

○ **___ with (having) the ability (capability/capacity) of (for)......ing**
　　大会社のニーズに応える能力のあるコンピュータ
　　　　── the computer with the capability of serving the needs of major companies
　　負荷電流を切る能力のあるスイッチ
　　　　── switches having the capability of interrupting the load current

○ **___ with (having) the ability (capability/capacity) to......(to-不定詞)**
　　自転車よりも速く走る能力のある人間
　　　　── a man with the ability to run faster than a bicycle
　　大量の脳脊髄液を処理する能力のある患者
　　　　── patients having the capacity to cope with an overwhelming load of CSF

解説─「○○する能力のある」は，「できる」と表現できるものも多くあります。
解説─「___の能力以上に」(beyond ___ ability)(beyond the ability of ___)，「___の能力によって」(by ability of ___)(by capability of ___)，「全能力で(全力で)」(at full capacity) も覚えておくと，便利です。

58-5 能力(できる)

できる(助動詞による表現)

「能力」を表わす日本語に「できる」というのがあります。ふつうは can または be able to で表わします。can は物理的に可能なことで、一般的に「できる」の意味で用い、とくに be able to は積極的にものごとを行なう能力を表わします。また、学校英語では習わなかったことですが、技術文では will が「能力」を表わす助動詞としてよく使われます。

● 「できる」

○ **can**

テニス（をすること）ができる —— can play tennis

この情報はほかの目的にも再利用できる。

| This information can be reused for other purposes.

○ **be able to**（can と同じ用法）

われわれは自動車を運転できる。

| We are able to drive a car.

われわれの身体は、蛋白質を加水分解することができる。

| Our bodies are able to hydrolyze protein.

○ **be able to**（助動詞と組み合わせた用法）

一度情報を入手すれば、（以後）それを加工することができる。

| Once we have this information, we will be able to devise it.

評価者は、会社に資金があるかないかを決めることができるはずである。

| Evaluators must be able to determine whether or not the company has the funds.

○ **will**

この種の材料は、2500 ボルトまで耐えることができる。

| This type of material will withstand 2,500 volts.

アース線はユーザーを感電から保護することができる。

| The grounding wire will protect the user from shock.

58-6 能力(できる)

○○は○○できる/○○できる○○/○○が○○できる

この項では，前項 58-5 とは別の「できる」の表現を説明します。「＿＿は……できる」という場合，＿＿ is capable of……ing, it is possible for ＿＿ to……（to-不定詞）などで表現します。したがって，「……できる＿＿」ならば，＿＿ capable of……ing となります。また，ちょっとむずかしい英語になりますが，……allow (permit) ＿＿ to……（to-不定詞）という表現を使うと，「……により＿＿は……できる」ということを表現できます。

● 「＿＿は……できる」
○ ＿＿ is capable of……ing

2400 ボーのモデムは，1 秒間に 2400 回状態を変えることができる。
> A 2400-baud modem is capable of changing states 2400 times per second.

○ it is possible for ＿＿ to……（to-不定詞）

彼は，その会議に参加することができる。
> It is possible for him to participate in the convention.

● 「……できる＿＿」
○ ＿＿ capable of……ing

熱エネルギーを直接，電気エネルギーに変換できる装置
> —— devices capable of converting heat energy directly into electrical energy

● 「……により＿＿は……できる」
○ ……allow (permit) ＿＿ to……（to-不定詞）

特殊文字により，あなたはコマンドを入力することができます。
> A special character allows you to enter commands.

セルフタイマーにより，撮影者は自分自身，写真の中にはいることができる。
> The self-timer permits the photographer to get into the picture himself.

Tea time

翻訳のテクニック——ことばではなく，意味を置き換える

「翻訳とはことばの置き換えではなく，意味の置き換えである」とよくいわれています。プロの翻訳者は，ふつう，つぎの三つのステップを踏んで意味の置き換えをしています（英和翻訳を例にお話します）。

- 第1ステップ——元の英文を読んで内容を頭のなかに入れる。
- 第2ステップ——頭のなかに入れたその内容を日本語で書き表わす。
- 第3ステップ——頭のなかに入れた元の英文と書き表わした日本文とを比較して，まちがいや過不足部分を修正する。

これを一センテンスごとにではなく，一パラグラフごとに行なうことができれば，翻訳はもっとよくなるでしょうし，さらにページごとに，章ごとに，編ごとに，究極的には文書全体でできれば，もっと完全な翻訳ができることになります。しかし，大型コンピュータなみの記憶量と，プロ翻訳者としての翻訳技術の両方を持ち合わせていないかぎり不可能なことです。そこで現実的には一センテンスごとか，せいぜい隣接する数センテンスごとになります。

初心者や中級程度の翻訳者で，このようなことができない翻訳者は，つぎのステップを踏むと，よい翻訳ができるようになります。

- 第1ステップ——直訳でもいいから，とにかく和訳を1回行なう。
- 第2ステップ——自然な日本語になるまで，意味が変わらない範囲で何回でも書き直し，元の英語の臭いを消していく（これで英和翻訳は終わります）。
- 第3ステップ——元の英語と最終的にたどり着いた日本語を対比し，英語と日本語との「非対応性」をマスターする。

この「非対応性のマスター」が和英翻訳の際に大きな助けになります。すなわち，英和翻訳の際に習得した「非対応性」を，和英翻訳の際には逆に応用することにより，意味を置き換えた自然の英語に到達することができるわけです（拙著①および⑩を参照してください）。

Practical English:
Sentence Patterns and Concise Expressions

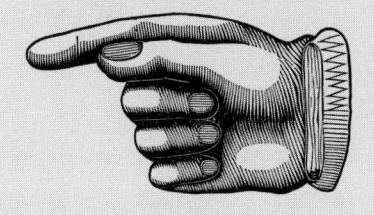

は行

59.1 範囲

○○の範囲/○○から○○の範囲におよぶ/広範囲の○○

「範囲」に相当することばには range, scope, extent, region, domain, purview などいろいろありますが,「＿＿の範囲」は the range (scope/extent/region/domain/purview) of ＿＿ と書きます。そのなかでも region および domain は「領域」という感じをもつことばです。また, range の場合には ＿＿ range とすることもあります。「＿＿は A から B の範囲におよぶ」は, 英語では ＿＿ range from A to B. と書きます。A と B は「小学生から大学生まで」とか「～することから～することまで」というように, ふつうの名詞や動作や行為である場合と,「2 cm から 5 cm まで」というように, 数値である場合がありますが, この項では前者について述べ, 後者についてはつぎの 59-2 項で取りあげます。

●「＿＿の範囲」
○ **the range (scope/extent/region/domain/purview) of ＿＿**
　焦点距離の範囲——the range of focal length
　この見積書の範囲—the scope of this estimate
○ **＿＿ range**
　価格の範囲——the price range

●「＿＿は A から B の範囲におよぶ」
○ **＿＿ range from A to B.**
　ポリエチレンの用途はフィルム製品から油の貯蔵タンクの範囲におよぶ。
　　Applications of PE range from film products to oil-storage tanks.
　手順は A を冷やすことから B を制御することまでにおよんでいる。
　　Procedures range from cooling A to controlling B.
　注—上例は「普通の名詞」, 下例は「動作/行為」の場合です。

解説—「広範囲の＿＿」という場合は, a wide range of ＿＿ または a wide ＿＿ range などで表わします。

59-2 範囲

○○から○○の範囲におよぶ

　この項では「＿＿はAからBまでの範囲におよぶ（わたる）」という場合の表現で，AおよびBが数値，たとえば，「2 cmから5 cmまで」というような場合について述べます。英語では＿＿ range from A to B □. と書きます。□は単位記号を表わしています。この場合，主語（＿＿で表示）に「棒」「機械」「電池」などのように「名詞」（＿＿で表示）をとるか，棒の「長さ」，機械の「重さ」，電池の「電圧」などのように「物理量」（……で表示）をとるかによって文章構造が違ってきます。前者の場合は「棒は長さが」「機械は重さが」「電池は電圧が」などと発想し，「棒」「機械」「電池」などを主語にして＿＿ range from A to B □ in……, または＿＿ range in……from A to B □. と書き，後者の場合には「棒の長さは」「機械の重さは」「電池の電圧は」などと発想し，これらを主語にして……of ＿＿ range from A to B □. と書きます。

● 「＿＿は……がAからBまでの範囲におよぶ（わたる）」

○ **＿＿ range from A to B □ in……**

　棒は長さが2 cmから5 cmまでの範囲におよぶ。

　| The bars range from 2 to 5 cm in length.

　注―始まりの数値，この場合，2 cmには単位はつけないのがふつうです。

○ **＿＿ range in…… fromA to B □.**

　注 ― in……を前にだした表現方法が下記です。対比しやすいように同じ日本文を訳してみます。

　棒は長さが2 cmから5 cmまでの範囲におよぶ。

　| The bars range in length from 2 to 5 cm.

● 「＿＿の……はAからBまでの範囲におよぶ（わたる）」

○ **……of ＿＿ range from A to B □.**

　棒の長さは2 cmから5 cmまでの範囲におよぶ。

　| The lengths of the bars range from 2 to 5 cm.

59.3 範囲

○○から○○の範囲におよぶ○○

　これは「AからBまでの範囲におよぶ____」のように，範囲を表わす語句が____を修飾している場合の表現です．英語では____ ranging from A to Bと書きます．ranging を which range と分解すると，理解できると思います．この場合も，____に「名詞」（____で表示）をとるか，「名詞＋物理量」（……of ____で表示）をとるかによって文章構造が違ってきます．前者の場合には「……がAからBまでの範囲におよぶ____」と発想し，____ ranging from A to B □ in……，または____ ranging in…… from A to B □と書き，後者の場合には「AからBまでの範囲におよぶ____の……」と発想し，……of ____ ranging from A to B □と書きます．わかりやすいように，前の項で使った例をそのまま使って説明します．

● 「……がAからBまでの範囲におよぶ（わたる）____」

○ ____ **ranging from A to B □ in** ……

　　長さが2cmから5cmまでの範囲におよぶ棒
　　　　—— the bars ranging from 2 to 5 cm in length

注 —数値の範囲を表わす場合，日本語では「〜」を使って「2〜5cm」と書くことがありますが，英語ではこのような意味に波印を使うことは絶対にありません．to かハイフン（-）を使って "2 to 5 cm" または "2 - 5 cm" と書きます．

○ ____ **ranging in** …… **from A to B □**

注 —in……を前にだした表現方法が下記です．同じ日本文を訳してみます．
　　長さが2cmから5cmまでの範囲におよぶ棒
　　　　—— the bars ranging in length from 2 to 5 cm

● 「____の……はAからBまでの範囲におよぶ（わたる）」

○ …… **of** ____ **ranging from A to B □**

　　2cmから5cmまでの範囲におよぶ棒の長さ
　　　　—— the lengths of the bars ranging from 2 to 5 cm

59-4 範囲

○○から○○の範囲で(において)

これは「AからBまでの範囲で(において)……である」とか「……する」という場合の表現で,大きくわけて,つぎの二つの書き方があります。
① in the range of A to B
② in the A-to-B range

①はふつうの書き方で,前の項(59-2および59-3)では,from A to Bとfromを使いましたが,この項の場合にはofを使います。たまにin the range from A to Bと書くこともあります。②はやや直截的で,乱暴のようにも思えますが,「3 cm間隔に」という場合,at intervals of 3 cmと書くかわりにat 3 cm intervalsと書くのと似ていて,よく使う書き方です。

● 「AからBの範囲で(において)」

○ in the range of A to B

　25℃から125℃まで範囲において────in the range of 25 to 125℃
　2 cmから5 cmまでの範囲において────in the range of 2 to 5 cm

解説──「1500 rpmから3000 rpmの速度範囲において」というように,「速度」ということばを入れたいときは,in the speed range of 1500 to 3000 rpmと書きます。range fromを使った例を一つあげます。しかし,これをまねる必要はありません。

　1馬力から100馬力までの範囲において
　　────in the range from 1 to 100 hp

解説──実例のなかで,まれにin the range of from A to Bという表現をみることもありますが,これは,むしろまねしないほうがいいでしょう。

○ in the A-to-B range

　40ボルトから60ボルトの範囲において──in the 40-to-60 volt range
　10%から30%までの範囲において────in the 10-to-30 % range

参考──前置詞inのかわりにwithinを使ってwithin the range of A to Bと表現することもできます。

60.1 場合

場合/どのような場合/○○の場合

「場合」はふつう case で表わします。instance, event, occasion などを使うこともあります。たとえば、「すべての場合」などというときは前置詞 in を使い、in all cases と書きます。また、「＿＿の場合」といって＿＿に名詞がはいるときは in (the) case of ＿＿，in the event of ＿＿ などと書きます。しかし、case ということばをあまり乱用してはいけません。ふつうの前置詞 for, in, on, with などを使うと、簡潔に表現できます。

● 「どのような場合」

代表的なものをいくつかあげてみます。単数・複数に注意してみてください。

　　すべての場合——in all cases 　　ほとんどの場合——in most cases
　　多くの場合——in many cases 　　あの場合——in that case
　　ある場合——in some cases 　　この場合——in this case
　　これらの場合——in these cases 　　いずれの場合——in either case
　　このような場合——in such cases, in such a case

● 「＿＿の場合」（case/event などを使用したとき）

○ **in case of ＿＿** （case の前に the がないと、if に近い意味になる）
　　停電の場合——in case of power failure
○ **in the case of ＿＿** （when に近い意味になる）
　　ファックスの場合——in the case of fax
○ **in the event of ＿＿** （if に近い意味になる）
　　故障の場合——in the event of a failure

● 「＿＿の場合」（ふつうの前置詞を使用したとき）

○ **for (in/on/with など)**
　　乗用車の場合——————————————for passenger cars
　　フォーカルプレーン・シャッターの場合——in focal-plane shutters
　　35ミリ・カメラの場合——————————on a-35-mm camera
　　50ミリ・レンズの場合——————————with a-50-mm lens

60-2 場合

○○が○○する場合

「＿＿が……する（である）場合」の表現です。ふつうには when ＿＿＿……, if＿＿＿……などで書き表わします。厳密には，前者は「時」を，後者は「場合」を表わす表現ですので，前者は「＿＿が……する（である）とき」で，後者が「＿＿が……する（である）場合」となるわけですが，明らかに「時」を表わしている場合を除き，when ＿＿＿……も「場合」の表現の中にいれています。それ以外にも where ＿＿＿……, in cases (applications) where ＿＿＿……, in the event that ＿＿＿……などもあります。

● 「＿＿が……する（である）場合」

○ **when ＿＿＿……**

　　窓をあける場合には── when you open the windows
　注──上の例文は「場合」よりも「とき」の意味が強いものです。
　　水の流れが一方向だけの場合
　　　　── when water flow is in only one direction
　注──上の例文は when を使ってはいますが，ほとんど「場合」の意味です。

○ **if ＿＿＿……**

　　もしあなたのコンピュータがクロックを内蔵している場合には
　　　　── if your computer has an internal clock
解説──上記の三例はいずれも不確かなことを仮定している「場合」の表現です。

○ **where ＿＿＿……**

　　室温が 32℃ を超える場合は
　　　　── where room temperature exceeds 32℃
　注──これは「場」というかシチュエーションを表わしている表現です。

○ **in cases (applications) where ＿＿＿……**

　　多量の図面を転送する場合は
　　　　── in cases where many drawings are transferred
　注──これはそのようなアプリケーションを表わしています。

60.3 場合

万一○○が○○する場合/いかなる場合にも○○してはならない

「万一，＿＿が……する（である）場合」は，If ＿＿ should…… で表わします。If をとり，主語である＿＿と should を倒置させて，should ＿＿…… で表わすこともでき，実例からみると，この書き方のほうが多いようです。また，「いかなる場合にも＿＿は……しては（であっては）ならない」は，われわれ日本人は，まず In any case と書き，その後に「……してはならない」という否定文をつなげてしまいがちですが，英語では，まず In no case として「場合」を否定し，その後に「……しなければならない」という肯定文をつなげて書きます。

● 「万一，＿＿が……する場合」
- if ＿＿ should……

    何か質問がある場合には── if you should have any questions
- should ＿＿……

    何か質問がある場合には── should you have any questions
- if ＿＿ should……

    万一，ヒューズがとんだ場合には── if a fuse should blow
- should ＿＿……

    万一，ヒューズがとんだ場合には── should a fuse blow

    注─この場合，should a fuse blows としないように注意してください。

● 「いかなる場合にも，＿＿は……しては（であっては）ならない」
- In no case should ＿＿……

    いかなる場合でもこの工具は使ってはいけません。

    | In no case should this tool be used.

解説─これは「態」の問題が介在し，ちょっとむずかしいかもしれませんが，仮に「この工具は使ってはいけません」を This tool should not be used. と書けたとします。すると，上記のように書くことができます。けっして，In any case, this tool should not be used. ではありません。

61.1 倍

○○は○○のX倍である

「倍率」の表現は数多くありますが，この「AはBのX倍である」は基本的な形で，英語ではA is X times B. と書きます。日本語では「BのX倍」といっても，英語ではX timesとBの間にofははいりません。ただし，倍率というのはそもそも「物理量」同士の関係の表現であって，「名詞」同士の関係ではありません。たとえば，「私の家はあなたの家の3倍です」といって「家」という「名詞」を比較しても，倍率関係は成立しません。「私の家の広さは」とか「私の家の価格は」といって，「広さ」とか「価格」という「物理量」同士を比較してはじめて倍率関係が成立するわけです。どうしても「名詞」同士を比較したいときは，まずA is X times B. と書き，その後に「in 物理量」をつなぎます（「物理量」については拙著①②および⑤を参照）。

● AおよびBが"あるもの（名詞）の物理量"――――――――――
○ ＿＿の物理量は……の物理量のX倍である

この橋の長さはあの橋の長さの3倍である。

| The length of this bridge is three times that of that bridge.

注1 ―実際にはThis bridge is three times longer than that bridge. と書きます。

注2 ―同じ物理量（length）の場合，2度目にでてきた時はthatで書きます。

● AおよびBが"あるもの（名詞）"――――――――――――――
○ ＿＿は物理量が……のX倍である

この橋は長さがあの橋の3倍である。

| This bridge is three times that bridge in length.

解説 ―たんに「物理量」同士を比較する場合もありますが，その場合にはかならず「最大（高）」「最少（小/低）」「許容」「推奨」など，なんらかの形容詞がついているときです。

最高速度は最低速度の5倍である。

| The maximum speed is five times the minimum speed.

61-2 倍

○○は○○よりＸ倍○○である

　この「＿＿は……よりもＸ倍＿＿である」は「＿＿である」という形容詞を使って「名詞」同士を比較する書き方で，「私の家はあなたの家より3倍広い」「私の家はあなたの家より3倍（価格が）高い」という場合です。対応する英語には＿＿ is X times ＿＿er than……と，＿＿ is X times as ＿＿ as……の二つがあります。＿＿は形容詞，したがって，＿＿er は形容詞の比較級を示しています。2音節以上の形容詞の場合には，＿＿er のかわりに形容詞の前に more をつけ，more ＿＿で形容詞の比較級を作ります。

● 「＿＿は……よりもＸ倍＿＿である」

○ ＿＿ is X times ＿＿er than……　（＿＿er は形容詞の比較級）

　この橋はあの橋より約20倍長い。
　| This bridge is about 20 times longer than that bridge.

注―上記は前項の注1にでてきた文章と同じ構造の文章です。

　高輝度ランプは標準輝度ランプより何倍も明るい。
　| The high brightness lamp is many times brighter than the standard brightness lamp.

　バー・コードによるデータ入力システムは，マニュアル入力よりも1500倍正確である。
　| Bar code data entry systems are 1500 times more accurate than manual entry.

注―accurate という形容詞の比較級は，accurater ではなく，more accurate です。

○ ＿＿ is X times as ＿＿ as……　（＿＿は形容詞の原級）

　この線はあの線より1.3倍太い。
　| This line is 1.3 times as thick as that line.

　この巨大な惑星は地球より64倍大きい。
　| The giant planet is 64 times as large as the earth.

61-3 倍

○○は○○よりX倍どのように○○する

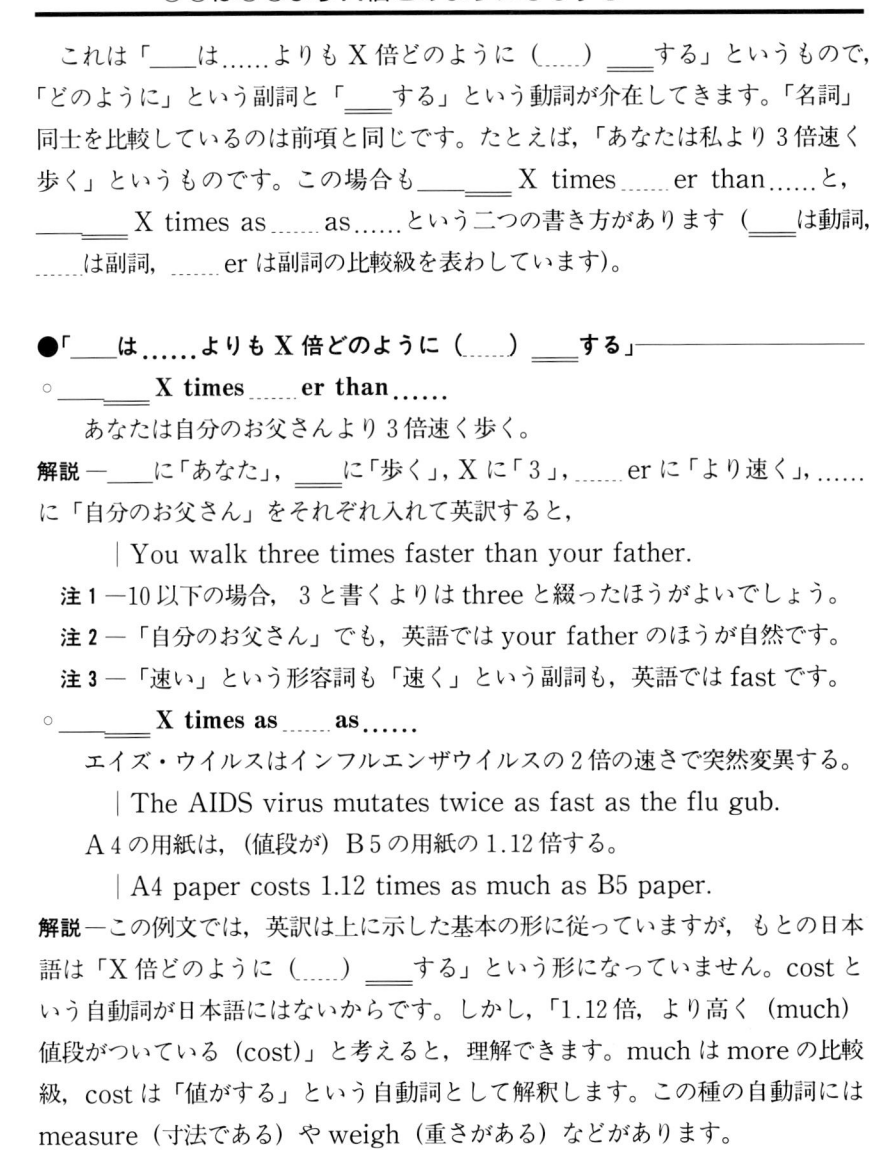

　これは「＿＿は……よりもX倍どのように（＿＿）＿＿する」というもので、「どのように」という副詞と「＿＿する」という動詞が介在してきます。「名詞」同士を比較しているのは前項と同じです。たとえば、「あなたは私より3倍速く歩く」というものです。この場合も＿＿＿＿X times……er than……と、＿＿＿＿X times as……as……という二つの書き方があります（＿＿は動詞、……は副詞、erは副詞の比較級を表わしています）。

● 「＿＿は……よりもX倍どのように（＿＿）＿＿する」

○ ＿＿＿＿X times……er than……

　　あなたは自分のお父さんより3倍速く歩く。

解説 — ＿＿に「あなた」、＿＿に「歩く」、Xに「3」、……erに「より速く」、……に「自分のお父さん」をそれぞれ入れて英訳すると、

　　| You walk three times faster than your father.

注1 — 10以下の場合、3と書くよりはthreeと綴ったほうがよいでしょう。
注2 — 「自分のお父さん」でも、英語ではyour fatherのほうが自然です。
注3 — 「速い」という形容詞も「速く」という副詞も、英語ではfastです。

○ ＿＿＿＿X times as……as……

　　エイズ・ウイルスはインフルエンザウイルスの2倍の速さで突然変異する。

　　| The AIDS virus mutates twice as fast as the flu gub.

　　A4の用紙は、（値段が）B5の用紙の1.12倍する。

　　| A4 paper costs 1.12 times as much as B5 paper.

解説 — この例文では、英訳は上に示した基本の形に従っていますが、もとの日本語は「X倍どのように（＿＿）＿＿する」という形になっていません。costという自動詞が日本語にはないからです。しかし、「1.12倍、より高く（much）値段がついている（cost）」と考えると、理解できます。muchはmoreの比較級、costは「値がする」という自動詞として解釈します。この種の自動詞にはmeasure（寸法である）やweigh（重さがある）などがあります。

61-4 倍
○○のX倍の○○

　前項の 61-1, 61-2 および 61-3 はいずれも倍率表現が一つの文章をなしていました。これを仮に「叙述的用法の倍率表現」と名づけておきましょう。それに対して，この項とつぎの 61-5 と 61-6 の項は，倍率表現が文章の一部でしかない場合です。すなわち，「……のX倍の___」というもので，英語では___ X times…… と書きます。したがって，これが文章の主語にもなれば，補語にも目的語にもなる，すなわち，「句」というものです。これを仮に「修飾的用法の倍率表現」と名づけてみました。そこで，この項では 61-1 項の「叙述的用法の倍率表現」を「修飾的用法の倍率表現」に変換しながら説明をしていきます。わかりやすいように 61-1 項で使用した例文をそのまま流用します。

● ___ および …… が "あるもの（名詞）の物理量"─────────
　○「……の物理量の X 倍の___ の物理量」
　　あの橋の長さの3倍の，この橋の長さ
　　　　── the length of this bridge three times that of that bridge
　注──this bridge と three times の間に which is を補って考えると，意味がはっきりします。しかし，実際には this bridge three times longer than that bridge と書きます。

● ___ および …… が "あるもの（名詞）"─────────────
　○「物理量が……のX倍___」
　　長さがあの橋の3倍の，この橋
　　　　── this bridge three times that bridge in length

● ___ および …… が "物理量"──────────────────
　たんに「物理量」を比較する場合もあります。しかし，その場合にはかならずなんらかの形容詞がついているときです（61-1 項を参照）。
　　最低速度の5倍の最高速度
　　　　── the maximum speed five times the minimum speed

61-5 倍

○○よりX倍どのような○○

　この項は 61-2 項の「叙述的用法の倍率表現」を「修飾的用法の倍率表現」に変えたものです。すなわち,「......より X 倍どのような (....) ____」というもので, 英語では, いままでみてきたように, A X times ...... er than B, または A X times as ...... as B を使って表現します。

● 「......より X 倍どのような (....) ____」

○ ____ X times ...... er than ......

　　あの橋より約 20 倍長い, この橋
　　　　—— this bridge about 20 times longer than that bridge

注—上例は前項の「注」にでてきた文章と同じ構造の文章です。

　　標準輝度ランプより何倍も明るい高輝度ランプ
　　　　—— the high brightness lamp many times brighter than the standard brightness lamp

解説—前の項についても同様ですが, この「修飾的用法の倍率表現」においては, 比較する二つの名詞の順序が日本語と英語とでは逆になっています。そのため, 逆に訳してしまうことがあります。これを防ぐには, いいたいことは「この橋」なのだと考えて, まず this bridge を前にだします。そして, 頭の中で which is を補い, その後に「その橋は何倍長いのか」と考えて「about 20 times longer なんだ」としてこれをつなげ, 最後に「なによりもか」として than that bridge をつなげます。こうすることにより, 二つの名詞を逆にしてしまうことはなく, 正しい語順で書けるようになります。

○ ____ X times as ...... as ......

　　あの線より 1.3 倍太い, この線
　　　　—— this line 1.3 times as thick as that line

注—この場合も, いいたいことは「この線」なのだと考えて「この線」を前にだします。そうすれば, 語順をまちがえることは絶対にありません。

61-6 倍

○○よりX倍どのように○○する○○

　この項では，61-3項の「叙述的用法の倍率表現」を「修飾的用法の倍率表現」に変えたものです。すなわち，「……よりX倍どのように（＿＿＿）＿＿する＿＿」というもので，英語では，＿＿＿ing X times ＿＿er than……，または＿＿＿ing X times as ＿＿as……と書きます（＿＿＿+ing は動詞の現在分詞，＿＿er は副詞の比較級を表わしています）。

●「……よりX倍どのように（＿＿＿）＿＿する＿＿」

○　＿＿＿ing X times ＿＿er than……

　　自分のお父さんより3倍速く歩くあなた

　　—— you walking three times faster than your father

解説—＿＿に「あなた」，＿＿に「歩く」，Xに「3」，＿＿er に「より速く」，……に「自分のお父さん」をそれぞれ入れて英訳すると，上記の英語が自然にできあがります。前項では主語の後は be 動詞だったので，lamp と many の間にこれを省略することができましたが，この場合には walk という一般動詞なので，省略することはできません。したがって，walking という現在分詞形にします。もちろん，who walks と書くこともできます。人間でなければ who ではなく，which ＿＿とします。

○　＿＿＿ing X times as ＿＿as……

　　(値段が) B5の用紙の1.12倍するA4の用紙

　　—— A4 paper, which costs 1.12 times as much as B5 paper

注—cost という動詞は，この場合 costing とはいえないので，which costs となります。現在分詞を使う例を一つ追加しておきます。

　　入力軸より3.33倍速く回転する出力軸

　　—— the output shaft rotating 3.33 times faster than the input shaft

解説—「倍率」の表現はこれ以外にもいろいろありますが，少なくともこれら六つの表現をマスターすると，いろいろな倍率表現に応用することができます。

62-1 比(割合)

○○比/○○と○○の比/○○と○○の比はX：Yである

「比」とは「あるもの＿＿と他のもの......との数量的な大小・多少関係」をいい，英語ではratioということばで表わします。たとえば，「＿＿と......の比」ならば，英語では，ふつうはthe ratio of ＿＿ to......です。the ratio of ＿＿/......, the ＿＿-to-......ratio などで書くこともできます。「＿＿と......の比はX：Yである」ならば，The ratio of ＿＿ to......is X：Y. です。ここではXおよびYは数値を表わしています。「何と何の比」であることが明らかなとき，たとえば，「速度比」「圧縮比」「膨張比」「接触比」などという場合には，たんにthe speed ratio, the compression ratio, the expansion ratio, the contact ratio などと書きます。

● 「＿＿と......の比」
- **the ratio of ＿＿ to ......**
    酒と醤油の比——the ratio of sake to soy sauce
    最高温度と最低温度の比
    ——the ratio of the maximum to the minimum temperature
- **the ratio of ＿＿/......**
    直径と長さの比——the ratio of diameter/length
- **the ＿＿-to-......ratio**
    燃料と空気の比——the fuel-to-air ratio

● 「＿＿と......の比はX：Yである」
- **The ratio of ＿＿ to ......is X：Y.**
    砂糖と小麦粉の比は1：6ある。
    | The ratio of sugar to flour is 1：6.
- **The ＿＿-to-......is X：Y.**
    強度と重量の比は約8：1であった。
    | The strength-to-weight ratio was about 8：1.

62-2 比(割合)

X：Yの関係にある○○と○○の比

　これは「X：Yの関係にある＿＿と……の比」というときの表現で，英語では＿＿-to-……ratio of X：Y と書きます。to を省略して簡潔に＿＿-……ratio of X：Y と書くこともあります。たとえば，「3：1の（関係にある）長さと直径の比」という場合には，a length-to-diameter ratio of 3：1 です。簡潔に書けば，a length-diameter ratio of 3：1 となります。前後関係から，または常識的に何と何の比であるかが判断できる場合は，日本語でも「X：Yの（関係にある）＿＿比」と書くように，英語でも＿＿ratio of X：Y と表現します。そのほかにも X：Y＿＿ratio, X to Y＿＿ratio などと書くこともあります。

● 「X：Yの（関係にある）＿＿と……の比」

○ ＿＿-to-……**ratio of X：Y**

　　20：1の長さ対直径の比——a length-to-diameter ratio of 20：1

○ ＿＿-……**ratio of X：Y**

　　この装置のスラストと重量の比は6：1である。

　　| The thrust-weight ratio of this unit is 6：1.

解説——この日本語を，やや直訳調の英語に訳すと，上記のような表現になってしまいますが，これを have 動詞を使って

　　| This unit has a thrust-to-weight ratio of 6：1.

と書くと，英語らしくなります。すなわち，「6：1の関係にあるスラストと重量の比を持つ」と発想するわけです。これは have という動詞の典型的な使い方で，これをうまく使うと，見ちがえるような英語が書けるようになります。

● 「X：Yの（関係にある）＿＿比」

○ ＿＿**ratio of X：Y**

　　3：1の速度比——a speed ratio of 3：1

○ X：Y＿＿**ratio**

　　2：1の容積比 ——a 2：1 volume ratio

62-3 比（割合）

○○と○○の割合／毎○○Xの割合で

「割合」とは「あるもの＿＿に対する他のもの……の数量的な大小・多少関係」をいい，ふつう rate で表わします．ふつうには「＿＿に対する……の割合」「＿＿に対する……の割合は X である」「どのような割合で」などの形で現われますが，単位あたりの量，たとえば，「毎秒 X の割合で」として現われる場合もあります．その場合には at a rate of X per second と書きます．

● 「＿＿の割合」
○ **the rate of ＿＿**
　経済成長率―― the rate of economic growth

● 「＿＿に対する……の割合」
○ **the rate of ……to ＿＿**
　圧力の上昇に対する降下の割合
　　　―― the rate of pressure drop to pressure rise

● 「どのような（……）割合で」
○ **at ……rate**
　無視できる割合で―― at negligible rates

● 「毎＿＿ X の割合で」
○ **at a rate of X per ＿＿**
　毎時 10 個の割合で――― at a rate of ten pieces per hour
　毎時 8 ガロンの割合で―― at a rate of 8 gph

注 ―この場合，数字と単位記号で簡潔に書くこともできます．gph は gallons per hour を表わしています．

　1 秒間に 150 万画素までの割合で
　　　―― at rates of up to 1,500,000 picture elements per second

注 ―「150 万画素までの割合」のように「一つの画素」ではなく，「〜まで」というように範囲がある場合には，at a rate ではなく，at rates のように冠詞をつけないで複数形になります．

63-1 比較
比較/比較する

「比較」は comparison です．「＿＿と……の比較」ならば，a comparison between ＿＿ and …… です．「比較する」は compare を使い，「＿＿を比較する」ならば，compare ＿＿ または ＿＿ is compared，「＿＿を……と比較する」ならば，compare ＿＿ with (to) …… または ＿＿ is compared with (to) ……，「＿＿と……を比較する」ならば，compare ＿＿ and …… です．comparison is made between ＿＿ and …… と書くこともできます．

● 「＿＿と……の比較」
○ **a comparison between ＿＿ and ……**
ロケットとミサイルの比較
── a comparison between rockets and missiles

● 「＿＿を比較する」
○ **compare ＿＿**
いろいろな配置を比較する── to compare various arrangements
○ **＿＿ is compared**
両方の結果を比較した．
| The two results were compared.

● 「＿＿を……と比較する」
○ **compare ＿＿ with (to) ……**
この新しい方法を在来の方法と比較する
── to compare this new method with conventional ones
○ **＿＿ is compared with (to) ……**
新しい設計を過去の成功した設計と比較する．
| A new design is compared with a previous successful design.

● 「＿＿と……を比較する」
○ **compare ＿＿ and ……**
ロケットとミサイルを比べる── to compare a rocket and a missile

63-2 比較

○○と比較して/○○と比較して○○する

「＿＿に比較して（比べて）」は compared with (to)＿＿, in comparison to (with)＿＿, relative to ＿＿などで書きます。「＿＿に比較して（比べて）＿＿は……する（である）」という場合は compared with (to)＿＿, ＿＿……で表現します。in comparison to (with)＿＿および relative to ＿＿は、ふつう文章の頭に置くことはありません。

● 「＿＿に比較して（比べて）」
○ **compared with ＿＿**
   軸の直径は長さに比べて大きい。
   | The shaft diameter is large compared with its length.
   もし堆積物の流入が貯水池の容量に比べて大きい場合は，
   | If the sediment inflow is large compared with the reservoir capacity,

○ **compared to ＿＿**
   彼らの収入はほかの職業に比べて高い。
   | Their income is high compared to other professionals.

○ **in comparison to (with)＿＿**
   CD-ROM ドライブはハード・ディスクに比べて遅い。
   | A CD-ROM drive is slow in comparison to a hard disk.

○ **relative to ＿＿**
   温度に比べて湿度が低下すると，
   | When humidity decreases relative to temperature,

● 「＿＿に比較して（比べて）＿＿は……する（である）」
○ **compared with (to)＿＿, ＿＿……**
   Aと比べて，この金属の耐錆性は高い。
   | Compared to A, this metal has higher resistance to rust.
   注―「耐錆性は高い」は「高い耐錆性をもつ」と発想します。

63-3 比較

比較的/比較的○○である/比較的○○な○○

「比較的」は，relatively または comparatively と書きます。「比較的……である」は，be relatively (comparatively)……です。「比較的……のような___」は，relatively (comparatively)……___です。……には，ふつう形容詞がはいりますが，ときには動詞の過去分詞を使うこともあります。

● 「比較的……である」
- be relatively……

    その速度は比較的速かった。
    | Its speed was relatively high.

    この本は比較的読みやすい。
    | This book is relatively easy to read.

    注──「読みにくい」ならば，is hard to read または is difficult to read です。しかし，「読みにくい本」という場合には，三つのことばをハイフンでつないで a hard-to-read book, a difficult-to-read book と書きます。

- be comparatively……

    アメリカでは，牛乳の価格は比較的安い。
    | In the States, the price of milk is comparatively low.

    この機械の作動原理は比較的複雑である。
    | The operating principle of this machine is comparatively complicated.

● 「比較的……のような___」
- relatively……___

    比較的高い作動温度── relatively high operation temperature
    比較的新しい概念── a relatively new concept

- comparatively……___

    比較的大きな部品── a comparatively large part

64-1 必要(なければならない/ものとする/要求)

必要なもの(ニーズ)/必要なこと(必要性)

「必要なもの」,すなわち,「ニーズ」は needs, necessity などで書きます。また,「必要なこと」,すなわち,「必要性」も need, necessity, demand などで書きます。「___する必要性」ならば need (necessity) to ___ または need (necessity) of ___ ing で,「___の必要性」ならば,need (necessity) of (for)___ で,そして,「___するための必要性」は need (necessity) for ___ ing でそれぞれ書きます。

● 「必要なもの(ニーズ)」
- needs
  - 顧客のニーズを満たすため── to satisfy the needs of the customer
  - 消費者のニーズを特定する── to specify the needs of consumers
- necessity
  - もう一つ必要なものは正確なストップ・ウォッチである。
  | Another necessity is an accurate stop watch.

● 「___する必要性」
- need (necessity) to ___ または need (necessity) of ___ ing
  - やさしい文章を書く必要性── the need to write easy sentences
  - アドレスを変更する必要性── the necessity of changing the address

● 「___の必要性」
- need (necessity) of (for)___
  - 人間による決断の必要性─── the need for human decision
  - タイムリーな応答の必要性── the need for timely response

● 「___するための必要性」
- need (necessity) for ___ ing
  - 電圧を上げるための必要性
    ── the necessity for increasing the voltage

64-2 必要(なければならない/ものとする/要求)

必要である/必要とする

ここでは「＿＿が必要である」という表現の基本の形について説明します。これには＿＿ is required (needed/demanded)のように，「必要とする」という動詞を使って書く書き方と，＿＿ is necessary (essential)のように，「必要である」という形容詞を使って書く書き方の二つがあります。「＿＿は……を必要とする（が必要である）」という場合は，＿＿ require (need/demand/call for)……で書きます。

● 「＿＿が必要である」

○ ＿＿ **is required**
　夜間に熱が必要な場合（必要である場合）
　　—— when heat is required at night

○ ＿＿ **is needed**
　この場合，ヒューズが必要である。
　| In this case, a fuse is needed.

○ ＿＿ **is necessary**
　これは多くの理由で必要である。
　| This is necessary for many reasons.

● 「＿＿は……を必要とする」

○ ＿＿ **require**……
　旅行者は各地域の的確な情報を必要としている。
　| Travelers require precise information on local situations.

○ ＿＿ **need**……
　このエアコンは高い電圧が必要である。
　| This air conditioner needs higher voltages.

○ ＿＿ **call for**……
　誘導電動機は特殊な冷却手段を必要とする。
　| Induction motors call for special cooling means.

64-3 必要(なければならない/ものとする/要求)

○○にとって必要である

これは,「＿＿は……にとって必要である」「……にとっては＿＿が必要である」などというときの表現で,前の項に対して「……にとって」という情報が一つ加わったものです。前項の英語表現に for…… をつけ, ＿＿ is required (needed/demanded) for…… とか ＿＿ is necessary (essential) for…… のように書くことで表現できます。

●動詞を使う

- **＿＿ is required for……**
  修理には特殊工具が必要である。
  | Special tools are required for repair.
  最終調整にはじゅうぶんな注意が必要である。
  | Utmost attention is required for final adjustment.
- **＿＿ is needed for……**
  部屋には換気が必要である。
  | Ventilation is needed for rooms.
  ほとんどの機械には非常停止スイッチが必要である。
  | Emergency stop switches are needed for most machines.
- **＿＿ is demanded for……**
  大きなプロジェクトにはスーパーコンピュータが必要である。
  | Supercomputers are demanded for a large project.

●形容詞を使う

- **＿＿ is necessary for……**
  この資格はあなたにとって必要です。
  | This qualification is necessary for you.
- **＿＿ is essential for……**
  彼にとってはあなたの助けが必要である。
  | Your assistance is essential for him.

64-4 必要（なければならない/ものとする/要求）
○○するのに必要である/○○が○○するのに必要である

これは「＿＿は……するのに必要である」という表現で，前項の「……にとって」が「……するのに」にかわったものです。英語では＿＿ is required (needed/demanded) to……とか＿＿ is necessary (essential) to……のように to- 不定詞を使って書きます。また，「……が……するのに（するために）＿＿が（は）必要である」という表現は，前の項の for……と，この項の to……(to- 不定詞) を合体させて for……to……とし，＿＿ is required (needed/demanded) for……to……とか＿＿ is necessary (essential) for……to……のように書きます。

● 「＿＿は……するのに（には）必要である」

○ ＿＿ is required (needed/demanded) to……（to- 不定詞）

室温を調節するにはこのツマミが必要である。
| This knob is required to control room temperature.

注─「室温」は，ふつう冠詞をつけないで単数形で書きます。

図面をコピーするのに特殊な感光紙が必要であった。
| Special sensitized paper was needed to copy the drawings.

○ ＿＿ is necessary (essential) to……（to- 不定詞）

誤解を避けるのに，じゅうぶんな配慮が必要である。
| Utmost care is necessary to avoid any misunderstanding.

彼を救うためにはあなたの助けが必要である。
| Your assistance is essential to save him.

● 「……が……するのに（ために）＿＿が（は）必要である」

○ ＿＿ is required (needed/demanded) for……to……（to- 不定詞）

光がその距離を伝わるのに約1分が必要である。
| About one minute is required for light to travel the distance.

参考─ second, minute, hour, day, week, month, year などの場合，10以下の数値は one, two, three などのようにつづるのがふつうです。

64-5 必要（なければならない/ものとする/要求）

○○する必要がある/○○は○○する必要がある

これはたんに「……する必要がある」というもので，「仮主語」を使って it is necessary (essential) to……で書きます。「＿＿は……する必要がある」は ＿＿ is required to……, it is necessary for ＿＿ to……, it is necessary (essential) that ＿＿……などで表わします。

● 「……する必要がある」

○ it is necessary (essential) to……

データはセーブする必要がつねにあります。
| It is always necessary to save the data.
室温を高く維持する必要がある。
| It is essential to keep room temperature higher.

● 「＿＿は……する必要がある」

○ ＿＿ is required to……

売手側は買手側に見積書を提出する必要がある。
| The supplier is required to submit an estimate to the buyer.

○ it is necessary for ＿＿ to……

彼らは入学試験を受ける必要がある。
| It is necessary for them to take an entrance examination.

○ it is necessary (essential) that ＿＿……

表面は完全にグリースを塗布する必要がある。
| It is essential that the surfaces be thoroughly coated with grease.

注―この場合，the surfaces are ではなく，the surfaces be となります。

解説―it is necessary (essential) to……, it is necessary (essential) that ＿＿……, it is required (needed/demanded) that ＿＿……は許されますが, it is required (needed/demanded) to……のように, be＋過去分詞＋to……（to- 不定詞）は使わないほうがよいとされています。

64-6 必要（なければならないもの/ものとする/要求）

必要な○○/○○にとって必要な○○

ここでは「必要な____」「……にとって必要な____」「____するのに必要な____」など，おもに形容詞として使われる場合の「必要」について述べます。基本的なことばは，required, needed, necessary などです。「不必要な____」は unnecessary (unneeded)____ などで表わします。

● 「必要な____」
○ required (needed/necessary)____
　必要な長さ（厚み/幅/高さ）
　　—— required length (thickness/width/height)
　必要な手順 —— necessary procedure
　注 — ____required (needed/necessary) のように後につけることもできます。
　必要なすべての情報 —— all the information required

● 「……にとって必要な____」
○ ____required (needed/necessary) for ……
　燃料の燃焼にとって必要な空気
　　—— the air needed for combustion of the fuel
　健康な生活にとって必要な条件
　　—— conditions necessary for healthy lives
　注 — required (needed/necessary)____ for …… の語順は正しくありません。

● 「____するのに必要な____」
○ ____required (needed/necessary) to ……
　火星に到達するのに必要な最低速度
　　—— the minimum velocity required to reach Mars

● 「____が____するのに必要な____」
○ ____required (needed/necessary) for ____ to ……
　水がすべて流出するのに必要な時間
　　—— the time necessary for all the water to flow out

64-7 必要(なければならないもの/ものとする/要求)

必要に応じて/必要なときは

これは「必要に応じて___する」というときの「必要に応じて」という表現で，as needed (required/necessary) などで表わします。また，on request, upon request などということもあります。「必要なときは」といいたいときは，when (if) required (necessary) などで表現します。

● 「必要に応じて」
○ **as needed**
必要に応じて広い範囲の電圧を炉に供給することができる。
> A wide range of voltage can be supplied to the furnace as needed.

○ **as required**
フィルタは必要に応じて交換できる。
> The filter can be replaced as required.

○ **as necessary**
必要に応じて熱を調節する —— to adjust the heat as necessary

○ **on (upon) request**
必要に応じてデータを入手できる。
> Data are available upon request.

解説 — このように，これらのことばは文章の終わりに置くのがふつうです。

● 「必要なときは」
○ **when (if) required**
必要なときは，特殊な道具を使って扉をあけてください。
> When required, use a special tool to open the door.

○ **when (if) necessary**
必要なときは，認定された代理店に相談してください。
> If necessary, consult your authorized dealer.

解説 — これらの表現は文頭がふつうですが，文中や文末にも置くことができます。

65.1 比例

比例する/正(反)比例する

ここでは「あるもの＿＿が他のもの……に比例する」というときの表現について説明します。英語では＿＿ is proportional to……と書きます。「正比例」「反比例」ならばdirectlyやinverselyという副詞をつけ，それぞれ＿＿ is directly (inversely) proportional to……と書きます。「反比例」の場合，indirectlyではないことに注意してください。また，＿＿ vary directly (inversely) with……などと書くこともできます。

● 「＿＿は……に比例する」
- ＿＿ **is proportional to** ……

  出力電流は入力圧に比例する。

  | Output current is proportional to input pressure.

  注 ―「ほぼ比例している」ならばroughlyやapproximatelyを，「厳密に」ならばstrictlyを，それぞれisとproportionalの間に入れます。

● 「＿＿は……に正比例する」
- ＿＿ **is directly proportional to** ……

  電流は電圧に正比例する。

  | Current is directly proportional to voltage.

- ＿＿ **vary directly with** ……

  割引率はその価格に正比例する。

  | The discount rate varies directly with the its price.

● 「＿＿は……に反比例する」
- ＿＿ **is inversely proportional to** ……

  電流は抵抗に反比例する。

  | Current is inversely proportional to resistance.

- ＿＿ **vary inversely with** ……

  粘度は温度に反比例する。

  | Viscosity varies inversely with temperature.

65-2 比例

○○に比例した○○/○○に比例して○○する

ここは「......に比例した___」という場合で、英語では___ proportional to......で表現します。「正比例」「反比例」ならば、directly や inversely という副詞を___と proportional の間につけます。「___は......に比例して___する」は、英語では___ in proportion to......と書きます。「正比例して」「反比例して」ならば、direct や inverse, reverse という形容詞を proportion の前につけます。

● 「......に比例した___」
○ ___ proportional to......
  速度に比例した信号電圧── a signal voltage proportional to speed
  注─___と......の順番を逆にしないように注意してください。

● 「......に正（反）比例した___」
○ ___ directly (inversely) proportional to......
  時間に正比例した消費量
    ── consumption directly proportional to time
  距離に反比例した速度
    ── speed inversely proportional to distance

● 「___は......に比例して___する」
○ ___ in proportion to......
  給料は勤続年数の長さに比例して増える。
  | Salaries will increase in proportion to the length of service.
  重要─「......に比例する」と「比例して___する」を混同しないように。

● 「___は......に比例（正比例/反比例）して___する」
○ ___ in direct (inverse) proportion to......
  走査速度は複写倍率に反比例して変化する。
  | The scanning speed varies in reverse proportion to the reproduction ratio.

66.1 分類(分ける)

分類/○○を分類する/○○を○○に分類する

「分類」は英語では，ふつう classification, categorization です。そして，「分類する」という動詞は classify, categorize などです。ここではこれらの動詞を使って「___を分類する」とか「___を......に分類する」などの表現について説明します。前者は classify (categorize)___ などと書き，後者は classify (put)___ into...... などと書きます。「......に分類する」という場合，「いくつに分類する」とか「何種類に分類する」とかいうように，数量の表現をともなうことがよくあります。

● 「分類」
- **classification**
  - 目標の分類────── the classification of targets
  - 燃料油の等級分類── the grade classification of fuel oil
- **categorization**
  - 重要な分類── an important categorization

● 「___を分類する」
- **classify ___**
  - コンピュータを分類する── to classify computers
  - 自動車を分類する────── to classify automobiles
- **categorize ___**
  - 業者が提供するサービスを分類する
    ── to categorize the services (that) the supplier provides

● 「___を......に分類する」
- **classify ___ into ......**
  - 装置を 35 種類に分類する
    ── to classify the devices into 35 categories
- **put ___ into ......**
  - 自動車を大きさの種類に分類する── to put cars into size classes

66-2 分類(分ける)

○○を○○によって分類する/○○によって○○に分類する

「＿＿を＿＿によって分類する」というもので，基本的には classify という動詞を使って classify ＿＿ according to (depending on) ＿＿ で表現します。これに，前の項の「＿＿を＿＿に分類する」という表現を組み合わせると，「＿＿を＿＿によって＿＿に分類する」ということを表現できます。英語では classify ＿＿ into ＿＿ according to (depending on) ＿＿ と書きます。「＿＿によって」は according to や depending on のほかに by，on the basis of，with reference to などいろいろあります。

● 「＿＿を＿＿によって分類する」
○ classify ＿＿ according to (depending on) ＿＿
　　参加者を性別によって分類する
　　　　── to classify the participants according to sex
　　コンピュータをメモリ・サイズによって分類する
　　　　── to classify computers according to memory size
　　マニュアルをユーザーの種類によって分類する
　　　　── to classify manuals depending on the type of users

● 「＿＿を＿＿によって＿＿に分類する」
○ classify ＿＿ into ＿＿ according to (depending on) ＿＿
　　トースターを電気消費量によって4種類に分類する
　　　　── to classify the toasters into four categories according to power consumption
　　都市を人口によって四つのグループに分類する
　　　　── to classify the cities into four groups depending on their population

解説──ここではすべて classify という動詞を使った例を示してありますが，「分類する」という動詞は，つぎの項にあげるようにいろいろあります。fall into や come in は使えませんが，それ以外は，基本的にはどれでも使えます。

66.3 分類(分ける)

○○に分類される(基本形)

ここでは「分類される」という受け身の表現について，その基本の形を列記し，つぎの項で，そのバリエーションについて説明します。

be classified into ＿＿, fall into ＿＿, be divided into ＿＿, be grouped into ＿＿ (「分割」の意味にも使われる), be categorized as ＿＿, be separated into ＿＿, be broken down into ＿＿, be sorted into ＿＿, be graded into ＿＿, be classed into ＿＿, come in ＿＿。

● 「＿＿に分類される」

○ **be classified into ＿＿**

香水の成分は二つの種類に分類される。

| Perfumery ingredients are classified into two categories.

○ **fall into ＿＿**

プッシュホンは二つのおもな種類に分類される。

| Pushbutton telephones fall into two main categories.

○ **be divided into ＿＿**

水の使い方はいろいろに分類される。

| The uses of water may be divided into various categories.

○ **be categorized as ＿＿**

スキャナは接触形と非接触形に分類される。

| Scanners are categorized as contact and non-contact types.

注―categorize の場合には into ではなく as です。

○ **be separated into ＿＿**

冷蔵庫は三つの基本的な種類に分類される。

| Refrigerators can be separated into three basic types.

○ **come in ＿＿**

機関車は二つの種類に分類される。

| Locomotives come in two types.

66-4 分類(分ける)
○○によって分類される/○○によって○○に分類される

　ここでは，まず前の項で述べた「分類される」の基本の形を使って「......によって分類される」についてのいろいろな形をみてみましょう。「......によって」には，according to......, by......, with......, based on......, on the basis of......, with respect to......, depending on......, in accordance with......などいろいろな表現があります。それぞれ若干の意味の違いはありますが，これらの前置詞や群前置詞を前の項の基本の形につけ加えると，「......によって＿＿に分類される」という表現ができます。

● 「......によって分類される」
　ミサイルは，飛行経路の形態によって分類される。
　　| Missiles are classified according to flight profile.
　ペンキは，光沢度によって分類される。
　　| Paints are classified by the degree of gloss.

● 「......によって＿＿に分類される」
　ポリエチレンは，密度によって3種類に分類される。
　　| Polyethylenes are classified into three categories according to density.
　緑茶は，葉の質によって三つの等級に分類される。
　　| Green tea is graded into three categories depending on the quality of the leaf.
　タイマは，タイム・ソースによってつぎのグループに分類される。
　　| Timers are divided into the following groups based on the time source.
　石英は，粒子の形状によっておおまかに2種類に分類される。
　　| Quartz is loosely divided into two groups on the basis of particle shape.

　注―上の例からもわかるように，be classified が多く使われるようです。

301

67-1 変化(バラツキ/変動)

変化(変動)/○○の変化(変動)

「変化」は，change, variation を使い，「変動」は fluctuation を使います。「___の変化（変動）」は a change (variation/fluctuation) in ___ です。「___の」の「の」に引きずられ，of を使って a change (variation/fluctuation) of ___ と書いてしまうことがよくありますが，正確には in です。英語を書く場合，「変化」「変動」のみではなく，「増加」「減少」「差」「バラツキ」などの場合も「『___の』の『の』は in」です。また逆に，和訳する場合は，この in を「___のなかの」ととらえて，「___のなかの変化」とか「___のなかの変動」などと訳さないように注意しなければいけません。

● 「変化」――――――――――――――――――――――――――

○ **change**

　この変化は大きい。
　| This change is remarkable.

○ **variation**

　T による S の変化―― the variation of S with T

● 「___の変化」――――――――――――――――――――――――

○ **a change in ___**

　周囲温度の変化―― a change in ambient temperature

○ **a variation in ___**

　電流の変化―― a variation in current

● 「変動」――――――――――――――――――――――――――

　幅広い変動―― wide fluctuations

● 「___の変動」――――――――――――――――――――――――

○ **fluctuations in ___**

　価格の変動―― fluctuations in price

　血圧の変動―― fluctuations in blood pressure

　注―「変動」の場合，fluctuations のようによく複数形で書きます。

67-2 変化(バラツキ/変動)

○○は変化(変動)する/○○は○○によって変化(変動)する

「＿＿は変化（変動）する」は，＿＿ change (vary), ＿＿ fluctuate などで書き表わします。「＿＿は……によって変化する」という場合には，その後にwith, depending on, according to, with respect to などの語句をつなげ，＿＿ change (vary) with (depending on/according to/with respect to)……などと表現します。from……to……で書くこともできます。

● 「＿＿は変化する」

○ ＿＿ change

室温は変化する。

| Room temperature will change.

○ ＿＿ vary

この値はかなり変化する。

| This value will vary considerably.

● 「＿＿は変動する」

○ ＿＿ fluctuate

温度は1年をとおして変動する。

| Temperature fluctuates throughout the year.

● 「＿＿は……によって変化する」

○ ＿＿ change with (depending on/according to/with respect to)……

相対湿度は温度によって変化する。

| Relative humidity changes with temperature.

○ ＿＿ vary with (depending on/according to/with respect to)……

最終的な色は木の種類によって変わる。

| The final color varies with the type of wood.

○ ＿＿ vary from……to……

この値はモデムによって変わります。

| This value varies from modem to modem.

67-3 変化(バラツキ/変動)

○○は○○が変化(変動)する

「＿＿は……が変化（変動）する」という場合のもので，「……が」は前にも何回かでてきましたように，前置詞 in を使って in……と表現します。すなわち，＿＿change (vary/fluctuate) in……と書きます。15-3項および34-3項でも述べましたが，このような構文を「複主語構文」といいます。さらに「……から……まで」という情報が加わって，「＿＿は……が……から……まで変化（変動）する」となった場合には，from……to……を加え，＿＿change (vary/fluctuate) in……from……to……．とします。

● 「＿＿は……が変化（変動）する」

○ ＿＿ change in ……

この装置は光のコントラストが変化する。
| This unit changes in light contrast.

流体は温度が連続的に変化する。
| The fluid continuously changes in temperature.

○ ＿＿ vary in ……

これらの表示は密度が変化する。
| These indications may vary in density.

信号は色が変化する。
| The traffic light will vary in color.

○ ＿＿ fluctuate in ……

燃料は価格が大きく変動する。
| Fuel oils greatly fluctuate in price.

● 「＿＿は……が……から……まで変化（変動）する」

○ ＿＿ change (vary/fluctuate) in …… from …… to ……．

ドリル穴は，直径が 0.01 in. から 0.03 in. まで変化する。
| The drilled holes vary in diameter from 0.01 to 0.03 in.

67-4 変化(バラツキ/変動)

○○につれて変化する/○○が○○するにつれて変化する

「＿＿につれて変化（変動）する」は change (vary/fluctuate) with ＿＿ で表わし、前の項 67-2 の「＿＿によって」とよく似ています。「＿＿が……するにつれて変化（変動）する」は change (vary/fluctuate) as ＿＿…… で表現します。すなわち、「＿＿につれて」は with ＿＿、「＿＿が……するにつれて」は as ＿＿…… で表現します。

● 「＿＿につれて変化する」

○ **change with ＿＿**

この電圧は時間につれて変化する。
| This voltage changes with time.

相対的揮発度は温度につれてゆっくりと変化する。
| Relative volatility changes slowly with temperature.

○ **vary with ＿＿**

これらの特性は時間につれて変化する。
| These characteristics vary with time.

● 「＿＿につれて変動する」

○ **fluctuate with ＿＿**

市価は気候につれて変動する。
| Market prices fluctuate with weather.

● 「＿＿が……するにつれて変化する」

○ **change as ＿＿……**

価格は為替レートが変動するにつれて変化する。
| Prices vary as the foreign exchange rate fluctuates.

○ **vary as ＿＿……**

鋼の硬度は炭素の含有量が変わるにつれて変化する。
| The hardness of steel varies as the carbon content changes.

67-5 変化（バラツキ/変動）

○○を変化させる

「＿＿を変化させる」には，①「……は＿＿を変化させる」というように，主語が明確である場合と，②たんに「＿＿を変化させる」というように，主語が漠然としていて文章に現われていない場合の二つがあります。前者は，たんにchange や vary を他動詞として使い，……change (vary)＿＿と書けばよいので，ここでは後者についてだけ述べることにします。

わかりやすいように，「入力を変化させる」について考えてみます。日本語では，このように主語のない文章がよくあります。それは，主語はだれであってもよく，とくに限定する必要がないからです。しかし，英語では，主語のない文章は命令形でないかぎり許されません。そこで，目的語である「入力」を主語にし，「変化させる」という他動詞を「変化させられる」という受身形にし，「入力が変化させられる」と発想して The input is changed. と書くわけです。これは 15-5項（○○を減少させる）および 34-5項（○○を増加させる）でも取りあげましたが，日本語と英語が一対一では対応しない典型的な文章構造です。

● 「……は＿＿を変化させる」
- ……change (vary)＿＿

  この新しい概念は製造工程全体を変えるものである。
  | This new concept changes overall manufacturing processes.

● 「＿＿を変化させる」
- ＿＿ is changed

  電圧を変化させると，
  | When the voltage is changed,

  これらの値を変えることはできない。
  | These values cannot be changed.

- ＿＿ is varied

  このような場合，入力電圧を変えなければいけない。
  | In such a case, the input voltage must be varied.

67-6 変化(バラツキ/変動)

○○が変化すると/○○を変化させると

　これらは少しむずかしい英語になりますが,「無生物主語構文」といって「＿＿すること」,すなわち,「＿＿が変化すること」(a change〈variation〉in ＿＿)や「＿＿を変化させること」(動名詞を使って changing〈varying〉＿＿)を主語にとる構文です。その際「＿＿（目的語）を……させる（他動詞）」となっている英語は,「＿＿（主語）は……する（自動詞）」という日本語にかえなければいけません（拙著①⑥⑩を参照）。同じ英語の表現でも「＿＿が変化するので」というように理由を表わしていることもありますので,前後関係で理解する以外,方法はありません。これは 15-6 項および 34-6 項でも取りあげましたが,日本語と英語がかならずしも一対一では対応しない,もう一つの典型的な文章構造です。

● 「＿＿が変化すると」

○ **a change in ＿＿**

　電圧が変化すると,電流もまた変化する。

> A change in voltage will also change current.

　注―「電圧の変化は,また電流を変化させる」と発想して書いた英文です。

○ **a variation in ＿＿**

　室温が変化すると,測定値の精度は悪くなる。

> A variation in room temperature will impair the accuracy of measurements.

● 「＿＿を変化させると」

○ **changing (varying) ＿＿**

　入力を変えると,出力も自動的に変わる。

> Changing the input will automatically change the output.

解説―これらすべての例文において,述部が英語では「他動詞＋目的語」となっているものが,日本語では「主語＋自動詞」となっています。

68.1 変更

変更/○○の変更

「変更」は change または alteration です。change は，ふつう大きな「変更」に，そして，alteration は小さな「変更」に使います。「＿＿の変更」は change (alteration) in ＿＿，＿＿ change (alteration) などで表わします。たとえば，「大きな変更」というように，「変更」の程度など「どのような変更」なのかを表わしたいときは change や alteration の前に形容詞をつけて……change，……alterationなどで表わします。したがって，「どのような（……）＿＿の変更」ならば，これらのことばを組み合わせて……change (alteration) in ＿＿，……＿＿ change (alteration) などと表現できます。

● 「変更」
- change (alteration)

    このような変更は絶対に許すことはできない。
    | Such a change definitely cannot be allowed.
    これらの変更により価格は若干，上がります。
    | These alterations will cause the price to increase slightly.

● 「＿＿の変更」
- change (alteration) in ＿＿

    光学的技術の変更── a change in optical technology

● 「どのような（……）変更」
- ……change (alteration)

    大きな変更── a drastic change

● 「どのような（……）＿＿の変更」
- ……change (alteration) in ＿＿

    単純な文章構造の変更── a simple alteration in sentence structure
- ……＿＿ change (alteration)

    大きな設計変更── a major design change
    小さな設計変更── a minor design alteration

68-2 変更

○○を変更する(変える)／○○は(が)変更になる(変わる)

「変更する（変える）」という他動詞にはchangeとalterがあり，changeは「大きな変更をする」ときに，alterは「小さな変更をする」ときに用います。ただ，「大きな変更」とか「小さな変更」というのは，たぶんに主観的であるということはわきまえておかなければなりません。「＿＿を変更する（変える）」は，①主語（……で例示）がはっきりしている場合は，……change (alter)＿＿と書けばよく，②主語がはっきりとせず，たんに「＿＿を変更する（変える）」という場合には，＿＿を主語にし，＿＿ is changed (altered)のように受身形で書きます。「＿＿は（が）変更になる（変わる）」はchangeやalterの自動詞を使って＿＿ change (alter)と書きます。to make a changeやchange is madeを使って「変更する」を表現することもできます。

●「……は＿＿を変更する（変える）」(主語がはっきりしている)―――――
○ ……change ＿＿

会社は基本設計を完全に変更した。

| The company has completely changed the basic design.

○ ……alter ＿＿

この新しい技術は機械の性能を若干，変えることになる。

| This new technique will alter the performance of the machine slightly.

●「＿＿を変更する（変える）」(主語がはっきりしていない)―――――
○ ＿＿ is changed (altered)

要件を満たすために方針を変更する。

| The policy will be changed to comply with the requirements.

●「＿＿は（が）変更になる（変わる）」―――――
○ ＿＿ change (alter)

これにより，フォーマットは自動的に変わる。

| With this, the format will automatically change.

69.1 方向

方向/○○の方向に/(前後/左右/上下/内外)方向に

「方向」は direction です。「＿＿の方向に」という場合には，前置詞 in を使って in ＿＿ direction と書きます。「前方向の」「後方向の」「左方向の」「右方向の」「上方向の」「下方向の」「内方向の」「外方向の」という形容詞は，それぞれ forward, backward, leftward, rightward, upward, downward, inward, outward で，たとえば，「前方向に」「後方向に」「左方向に」など，それらの副詞は，基本的には上記の形容詞形をそのまま副詞として使う使い方と，それぞれのことばの後ろに s をつけて，たとえば，forwards, backwards, leftwards などと書く書き方の二つがあります。また，副詞形は in ＿＿ direction を使って in the forward direction などで表わすこともできます。

● 「＿＿の方向に」

○ **in ＿＿ direction**
　　この (あの) 方向に ―――――― in this (that) direction
　　すべての (いろいろな) 方向に ―― in all (several) directions

● 「前後」「左右」「上下」「内外」の形容詞

○ **forward, backward, leftward, rightward** など
　　前方向の動き ―――― a forward movement
　　右方向のシフト ―― a rightward shift

● 「前後」「左右」「上下」「内外」の副詞

○ **forward(s)/backward(s)/leftward(s)/rightward(s)** など
　　カーソルを左方向に動かす ―― to move the cursor leftward(s)
　　流体が上方向に流れると，
　　| When the fluid flows upward(s),

○ **in the forward (backward/leftward/rightward など) direction**
　　自動車が後方に動くとき，
　　| When a car moves in the backward direction,

69.2 方向

前後方向に／○○の反対方向に

「前後（方向）に」は，あるものが「前に行ったり，後ろに行ったりする」ときに用いることばで，英語では back and forth で表現します。「反対方向に」は，in the opposite direction と書きます。「＿＿の反対方向に」の場合には，in the opposite direction to＿＿ および in the direction opposite to ＿＿の二つの書き方があります。前者の場合「＿＿の反対方向に」の「の」に引きずられて of＿＿のように，of を使わないように注意する必要があります。

● 「前後（方向）に」
○ **back and forth**

　　アンテナが前後に揺れる。
　　　| The antenna oscillates back and forth.
　　点 P は水平線に沿って前後に動く。
　　　| Point P moves back and forth along a horizontal line.
注—back and forth はつぎの例のように他動詞とともにも使えます。
　　アームを前後に動かす—— to move the arm back and forth

● 「反対方向に」
○ **in the opposite direction**

　　ターンテーブルは反対方向に回転する。
　　　| The turntable will rotate in the opposite direction.

● 「＿＿の反対方向に」
○ **in the opposite direction to ＿＿**

　　それは血液の流れの反対方向に流れる。
　　　| It flows in the opposite direction to the flow of blood.
○ **in the direction opposite to ＿＿**

　　飛行経路の反対方向に推力をかける
　　　—— to apply thrust in the direction opposite to the flight path

69.3 方向

右回り（左回り）/右回り（左回り）に（の）

これは回転の方向を示す表現で，日本語では「右まわり」とか「左まわり」，「時計まわり」とか「反時計まわり」などといいます。英語では「右まわりに」とか「左まわりに」とかいう副詞ならば，clockwise, counterclockwise で表わします。「右まわり方向に」とか「左まわり方向に」とかいいますので，よく to という前置詞を使ってしまうことがありますが，これらのことばは副詞ですから，前置詞は必要ありません。また，「右まわりの」とか「左まわりの」とかいう形容詞も clockwise, counterclockwise で表わします。これらのことばは形容詞ですので，「右まわり方向に」とか「左まわり方向に」とかいう場合には，in a clockwise (counterclockwise) direction のように，前置詞 in が必要になります。しかし，これはあまり多く見かける書き方ではありません。また，「左まわり」を表わすのに anticlockwise (direction) と書くこともできますが，これもあまり多く用いられる表現ではありません。

● 「右まわりに」「左まわりに」
○ **clockwise (counterclockwise)**
　音を大きくするときはダイヤルを右にまわしてください。
　　| To increase the sound volume, turn the dial knob clockwise.
　左にまわしてとんでしまったヒューズをとりはずしてください。
　　| Remove the blown fuse by turning it counterclockwise.
○ **in a clockwise (counterclockwise) direction**
　ワイヤを右方向にねじってください。
　　| Twist the wire in a clockwise direction.

注1 ― counterclockwise ということばは長いですが，counter と clockwise との間にはハイフンをいれないで one word として使います。

注2 ― clockwise や counterclockwise を副詞として使った場合には，前置詞の in はいれないように注意しなければなりません。

69-4 方向

○○する方向に/○○が○○する方向に

たんに「......する方向に」の場合には in such a direction as to......と書き，「＿＿が......する方向に」の場合には in the (such a) direction in which ＿＿......と書きます。「......する方向に」は「あるもの（＿＿）は......する方向に＿＿する」というときに使われる表現で，「......する」主語も「＿＿する」主語も同じもの，すなわち，「あるもの（＿＿）」です。一方，「＿＿が......する方向に」は「あるもの（＿＿）は＿＿が......する方向に＿＿する」というときに使われる表現で，「......する」主語は＿＿であり，「＿＿する」主語は「あるもの（＿＿）」です。すなわち「......する」主語と「＿＿する」主語が同じではない場合の表現です。

● 「......する方向に」

○ in such a direction to......

彼らは富士山がもっともよく見える方向に移動した。

| They moved in such a direction as to see Mt. Fuji most clearly.

レバーは IN を指す方向に回さなければなりません。

| The lever must be rotated in such a direction as to point "IN."

注 ─ これら上記の例文の場合，move したのも They であり，see するのも They です。また，rotate されなければならないのも lever であり，point するのも lever です。ともに主語が同じであることがわかります。

● 「＿＿が......する方向に」

○ in the (such a) direction in which ＿＿......

案内板は水がスムーズに流れる方向に設けられた。

| The guide plates were provided in the direction in which water smoothly flows.

注 ─ この場合には，provide されたのは guide plates であり，flow するのは water です。主語がそれぞれ異なっています。

Tea time

品詞の変換——英語でも日本語でも曲者は「副詞」

「翻訳とはことばの置き換えではなく意味の置き換えである」以上，品詞の変換は意識的に行なうものではなく，意識しようとしまいと，よい翻訳をしたときにはおのずと品詞の変換はなされているはずです。

そのなかで「副詞」ほどの曲者はいません。ここでは英語の副詞と日本語の副詞にスポットをあてて説明します。

●「英語の副詞がとんでもない日本語になる」例

> This analysis is best done by a computer.

この best をそのまま副詞として訳すと，「この解析はコンピュータによって最高になされる」となり，日本語とはほど遠いものになりますが，「この解析はコンピュータで行なうのがいちばんよい」とすると，自然な日本語になります。このような best の例は多くみられます。

> This signal is preferably fed to the emitter via a transformer.

preferably という副詞は，英語では「『好ましく』供給される」と書かれていますが，日本語では「供給するのが『好ましい』」とすべきです。いろいろな副詞がこのように使われているので，注意が必要です。

●「日本語の副詞が英語では形容詞になる」例

よく「日本語は動詞言語，英語は名詞言語」といいます。それは，日本語では「どのように＿＿＿する」のように「副詞＋動詞」で表現したものが，英語では「どのような＿＿＿」のように「形容詞＋名詞」になるということです。

○ 正確に見積る
　　　——to accurately estimate よりも accurate estimation
○ 注意深く調査する
　　　——to carefully investigate よりも careful investigation

となることが多いです。(拙著①⑥⑩および⑪を参照してください。)

Practical English:
Sentence Patterns and Concise Expressions

ま・や・
ら・わ行

70.1 目的（ために/めざす）

○○の目的

「目的」を表わす英語には，purpose, objective, object, goal, intent, intention, aim, end などがあります。とくに aim, end, object, objective, goal には最終目的，最終目標という意味もあります。

● 「＿＿の目的」

上にあげた英語の表現に相当する例をあげてみます。

この章の目的 ――― the purpose of this section
この委員会の目的 ―― the purpose of the committee
本来の目的 ――― the original object
この本の目的 ――― the aim of this book
耐熱設計の目的 ――― the aim of thermal design
この綿密な計画の裏にある目的
　　　―― the intention behind this careful planning
この調査の目的は情報収集である。
　| The purpose of this investigation is to gather information.
この目的は二つの加工物の接点を溶融させることである。
　| The objective is to bring about fusion at the point of contact
　| between the two workpieces.
生態系の研究の目的は，生物が相互に影響しあう系を理解することである。
　| The goal of the study of ecosystems is to understand the
　| interacting systems of living organisms.
この試作品は図面および仕様の目的にそっている。
　| This device, made on an experimental basis, is in accordance
　| with the intent of the drawings and specifications.
きみの人生の目的は何ですか？
　| What is your aim in life?

70-2 目的(ために/めざす)

○○を目的とする(めざす)/○○の目的を達成する

「＿＿を目的とする（めざす）」は aim at ＿＿で書きます。「＿＿することを目的とする」は intend to ＿＿，have an intention of ＿＿ing などで表現します。aim at ＿＿ing で表現することもできます。また，「＿＿の目的を達成する」は，attain, accomplish, achieve などの動詞と，object, purpose, objective などの名詞を組み合わせて，attain ＿＿'s object, accomplish ＿＿'s purpose, achieve ＿＿'s objective などのように表現します。

● 「＿＿を目的とする（めざす）」

このシステムは，最新技術による新しい通信システムを目的としている。

> The system is aimed at a new communication system with the latest technology.

● 「＿＿することを目的とする（めざす）」

この計画は，新製品の開発費用を減らすことを目的としている。

> This plan is intended to reduce the development cost of new products.

このチームは，その発明の実用化を目的としている。

> This team has an intention of putting the invention to practical use.

この条約は，絶滅に瀕している動植物の保護をめざしている。

> This treaty is aimed at protecting endangered plant and animal species.

● 「＿＿の目的を達成する」

彼は，宇宙飛行士になるという目的を達成した。

> He attained his object of becoming an astronaut.

数値制御装置を使用すると，この目的を達成する助けとなる。

> The use of numerical control can help us achieve this objective.

70.3 目的(ために/めざす)

○○する目的で(の目的のために)

つぎの項と意味は同じですが，ここでは「目的」を表わす英語のことばがはいる表現にしぼってみました。for ___ purpose, for the purpose of ___, for the sake of ___, with the object of ___ などで表わします。

● 「___ の目的のために」「___ するために」

○ **for ___ purpose**

この関係式はその目的のためによく使われる。
| This relation expression is often used for the purpose.

この目的のために溶剤を用いてはならない。
| No solvent should be used for this purpose.

○ **for the purpose of ___**

表示するために── for the purpose of illustration

このシステムは，情報を送受信するためにひじょうに効果的である。
| This system is very effective for the purpose of transmitting and receiving information.

○ **for the sake of ___**

明瞭さの（明瞭にする）ために── for the sake of clarity

彼は健康のために毎朝ジョギングをする。
| He jogs every morning for the sake of his health.

簡素化のために重要な情報を削除してはならない。
| No essential information should be eliminated for the sake of simplicity.

○ **with the object of ___**

この装置は，その製品の製造時間を短縮するという目的で開発された。
| This device was developed with the object of reducing manufacturing time of the product.

解説 ─アンダーラインの部分は省略し，たんに for だけで書くと簡潔になります。

70-4 目的(ために/めざす)

○○するために

「目的」を表わす英語のことばが表面にでない表現で，to......（to- 不定詞），in order to......（to- 不定詞），so as to......（to- 不定詞），for......などいろいろな書き方があります。また，「＿＿が（を）......するために」という場合には in order for ＿＿ to......（to- 不定詞），in order that ＿＿ may......，so that＿＿ may......などで表現します。

● 「......するために」

○ **to......（to- 不定詞）**

人は食うために生きるのではなく，生きるために食う。
| Man does not live to eat, but eats to live.

○ **in order to......（to- 不定詞）**

一番列車に乗るために彼は駅へ急いだ。
| He hurried to the station in order to catch the first train.

○ **so as to......（to- 不定詞）**

表面を傷つけないように注意しなければならない。
| Care must be taken so as not to damage the surface.

○ **for ＿＿**

何のためにここへきたの。── What have you come here for?

● 「＿＿が（を）......するために」

○ **in order for......to- 不定詞**

摩擦溶接を行なうためには三つの条件がある
| Three requirements are needed in order for friction welding to take place.

○ **in order that ＿＿ may......**

ヘリコプターが空中に停止するために動力を供給する
── to supply power in order that the helicopter may hover

解説—アンダーラインを引いた部分は省略すると，もっと簡潔な英文になります。

70.5 目的(ために/めざす)

○○のための(するための)○○/○○するために○○する

「……のための（……用の）___」という場合には___ for……と表現し，「……するための___」という場合には___ for……ing と書きます。「……するために___する」という場合は___ for……ing です。そのほかに general (special)-purpose ___ なども使われます。

● 「……のための（……用の）___」
○ ___ for……

電池接続用の同軸ケーブル── coaxial cable for cell connection
市販用の要素の製造には,
 | In producing an element for commercial use,

● 「……するための___」
○ ___ for……ing

温度を測定するための器具── a tool for measuring temperature
機械を取り扱うための特別な使用説明書
 ── special instructions for handling the machine
適切な CR を選択するためのソフトウエア・パッケージ
 ── a software package for selecting the proper CR

● 「……するために___する」
○ ___ for……ing

これらのレーダーは，気象パターンを観測するために用いられている。
 | These radars are used for observing weather patterns.

● 「○○目的」
○ general（special/multi/dual/multiple など）-purpose

この汎用ロボット・システム── this general-purpose robotic system
多目的ユーザーネットワーク── multi-purpose user-network
二重目的の原子炉──────── dual-purpose reactor
多目的ダム──────────── multiple-purpose dam

71-1 問題

問題/○○の問題

　日本語の「問題」ということばは，いろいろな意味を持っています。英語にもそれぞれの意味によっていろいろなことばがあり，使い分けなければなりません。「答えを求める問題」は problem や question，「解決すべき問題」は issue，「話題の対象となる問題」は subject や topic，「やっかいな問題」は trouble，「事件や事柄の問題」は affair や matter，「思考・研究の対象となる問題」は object などでそれぞれ表わします。

●答を求める問題
　　物理の問題―― a problem in physics
　　国家の安全保障は，長い間の問題である。
　　　| National security is a question of long standing.
●解決すべき問題
　　国際的な問題―― international issues
　　二国間でもっとも議論の余地のある問題
　　　―― the most contentious issue between two countries
●話題の対象となる問題
　　永遠の問題―――――― a perennial subject
　　より討論の対象となる問題―― the more debatable topics
●やっかいな問題
　　解決すべき問題―――― the trouble to be solved
　　政府の問題を引き起こす―― to cause the government trouble
●事件や事柄の問題
　　それはたんなる時間の問題である。
　　　| It is only a matter of time.
　　国内の問題と外交の問題―― internal affair and international affair
●思考・研究の対象となる問題
　　科学調査の問題―― the object of scientific research

71-2 問題

問題を○○する

この項とつぎの項では「問題」に付随する周辺の表現について述べてみます。この項では，とくに「問題を＿＿する」という表現に重点を置いてみていきます。「問題」そのものについての表現は前の項を参照してください。

● 問題を解決する（resolve/solve など）

両国ともミサイルの問題を解決できる。
> The two sides will be able to resolve the issue of missiles.

これらの問題を解決するため，われわれはより複雑な工具を開発した。
> To solve these problems, we have developed more complicated tools.

● 問題を起こす（raise）

患者が昏睡状態になったとき，医者は患者の家族に対して職務権限の問題を起こした。
> The doctor raised a question of authority to the patient's family when the patient fell into a coma.

● 問題を避ける（dodge/avoid など）

彼はセクシャル・ハラスメント訴訟問題を避けようとした。
> He tried to dodge the issue about the sexual harassment lawsuit.

● 問題を提起する（pose）

学生は先生にむずかしい問題を提起するのが好きです。
> Students like to pose difficult problems to teachers.

● 問題を取り扱う（handle）

技術者はいつもコンピュータ・ソフトの問題を注意ぶかく取り扱う。
> Technicians always handle problems about computer software carefully.

71-3 問題

問題が○○する

　この項では,「問題」を主語にして「問題が＿＿する」という表現に重点をおいて述べていきます。ふつう「＿＿する」という自動詞を使って書きますが,前の項であげた他動詞を使い,受身の形にして表現することもできます。

●問題が解決する（resolve）
settle という動詞でも書くことができますが,be solved や be resolved でも表現することができます。
　　……なので,問題それ自体が解決する。
　　　| Because..., the problem resolves itself.
　　失業率増加問題が先週,会議で解決された。
　　　| The problem with the increase in unemployment was solved
　　　| last week at the conference.

●問題が未解決である（remain unsolved）
　　この問題はまだ未解決である。
　　　| This problem remains unsolved.

●問題が消える（disappear）
　　遅かれ早かれ,偏見という問題はは消えるはずである。
　　　| The problem of prejudice should disappear sooner or later.

●問題が提起される（be raised/be posed など）
　　福利厚生改革問題がセミナーで生じた。
　　　| The problem about welfare reform was raised at the seminar.
　　経済の不安問題が国連会議で提起された。
　　　| The problem of economic instability was posed at the United
　　　| Nations meeting.

●問題が起きる（arise）
　　彼が仲間に加わると,新しい問題が起きるかもしれない。
　　　| When he joins us, a new problem may arise.

72.1 役割

役割/○○の役割/○○に果たす役割

「役割」という英語は role, part で表現します。「どのような役割」という場合には role, part の前にその形容詞をつけ，また，「___の役割」は role (part) of ___, role (part) played by ___ などで表現します。「___が……に果たす役割」は，the role (part) that ___ play in …… のように，the role (part) の後に関係代名詞 that を用いて，その内容を表現する形をとります。これは，基本的にはつぎの項「役割を果たす」(play a role ⟨part⟩) を使った表現です。in の後の …… には名詞や動名詞がきます。

● 「どのような役割」(role/part)
　　指導的役割————— a leading role (part)
　　重要な役割————— an important (a key/a major) role (part)

● 「___の役割」
○ role (part) of ___ (role⟨part⟩played by ___)
　　宗教の役割————————— the role of religion
　　コレステロールの役割—— the role of cholesterol
　　日本の指導的役割————— the leading role of Japan
　　ミネラルの重要な役割—— the important part played by minerals

● 「___が……に果たす役割」
○ the role (part) that ___ play in ……
　　潤滑剤の形式がエンジンの寿命に果たす役割
　　　——— the role that the type of lubricant plays in the service life of the engine
　　軸受が機械の騒音をコントロールするうえで果たす役割
　　　——— the role that a bearing plays in controlling the noise of a machine
　　彼が今回の政治改革で果たした役割
　　　——— the role that he played in the recent political reforms

72-2 役割

役割を果たす

「役割を果たす」は play (a) role (part) で表わします。また，自分の「役割を果たす」という場合には，play one's part (role) という表現を使います。「___に役割を果たす」は play (a) role (part) in ___，play one's role (part) in ___ のように in を用います。

● 「役割を果たす」
○ **play (a) role (part)**
機械加工条件が重要な役割を果たす。
| Machining conditions play an important role.
水深は重要な役割を果たす。
| The depth of the water plays a key role.
○ **play one's role (part)**
彼は立派に自分の役割を果たした。
| He played his part admirably.
浮き世は回り持ち（かごに乗る人かつぐ人）（諺）
| This world is a stage and every man plays his part. (proverb)

● 「___に役割を果たす」
○ **play (a) role (part) in ___**
コンピュータは，人類文明の進歩に重要な役割を果たしている。
| Computers are playing a major role in advancing human civilization.
彼はその機械の開発に指導的役割を果たした。
| He played a leading role in the development of the machine.
ミネラルは身体の機能に重要な役割を果たす。
| Mineral plays an important role in the function of the body.

解説—芝居や映画などで「___の役割を演ずる」という表現がありますが，これは to play a role (part) of ___ で表わします。

73.1 予想(予測)
予想/○○を予想する

「予想」は，ふつう expectation, anticipation などで書きます。「予測」とか「予期」という意味では contemplation, forecast, prediction などのことばを使います。これらの動詞形は expect, anticipate, contemplate, forecast, predict などです。

● 「予想（予測）」
○ **expectation**
　われわれの予想に反して―― contrary to our expectation
○ **anticipation**
　この意味では，予想を超えていた。
　| In this respect, anticipations were exceeded.
○ **forecast**
　信頼できる売り上げ予測―― a reliable sales forecast
○ **prediction**
　当初の予測は非常に楽観的であった。
　| The original prediction was very optimistic.

● 「予想（予測）する」
○ **expect**
　もしあなたの予測した結果が得られない場合は，
　| If you cannot get the results you expected,
○ **anticipate**
　売り上げが達成されるであろうと予測されている。
　| It is anticipated that the business results will be achieved.
○ **forecast**
　委員会では，合計数量が増えるであろうと予測している。
　| The Committee forecasts that the total number will increase.

73-2 予想(予測)

予想される(されない)○○/予想できる(できない)○○/予想どおりに

「予想（予測）される___」は expected (anticipated/contemplated/predicted/estimated)___で表わし，「予想（予測）できない___」はunexpected (unforeseen/unpredictable)___で表わします。「予想(予測)どおりに」は as expected (anticipated) と書いたり，predictably とか expectedly などの副詞を使ったりします。

● 「予想（予測）される___」

○ expected (anticipated/predicted/contemplated)___

予測された生産性を達成する
——— to achieve the expected productivity
予測された成長率——— an anticipated growth rate
予測された相対変化——— predicted relative changes
予想される水の流れ——— contemplated water flow

● 「予想（予測）できない___」

○ unexpected (unforeseen/unpredictable)___

予測できない災害——— unexpected disasters
予想外の結果——————— an unexpected result
予測できない方法で——— in an unpredictable manner
予測できない事故が起こった。
| An unforeseen accident occurred.

● 「予想（予測）どおりに」

○ as expected

それは予想どおり壊れた。
| It broke as expected.

○ predictably

予想どおり，彼はその会社にだまされた。
| Predictably, he was deceived by the company.

74-1 呼ばれる（言う/言われる/称する）
○○と呼ぶ/○○と呼ばれる○○

これは,「＿＿と呼ぶ」「＿＿と呼ばれる」「＿＿という」「＿＿といわれる」などさまざまな形でよく使うものです。be referred to as ＿＿, be known as ＿＿, be called ＿＿などで書きます。be known as ＿＿は「＿＿として知られる」ではなく,「＿＿と呼ぶ」です。called の場合 as はつきません。また, 形容詞の「＿＿と呼ばれる……」は, ……referred to as ＿＿, ……known as ＿＿, ……called ＿＿などで表現します。

● 「＿＿と呼ぶ」

○ **be referred to as ＿＿**

その標準は正式に JIS A310 と呼ばれる。
| The standard is properly referred to as JIS A310.

○ **be known as ＿＿**

このシステムは, 列車自動運転装置と呼ばれる。
| This system is known as automatic train operation.

○ **be called ＿＿**

それらは, まとめて日本アルプスと呼ばれる。
| Collectively, they are called the Japan Alps.

● 「＿＿と呼ばれる……」

○ **……referred to as ＿＿**

「魔法の白砂」と呼ばれる塩
―― salt referred to as "magic white sand"

○ **……known as ＿＿**

日本の赤ちゃんのほとんどは, おしりに蒙古斑と呼ばれる青いしるしをつけて生まれてくる。
| Most Japanese babies are born with a blue mark known as the Mongolian Spot at the base of the spine.

74-2 呼ばれる（言う/言われる/称する）
○○と称する/○○と略称する

　法律や契約書，仕様書などの正式な文章では，長い会社名や装置名などを二度目からは省略して用いる場合，「以下＿＿と称する」と断わり書きを使うことがよくあります。英語では，hereinafter referred to as ＿＿，hereinafter called ＿＿などで表現します。hereinafter known as ＿＿とはいいません。「＿＿と略称する」などという表現もこれに類するもので，be abbreviated to ＿＿，be called ＿＿ for short と書きます。

● 「以下＿＿と称する」
○ **hereinafter referred to as ＿＿**
　　ABC 重工業株式会社（以下 ABC と称する）
　　　ABC Heavy Industries Co., Ltd. (hereinafter referred to as ABC)
○ **hereinafter called ＿＿**
　　株式会社 XYZ（以下「ライセンシー」と称する）
　　　XYZ Company Ltd. (hereinafter called "the Licensee")
　注―特許契約で，特許使用権を与えるほうを "Licenser"，受けるほうを "Licensee" といいます。

● 「＿＿と略称する」
○ **be abbreviated to ＿＿**
　　キリスト教女子青年会は，普通 Y. W. C. A. と略称する。
　　　Young Women's Christian Association is commonly abbreviated to Y. W. C. A.
○ **be called ＿＿ for short**
　　日本農業協同組合は JA と略称される。
　　　Japan Agricultural Cooperatives is called JA for short.
　注―「略称」は，an abbreviated title で表わします。

75-1 理解(分かる)

理解/○○の理解/理解する(分かる)

「理解」は understanding, comprehension などで表わします。appreciation で表現することもできます。「＿＿の理解」は understanding (comprehension) of ＿＿です。「理解する(分かる)」は一般的には understand です。それ以外に「価値を認める」という意味では appreciate,「ものごとを認識する」という意味では recognize や realize, やや文語的なことばとしては comprehend,「全体像をつかむ」という意味では grasp などがふつう使われます。

● 「＿＿の（に対する/についての）理解」
- **understanding of ＿＿**
    データ通信に対する基本的な理解
    —— a basic understanding of data communications
- **comprehension of ＿＿**
    読者の，すべての文章についての理解
    —— the reader's comprehension of all the sentences

● 「理解する（分かる）」
- **understand**
    問題をよりよく理解する—— to understand the problem better
- **appreciate**
    AとBの区別を理解する
    —— to appreciate the distinction between A and B
- **realize**
    マニュアルの重要性を理解する
    —— to realize the importance of manuals
- **comprehend**
    ……を理解する能力—— the ability to comprehend…
- **grasp**
    複雑な概念を理解する—— to grasp complex ideas

75-2 理解(分かる)

理解させる/○○は理解できる/理解できる○○

「＿＿を……に理解させる」は make ＿＿ understandable to …… で表現します。「＿＿は理解できる」は ＿＿ is understandable (comprehensible) で,「＿＿は理解し（分かり）やすい」は ＿＿ is easy to understand. です。また,「理解し（分かり）やすい＿＿」は an easy-to-understand ＿＿ と書きます。「＿＿の結果……が……であることが分かっている」という場合は ＿＿ shows that………… で表現します（拙著⑥⑩参照）。

● 「＿＿を……に理解させる」
- make ＿＿ understandable to ……

  この状況を彼に理解させる
  —— to make this situation understandable to him

● 「＿＿は理解できる」
- ＿＿ is understandable (comprehensible)

  装置の安全性に対する彼の心配は理解できる。
  | His concern about the safety of the unit is understandable.

● 「＿＿は理解し（分かり）やすい」
- ＿＿ is easy to understand.

  このマニュアルは理解し（分かり）やすい。
  | This manual is easy to understand.

● 「理解し（分かり）やすい＿＿」
- an easy-to-understand ＿＿

  これは理解し（分かり）やすいマニュアルである。
  | This is an easy-to-understand manual.

● 「＿＿の結果……が……であることが分かっている」
- ＿＿ shows that…………

  経験の結果, 二つ目の方法がベストであることが分かっている。
  | Experience shows that the second approach is best.

76.1 理由（なぜならば/ので）

○○の理由

「理由」は reason です。ほかに reasoning, cause, grounds なども使われますが，grounds は「根拠」というニュアンスを持ったことばです。「＿＿の理由」は reason for ＿＿ と書きます。また，「どのような理由」という場合は reason の前に形容詞をつけて表現します。

● 「＿＿の理由」

○ **reason for ＿＿**

この理由については後で論じる。
| The reasons for this are discussed later.

この複雑さのおもな理由はつぎのとおりである。
| The main reasons for this complexity are as follows:

そのコードが広く使用されるのには，いくつかの理由がある。
| There are several reasons for the code's wide use.

● 「どのような理由」

○ **reason, cause, grounds など**

その理由――――――― the reason
一つの理由――――――― one reason
もう一つの理由――――― another reason
じゅうぶんな理由―――― a good reason, a sufficient reason
明白な理由――――――― an obvious reason
もっともな理由――――― a reasonable reason, a rational reason など

これには多くの理由がある。
| There are many reasons for this.

この傾向の一つの理由は安全のためにサーボ機構を使用することである。
| One cause of this trend is the use of servosystems for safety.

この計画には理論的な根拠がある。
| There are some theoretical grounds in this plan.

76.2 理由（なぜならば/ので）

○○する理由／○○が○○する理由

「……する理由」は reason to…… (to-不定詞) で表現します。「＿＿が……する理由」は，reason that ＿＿……, reason why ＿＿…… などで表現します。

● 「……する理由」

○ **reason to……（to-不定詞）**

このモデムを選択する理由 —— the reason to select this modem
その提案がこの問題解決に効果があると信じる理由はほとんどない。

> There is little reason to believe that the proposal will be effective in solving this problem.

もし……ならば，自動化する理由はなにもない。

> If…, there is no reason to automate.

● 「＿＿が……する理由」

○ **reason that ＿＿……**

この部屋に窓がない理由
—— the reason that this room does not have windows
効率が改善されている一つの理由は，リン化ガリウム (GaP) が，ヒ化ガリウム (GaAs) と違って透明だからである。

> One reason that efficiency is improved is because GaP, unlike GaAs, is transparent.

○ **reason why ＿＿……**

われわれがその調査を続けなければならない理由は，それである。

> That is the reason why we have to continue the investigation.

この製品が好まれるのには，多くの理由がある。

> There are many reasons why this product is favorably accepted.

76.3 理由(なぜならば/ので)

○○の理由で/○○が○○する理由で

「＿＿の理由で」という場合，for ＿＿ reason, because of ＿＿, on the grounds of ＿＿などで表わします。また，「＿＿が……するという理由で」という場合には，on the grounds that ＿＿……で表わします。

● 「＿＿の理由で」

○ **for ＿＿ reason**

二つの主要な理由で —— for two fundamental reasons
ほかの多くの理由で —— for many other reasons
私は健康上の理由で，その会議に参加できませんでした。
| I could not attend the meeting for reasons of health.
同社は経済的な理由で，その開発を断念した。
| The company gave up the development for economic reasons.

○ **because of ＿＿**

このような制約のために，この調査は行なわれていない。
| This investigation has not been carried out because of such limitations.
その試合は雨のために延期になった。
| The game was postponed because of rain.

○ **on the grounds of ＿＿**

人種や皮膚の色という理由で人を差別してはならない。
| No one should be discriminated against on the grounds of race or color.

● 「＿＿が……するという理由で」

○ **on the grounds that ＿＿ ……**

その処理は衝撃特性が改善されるため，その材料には望ましい。
| The treatment is desirable for the material on the grounds that its impact properties are improved.

76-4 理由(なぜならば/ので)

○○の理由は○○である/○○の理由は○○が○○することである

「＿の理由は＿である」は reason for ＿ is ＿ で表わします。また，「＿の理由は＿が＿することである」は，reason for ＿ is that ＿ で表わします。この場合，reason for ＿ is because ＿ としないように注意しなければなりません。さらに「＿が＿する理由は＿である」という場合は，＿ is why ＿ と書きます。

● 「＿の理由は＿である」
  ○ reason for ＿ is ＿

  彼の辞任の理由は謎である。
  | The reason for his resignation is a puzzle.
  もう一つの理由はメンバーの意識の違いである。
  | Another reason is a difference in the awareness of members.

● 「＿の理由は＿が＿することである」
  ○ reason for ＿ is that ＿

  この理由は，一組の光学異性体が同じ融点と沸点，および同じ化学的性質を持つということである。
  | The reason for this is that a pair of optical isomers have identical melting and boiling points and identical chemical properties.
  一つの理由は，それらが設備メーカーによって指定されていない要因に左右されるということである。
  | One reason is that they depend on factors not specified by equipment manufacturers.

● 「＿が＿する理由は＿である」
  ○ ＿ is why ＿

  これが，ほとんどのロボットアームが5～6軸を持っている理由である。
  | This is why most robot arms have five or six axes.

76-5 理由(なぜならば/ので)

○○が○○するので

これは「___が……するので，___は……する」というように，「理由」を表わす表現を前にだして書く表現方法です。これとは別に「___は……する。なぜならば，___が……するからである」というように，「理由」を表わす表現を後にして書く表現方法もありますが，これについては，つぎの 76-6 項で説明します。前者は Because (Since/As)___……, ___……で書いたり，順番を逆にして___……because (since/as)___……で書いたりします。後者の場合は，because (since/as) の前にはカンマは入れません。

● 「___が……するので，___は……する」
○ Because (Since/As)___ ……, ___ ……
RAM の情報は電子的に記憶されるので，
| Because information in RAM is stored electronically,
電流は回路内の各抵抗体を通じて流れているので，
| Since current is flowing through each resistor in the circuit,
小さな問題がいくつも同時に起きているので，
| As there are a large number of concurrent subproblems,

○ ___ …… because (since/as)___ ……
疲れたので，1日休んだ。
| I took a day off because I was tired.
その化合物は高い感光性があるので，重要である。
| The compound is important because it has high photosensitivity.
メインフレームが……に使用されているので，メモリは重要である。
| Memory is important since mainframes are used in ….
振動数が調整されるので，振動の振幅には影響を受けない。
| The amplitude of oscillation will not be affected as the frequency is adjusted.

76-6 理由(なぜならば/ので)

なぜならば,○○が○○するからである

これは「＿＿は＿＿する。なぜならば，＿＿が＿＿するからである」というように，「理由」を表わす表現を後にして書く表現方法で，for を使って＿＿＿＿＿, for ＿＿＿＿＿と書きます。この場合，for の前にはコンマをつけます。また，前の 76-5 項の英語表現の順番を逆にして，＿＿ ＿＿, because (since/as) ＿＿＿＿＿で書くこともできます。この場合は because (since/as) の前にはコンマを入れます。(注：和訳文は該当個所のみとしました。)

● 「＿＿は＿＿する。なぜならば，＿＿が＿＿するからである」
○ ＿＿ ＿＿, for ＿＿＿＿

Thermosetting resins can be processed only once, for they become permanently hard when heated.
| なぜならば，加熱すると永久に硬化するからである。

○ ＿＿ ＿＿, because (since/as)＿＿＿＿

Owners of cars 4 or 5 years old are discouraged from buying, because prices have gone up steeply.
| なぜならば，価格が急激に上昇したからである。

Note that this method of turning the computer off is not recommended, since you will lose any work you had not previously saved on a disk.
| なぜならば，前もってディスクにセーブしていないものを失ってしまうからである。

Dishes with metallic trim should not be used, as arcing may occur.
| なぜならば，アークが発生するからである。

解説 — as には「なぜならば」以外にも「＿＿するとき」「＿＿するにつれて」「＿＿として」などいろいろな意味がありますので，原因や理由のときは because か since を用いるほうが望ましいとされています。

77-1 例外

例外/○○の例外/例外なく

「例外」は，ふつう exception です。したがって，「＿＿の例外」は exception to ＿＿ と書きます。よく使われる「例外なく」は without exception の熟語で，「ほとんど例外なしに」は with few exceptions と表現します。

● 「例外」
しかし，すべてのルールと同じように，例外がある。
| But like all rules, there are exceptions.
例外はたくさんある。
| Exceptions abound.
例外があることは，規則のある証拠。（諺）
| Exception proves the rule. (proverb)

● 「＿＿の例外」
○ **exception to ＿＿**
さいわいなことに，悪いマニュアルにも例外がある。
| Fortunately, there is an exception to bad manuals.
これらは規則の例外です。
| These are exceptions to the rule.

● 「例外なく」
例外のない規則はない。
| There are no rules without exceptions.
人はみな例外なく規則を守らなければならない。
| Everybody must keep the regulations without exception.

● 「ほとんど例外なしに」
○ **with few exceptions**
このネットワークは，ほとんど例外なしに二国の電話をまかなう。
| This network serves, with few exceptions, all the telephones in the two countries.

77-2 例外

例外的な(に)

「例外的な」という形容詞は exceptional, 「例外的に」という副詞は exceptionally で表現されます。しかし，逆に英語で exceptional とか exceptionally などという場合，日本語では「無類の」「すぐれた」「めずらしい」「特別の」や，または「非常に」「きわめて」とか「特別に」などということばをあてたほうがよいことが多くあります。

● 「例外的な（無類の/すぐれた/めずらしい/特別の）」

 例外的な事情（非常事態）———— exceptional circumstances
 特別の才能を持った子どもたち—— children with exceptional ability
 特殊児童（特別の教育を要する児童）たち—— exceptional children
 これは例外的な場合です。
  | This is an exceptional case.
 この暖かさは2月としてはめずらしい。
  | This warm weather is exceptional for February.

● 「例外的に（ひじょうに/きわめて/特別に）」

 非常に高い品質———— exceptionally high quality
 きわめて厚い壁———— exceptionally thick walls
 非凡な才能の歌手———— an exceptionally talented singer
 彼女は非常に美しい少女である。
  | She is an exceptionally beautiful girl.
 それはまったく異例のできごとである。
  | It happens quite exceptionally.
 6月はめずらしく乾燥していた。
  | June had been exceptionally dry.
 この方法できわめて低い炭素分の鋼が作られる。
  | This process produces steel with exceptionally low carbon content.

Tea time

数量表現の基本——水の沸騰点は100℃である

　説明にはいる前に，簡単なことばの定義をしておきましょう。「水」を「名詞」，「沸騰点」を「物理量」，「100」を「数値」，そして，「℃」を「単位」ということにします。このような文章はいたるところにあります。「新幹線の速度は 210 km/h である」「レンズの直径は 50 mm である」「人口は1億2千万人である」——みなこの文章構造に属するものです。

　それでは「水の沸騰点は 100℃ である」を例にとって説明していきます。すぐに考えられる英文は，それぞれの日本語に英語をあてはめて，

　　| The boiling point of water is 100℃.

でしょう。これは「物理量」を主語にしたもので，けっしてこれで悪くはありません。しかし，あまりにも日本語のことばだけをそのまま置き換えて作文した，いかにも日本人的な英語という感じがしなくもありません。じじつ，もうひとつ，日本人には発想しにくいのですが，英米人がよく書く英語があります。それはつぎのように「名詞」を主語にしたもので，

　　| Water has a boiling point of 100℃.

というものです。

　日本語が「水の沸騰点は……」といって「物理量」を主語にしている以上，英語でも The boiling point of water is.... とすべきで，Water has.... としてしまうと，「水」という「名詞」が主語となる文章になってしまうのではないかという心配がありますが，意味のうえではこれでよいのです。もっと単純な心配は「このように書くと，『水は 100℃ の沸騰点を持つ』という英語になってしまうではないか」というものですが，have は「持つ」という意味だけではないのです。

　いろいろな文脈においては「物理量」を主語にして書いたほうがよい場合もあります。しかし，私たち日本人には発想しにくいのですが，このように「名詞」を主語にする文章が書けるようになると，力量がぐんとあがります（拙著①②③および⑤を参照してください）。

Practical English:
Sentence Patterns and Concise Expressions

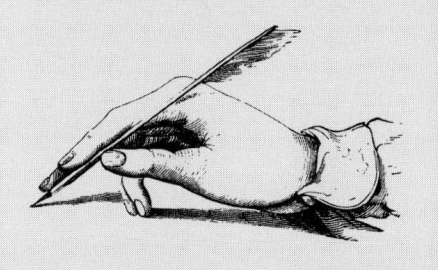

索引

- ●—**日本語索引**——すべてを清音読みし，長音は音を重ね，50音順。
  　　　　　　　同音の場合は，カタカナ→清音→濁音→半濁音の順に配列。
- ●—**英語索引**——すべてアルファベット順に配列。
  　　　　　　　大文字と小文字，および語尾の変化は本文のまま表示。
- ●—日本語索引，英語索引のいずれも，太字が索引用語，細字は補足語。

●日本語索引

あ

アーク	337
アース線	266
アイデア	123
亜鉛	43
青天井だ	150
あおむけ	139
上がる	166
明るい	278
明るさ	95
＿＿は上がる	166
明らかである	177
明らかに	195
悪影響	45・121
間隔をあけてください	63
上げる	166
＿＿を上げる	44・166
あこがれ	243
麻	154
味	180・182
校倉（あぜくら）作り	173
値がする	279
暖かい	99
〜にあたって	86
熱いうちは	187
熱くなる性質	153
圧縮比	283
あっている	58
アップグレード	224
厚み	180
圧力露点	74
あとの	41
アナログ電話方式	106
アパート	210
油入り装置	124
油の貯蔵タンク	270
アプローチ	107・179
アミノ酸	82
雨	43
アメジスト	228
誤った方向	77
あらかじめ決まる	154
〜を表わす	117
〜があります	53
〜があるかないか	266
ある間隔で	64
安全装置	249
安全ベルト	238
安全保障	321
アンテナ	200・311
案内板	239・313

い

意識	335
維持する	121
高く維持する	293
移住制限法	151
駅へ急いだ	319
板厚	37
痛くならないように	188
1台以上の機械	79
1台を超える機械	79
1度に	184
1年をとおして	303
一番列車	319
一方向	275
一般に	61・201
一方	168
いつも	224
遺伝子分析	215
異物	155
入口	236
いろいろな	44
色が	81
色によって	75
色別	73
飲酒	83・86

インストールする	234
インターフェロン	223
インテルサット3	221
インピーダンス	37
インフルエンザ・ウイルス	99
インフルエンザウイルス	279
引用符	209

う

ウィルス	80・97
ウィルス感染	80
＿＿の上に	29
上のほう	29
ウェブ・ページ	176
上方向に	310
ウォーム・アップして	107
受け入れられる	204
受け入れられている	201
入学試験を受ける	293
動き	203
失ってしまう	337
＿＿の後ろに	29
打ち上げ	143
宇宙船	94
宇宙飛行士	317
うつぶせ	139
うまく	106
生まれてくる	328
紙の裏表	72
〜の裏にある	316
売手側	293
うれしそうな	116
うわさ	85
運転モード	191
運動	146

え

エアコン	110・237・290
永遠の	321
永久に	337
影響	178
影響を受けない	336
影響をおよぼす	159・204

永住希望	74
エイズ・ウイルス	279
エイズ患者	155
衛星	143
衛星通信	164
栄養価	232
エコノミスト	36
エネルギー	231
エラー率	167
LPガス	214
円	102
遠隔操作する	125
円滑さ	95
延期になった	334
円グラフ	149
円錐形をした	62
えんぴつ	48
塩分	180

お

応答	289
応答時間	90
応力腐食割れ	81
大きく	179
大きさ	133
オート・フォーカス	237
オーブン	109・125
おおまかに	301
大雪	85
〜のおかげで	242
意味の置き換え	268
ことばの置き換え	268
置き換える	106
起きる	98
送られてきます	65
遅れて	226
学校に遅れる	226
起こる	217
ONボタンを押した	217
押しだされる	63
おしり	328
押すということ	54
遅かれ早かれ	94・323

343

音	312
落としたり	110
埃を落とす	228
〜と同じ	120
帯びる	152
オフィス・オートメーション	76
重さ	48
重さがある	279
おもな	116・229
親指	141・188
紙が折られる	134
折れ線グラフ	149
温血動物	198
音節	136
温度が	94
温度が下げられる	96
温度差	264
同じ温度において	50
温度を下げる	96
音波	86
穏便に	115
音量つまみ	198

か

……が	94・164・199・304
色が	38
重さが	48
概念が	244
数が	37
重要性が	94
高さが	199
特性が	48
長さが	48
密度が	94
カーソル	174・310
カートリッジ	196
〜の解	85
外観	47・250・252
階級	75
解決された	323
解決して	36
外交	321
概算した	124

会社	194
解釈	255
回収できる	206・241
改善活動	154
改善された	83
外装	34
解像度	51・95
買手側	293
回転させる	89
回転磁界	82
回転する	89
回転速度	48・199
回転速度が	48
ガイド	200
2400 回	267
概念	36
開発する	83
開発費用	317
返してください	68
香り	182
価格が上昇すると	162
科学調査	321
価格の上昇	162
科学の進歩	90
価格変動	87
時間がかかった	83
輝く	49
時間がかかる	226
限りなく	151
家具	118
核酸	35
確実に	206・235
学生	322
核分裂	128
確率	202
推力をかける	311
加工された	60
加工物	316
過去分詞	141・288
火災	104
火災条例	233
風車	230
費用がかさむ	196

可算名詞	129・131	関係	201
火事	85	〜の関係	149
画質	44	関係式	318
過剰振動	85	関係代名詞	84・151
〜の数	97	簡潔さ	232
加水分解する	266	簡潔な英語	54
数かずの	107	観光産業	243
風	43・203	感光紙	292
火星	294	感光性	336
カセット・レコーダ	254	観察する	186
画素	285	患者	119・264・322
加速度的	165	干渉	200
堅いこと	152	関心	227
硬さ	43	関数	203
可聴音	84	慣性航法システム	237
滑車	238	感染	80
合致し	196	感染したコンピュータ	156
家庭	210	感染していない	156
仮定しています	201	完全に	293
家庭用電源	240	完全に一致し	38
稼動させる	108	乾燥させる	125
稼働寿命	109	乾燥していた	339
過度だと	88	簡素化	318
かならずしも〜ではない	46	簡単に	103
かなり	303	感知距離	95
かなりの	102	感電	266
加入者	143	監督できる	152
加熱されると	164	含有量	305
過熱する	83・88	管理職	262
＿＿の可能性はない	142	通行を緩和する	251
カプリング	191		
紙飛行機	91	**き**	
カメラ	117	キーボード	53
カラオケ	98	記憶される	336
仮主語	293	機械加工される	35
皮	171	機械加工条件	325
為替レート	95・165・305	機械加工性	93
癌	129	機械的性能	50
感圧ダイアフラム	248	同じ期間	50
3cm 間隔に	273	機関車	42・300
120°間隔に	61	企業秘密	138
換気	291	器具・道具	122
環境汚染抑制	70	危険	142

345

危険な	127	キリスト教女子青年会	329
気候	305	コンピュータを切る	118
記載しておく	215	キルヒホフの法則	83
兆し	129	負荷電流を切る	265
義歯	243	切れた電球	102
技術翻訳	112	記録	120
技術用語	202	きわだった	229・250
気象パターン	320	きわめて	174・339
傷つきやすい	79	金	152
傷つけないように	319	金属	51
規制緩和	76	勤続年数	297
既存の	193	金属部品	60
切ってある	58	金融安定化策	207
～について規定する	213		
～からきている	177	**く**	
軌道	115	空気汚染条例	176
6気筒エンジン	237	空気抵抗	40
機能	325	空気量	92
機能する	121	空中に停止する	319
機能的には	175	～を駆動する	211
きびしい	137	区別	330
寄付	255	区別できる	123
限られた規模	151	組み合わせた	146
基本的	227	グライダー	200
基本的人権	114	～に比べて	154
基本の	127	グリース	65・293
義務	57	グリース・アプリケータ	68
決められた	63	グループ活動	198
キャンセル	56	グローバルに	78
急激に	337	クロム	87
救助しよう	107	群前置詞	125・301
給水	81		
急性の	100	**け**	
急速に	81	計画し	104
級友	145	時間の経過	95
給料	297	傾向	332
業者	298	警告	185
共通した	232	経済状態	43
共同の努力	242	経済成長率	285
興味ある	207	経済的な	117
曲線	228	経済的な損失	82
巨大な	278	経済的な強み	82
距離	203・292	計算	190

傾斜	78	原理	214
携帯ラジオ	103	同じ原理で	50
経費	150		
契約者	256	**こ**	
形容詞	141・172	子犬	153
形容詞的用法	143	行為者	94・112・122・234
形容詞＋名詞	202・314	高温	93
形容動詞	172	高温において	163
軽量化	84	航海	213
外科的外傷	204	効果がある	333
汚れ	224	光学異性体	335
化粧品	147	光学センサ	69
血圧	99・302	光学的	231・308
血液	157・311	妨ぐのに効果的である	100
血液の病気	201	効果的に妨げる	100
欠陥部品	117	交換	52
結合	80	好気性	52
結合し	84	高輝度ランプ	278
結晶	204	工業用ロボット	207
結晶学的に	47	工具	194
決定	99	光源	248・249
結論	148	工作物	181
原因	58	交差する	102・140
原因不明の	85	公衆の面前	71
厳格な	203	交渉中の	215
厳格に	202	交信できる	263
嫌気性	207	香水の	300
形容詞の原級	278	降水量	149
健康上の	334	較正できる	199
健康な生活	294	高性能	117
現在分詞	141	抗生物質	261
検索方法	251	光沢度	301
原子核	82	光沢のない	78
現象	119・170	交通事故	81・86
減少	302	交通量の流れ	140
＿＿を減少させること	97	工程	41・130
＿＿が減少すること	97	高度	94
原子炉	320	硬度	305
現代生活	193	行動	38
顕著である	76	行動する	256
顕微鏡	126	高熱	232
憲法	114	広範囲にわたって	115
厳密に	296	後方に	310

合金鋼	201	根拠	332
効率	202	昏睡状態	322
考慮に入れ	137	混同しないように	188
超えていた	326	〜を混同する	77
超える	275	コントラスト	304
コーヒー・メーカー	145	コンピュータ言語	144
凍る	94	コンピュータ制御の	197
誤解	292	コンピュータ設計	76
顧客	119		
国際間で	209	**さ**	
国際規格	215	差	302
国内	321	サーモスタット	249
克服する	242	災害	327
誤差	81	細菌	86
誤作動	41	最高許容温度	138
誇示した	262	最高速度	277
個室	237	最終選択	159
ゴシック建設	231	最終調整	122
呼者	56	最上級	136
古代ギリシア	261	最新	317
小遣い	90	最新型の	51
固定の	200	再生しよう	107
こと	54	最低速度	277
＿＿が変化すること	307	＿＿する際に	188
＿＿すること	307	細部	188
＿＿を変化させること	307	細胞極性	228
ことば以上のもの	78	細胞分裂	217
ことばで	123	在来の	184・286
好ましい	137	在留外国人	74
好ましくない	232	再利用できる	266
好まれる	333	さいわいなことに	338
好み	177	逆さまに	139
琥珀	152	＿＿は下がる	96
拒んだ	235	作業環境	208
コピー機	130・177	作製可能です	200
コピーする	292	作成された	212
こぶ	232	作成する	187
コマンド	267	酒	283
小麦粉	283	避ける	292
固有の	189・191・193	〜を避ける	185
コレステロール	100	＿＿を下げる	96
コレストロール	324	ゼロをさす	197
壊れた	217	サスペンション	208

＿＿＿（目的語）を＿＿＿させる	97
＿＿＿を＿＿＿させる	96
撮影者	267
雑音のある	138
殺人者	57
砂糖	283
作動原理	288
作動コイル	101
作動する	123
差別して	334
サポートする	211
左右	103
左右される	205・335
酸	44
酸化	76
3角形	59
参加者	247・299
会議に参加する	267
参考書	131
酸素	45
残念ながら	224
サンプル	68

し

シェア	93
市価	305
〜しか〜ない	184
磁界	43
歯科医	243
資格	291
しかし	168
磁気回路	254
敷地内	138
識別する	247
事業	81
資金	266
刺激して	243
資源	151
試験結果	100
試験片	62・126
事故	185・327
試行錯誤	106
事故死	238

仕事	51
指示	186
事実	57
市場シェア	149
指数的に	163
自然現象	243
自然な	133
事前に	215
自然保護	105
従いなさい	145
したがって	168
従ってください	186
＿＿＿の下に	29
下のほう	29
室温	144・194・303
失業率	323
実験	80
実際の	75
実装	216
湿度	44・45・287
失敗	106
実用化	317
〜によって指定された	64
視点から	207
自転車	265
自動化する	333
始動させる	82
自動詞	89・97・163・167
自動車産業	235
指導する	119
指導的	324
自動的に	307
自動販売機	130
＿＿＿しないように	188
〜しにくい	98
辞任	335
磁場	198
しばしば	224
閉まる	78
締めてください	69
指紋	57・78
シャーシ	236
蛇口	236

349

ジャケット	240
遮断する	240
若干	309
シャワー	220
周囲温度	92・302
周期的な	64
周期表	261
従業員	144
修飾語	66
修飾的用法	280
渋滞している	251
重大な	86・194・196
自由電子	255
収入	287
10年間	259
周波数	92
じゅうぶんな	31
周辺	185
周辺に	31
重要性	94
従来の	119
修理	206・291
収率	80
重量によって	75
重力	203
主義	38
主語	97・144・167
主語が漠然	96
主語が明確	96
主語＋自動詞	307
手段	104・290
出荷	219
出現した	260
出力電流	47
受動態	112・166・217・234
英語の受動態	112
この種の	124
守秘する	138
寿命	45・54・167
主要な	334
狩猟	105
潤滑剤	324
潤滑油	210
遵守し	70
遵守すべき	71
仕様	58
傷害	238
上級管理職	155
状況	105
衝撃特性	334
条件	71・186
称賛する	231
上司	30・51
仕様書	56
症状	100
〜が上昇する	164
使用説明書	320
電源を切った状態で	240
焦点距離	180・270
焦点固定レンズ	200
消費	97
消費量	39・231・297
ワイン消費量	149
商品	97
情報時代	261
情報収集	316
醤油	283
乗用車	274
除外区域	142
ジョギングをする	318
職業	287
食中毒	127
食品	45
食品科学	74
食品技術	75
食品工学	74
植物	243
食物許容量	147
植物成長	175
職務権限	322
叙述的用法	280
序数詞	136
食器棚	237
所定の位置（場所）に	28
署名した	186
女優	147

処理された	212
知らされて	209
調べます	126
資料室	241
真空装置	142
真剣な	243
人口	299
信号	304
人工衛星	120
人工心臓	132
人工頭脳	204
人工宝石	47
振動	84・263・336
振動させる	86
振動数	336
侵入	106
進入	236
心配	331
振幅	336
人名	203
信頼性	192・204
信頼できる	326
信頼にたる	190

す

水位	95
水温	197
水銀	249
推奨された	210
推奨します	53
彗星	65
推薦状	145
炊飯器	249
水平線に	311
水量	198
推力	311
趨勢	76
数値制御装置	317
スーツケース	57
スーパーコンピュータ	291
スーパーチャージャ	237
隙間	63
スキャナ	51・250・300

救う	292
少なくとも	63
すぐれた	228・339
すすぐ	122
スタイル	211
スチール缶	196
〜ずつ	225
ステン	172
ステンドグラス	151
ステンレス	172
ステンレス鋼	172
ストレイン・ゲージ	249
すなわち	168
素早い	56
図表	123
スペース	190
スペード・コネクタ	238
スペシャリスト	63
滑り接触スイッチ	61
スペル・チェッカー	35
隅に	79
スムーズに	313
図面	114
___が___する	49
___が___する点が	49
___するように	188
___するように	199
寸法である	279

せ

性因子	35
正確に	202
成功した	286
大成功	81
精細な	72
生産工場	213
生産性	108・192・327
生産速度	57
生産ライン	148
政治改革	324
誠実さ	231
誠実な	242
精神的	242

351

製図器	124
生成する	84
整然とした	119
製造工程	306
生態系	316
成長	97
成長率	327
精度	41
制度	195
性能上	90
性能劣化	81
正比例	296
生物	208・316
生物学者	243
成分	252・255・300
性別	299
制約	334
セーブして	337
セーブする	293
石英	301
責任	87
責任を負う	82
セクシャル・ハラスメント	322
設計者	190
設計仕様	114
石けん液	125
接合する	117
摂取量	147
接触させた	158
接触事故	155
しっかり接触している	157
直接（に）接触している	157
……と接触している	157
……と接触する	156
接触比	283
接触表面	155
接触不良	111
接触面積	155
接触を断って	155
接する	256
絶対に	308
接頭語	134
説明できる	119
絶滅に瀕している	317
時間を節約する	226
節約量	82
施肥量	147
狭い間隔で	66
セミコロン	168
セメント	142
セラミック	193
セラミック・ベアリング	170
セルフタイマ	248
セルフタイマー	267
ゼロ	144
線グラフ	149
先行詞	84
前後に	29
前述のように	223
洗浄してください	125
染色体	35
全世界的な	38
喘息	176
選択	210
洗濯機	192
選択の自由	233
先端	156
前置詞	125・141・301
戦闘機	72
全能力で	265
専門家	80・122・201
戦略	161
染料	42
全力で	265

そ

騒音	324
騒音レベル	190
増加	302
＿＿は増加（上昇/増大）する	163
早期に	118
送金する	186
遭遇しやすい	79
装甲車	254
総合的な	229
相互作用	224

操作性	97	大小	283
走査速度	297	耐食性	87
送受信する	318	〜に対する	192
送信ライン	37	耐錆性	287
相対湿度	303	堆積物	287
相対的揮発度	305	大々的な	106
相対変化	327	態度	231
操舵性	42	体内時計	174
相談した	80	第2次世界大戦	223
……が装備されている	237	第二鉄	228
装備している	234	耐熱ガラス	189
聡明さ	190	耐熱性	253
ソーラー・システム	237	〜の大半	52
促進する	97	タイマ	301
測定値	37・68	タイム・ソース	301
速度が	94	タイムリーな	289
速度範囲	273	ダイヤフラム	86
速度比	283	ダイヤモンド	43
速度を落とし	263	ダイヤル	61
組織	34	太陽に向く性質	153
訴訟問題	322	太陽熱温水器	82
粗調整	197	代理店	295
粗調整ねじ	197	対流	258
沿って	311	耐える	263
〜に沿って	69	〜に耐える	140
……が備えられている	237	楕円	59
ソフト	131・180・191	高くなりがちである	79
存在する	228	妥協	204
損傷	82・86	多少	283
損傷してしまった	206	助け	291
		___の助けを借りて	123
た		正しい方向に	121
ターンテーブル	311	立ち入り	138
態	89・112・141	達成される	326
ダイエット	146	達成する	327
体温	198・257	脱線した	85
体温計	130	他動詞	89・97・163・167
大学	161	他動詞＋目的語	307
大気露点	74	たとえば	168
たいくつである	52	だまされた	327
台形	59	たまに	224
大口径の	208	溜まりやすい	79
第三者	256	ダム	320

〜に頼る	78
堕落させる	247
第一段階	246
炭化水素	214
端子	75
端子板	32
単純化し	206
単純さ	140
炭素含有量	65
炭素分	339
たんに	226
断熱材	34
断念した	334
蛋白質	266
断面	59

ち

地域	180
地域によって	180
知恵	243
ちかくに	33
近すぎる	240
誓って	247
力	92
地球	51
蓄積活動	154
知事	91
知識	91
地上局	66
チップ	97
着脱式	103
着陸	87
着火する	118
注意してください	156・240
部屋の中央にある	32
中古車	230
チューナ	255
注目すべき	230
注油した	65
調査した	57
長時間	226
調整方法	46
調節する	256

蝶の羽	60
直属の	51
（直属の）上司	30
直訳調	284
直流モータ	129
直流600V	170
貯水池	287
直径	48
賃金	177
賃借人	115
賃貸人	115

つ

通過させて	77
通勤	144
通信機能	183
通信システム	317
通訳	265
使い過ぎて	188
＿＿を使って	123
全体像をつかむ	330
疲れ	123
つぎのとおりである	106・332
作りだす	111
伝える	262
〜を伝わって	84
伝わる	292
慎み深い	231
故障につながる	81
つねに	224
翼	34
ツマミ	292
強い	77
＿＿が＿＿するにつれて	305
＿＿するにつれて	95・165
＿＿につれて	95・165・305
年数につれて	95

て

＿＿で	125
提案	333
低温	93
低温では	93

定格	91
定格圧力	51
提起された	323
抵抗	93
抵抗体	336
ディジタル方式	106
提出する	293
ディスク	58・240・337
ディスク・ドライブ	248
ディスプレイ	131
停電	274
定量分析する	82
データ通信	330
データ・ディスク	139
テープ・レコーダ	230
敵	72
的確な	290
的確に	202
テキスト	160
適切な	64・119
適切な間隔で	66
適切な間隔の	67
適用する	144
適用範囲	213
出口	89
デジタル化	204
手順	83・186
テスト	65
敵機	74
手の届く	199
〜ではなく	257
テレビ	111・252
電気消費量	299
電気信号の形をした	62
電気抵抗法	75
電気的性能	50
電極	249
電源スイッチ	58
電源を入れて	218
電源を切る	218
天候	43
電子工学	189
電子的に	336
電子メッセージ	263
天井灯	124
電子レンズ	212
伝染病	59
転送する	275
熱を伝達する	257
この点では	251
点灯している	58
伝統的	230
天然石	47
天窓	241
天文学	213
電話回線	120

と

同位元素	84
＿＿と同一平面に	139
統計	76
動詞	144
同軸ケーブル	320
動詞言語	314
同時に	98
同時に起きて	336
搭乗する	57
胴体	34
同等品	53
導入する	203
頭皮	235
動物	52・243
透明	333
動名詞	89・167
当面	36
投薬量	100
討論の対象となる	321
トースター	299
トーチ	126
ドーナツ	62
ときどき	224
特殊工具	291
特殊文字	267
特性	48・181
毒性	190
特定の	59・64・119

特定の間隔で	66	内装	34
特別に	339	ナイフ	122
特別の	339	内部環境	200
独立した	201	〜がないような	121
時計まわり	312	〜のなかには	99
解けた	139	流れ上がる	78
溶ける	215	血液の流れ	311
土質	154	〜でなく	123
＿＿＿として	202	なくさないよう	187
土地	263	〜でなければならない	48
突然	93	なぜならば	168
どのような＿＿＿	314	謎	335
どのように＿＿＿する	314	〜など	123・182
＿＿＿とび	65	鉛	43
扉	295	波印	170
塗布した	65	＿＿＿になる	81
塗布する	293	難易度	133
ヒューズがとぶ	102	何月	221
止まり木	241	何時	221
車を止めるとき	217	何日	221
ドライバ	53・122	何年	221
トラップ	236	何秒	221
ドラム	61	何分	221
トランスデューサ	57		
取り扱い	192・194	**に**	
トリウム	84	ニーズ	175
鳥かご	241	〜にくい	194
取り除かれ	108	肉体的	242
取りはずして	111	2個以上の	225
取引き	210	二酸化炭素	77
努力して	80	2次障害	224
ドリル穴	304	〜と似た	120
ドリルであける	67	2台以上の機械	79
ドル	102	日産	262
トルク	82	〜と似ている	143・144
トレーナー	146	日本アルプス	328
ヒューズがとんだとき	110	日本農業協同組合	329
ヒューズがとんだ	276	入学試験	293
とんでしまった	312	入手できる	295
とんでしまったヒューズ	102	入力手段	53
		入力する	56・267
な		入力電流	47
内線電話	235	＿＿＿によって違う	180

任意の間隔に	66
人形	61
人間	156
人間の	91
人称代名詞	203
認定された	295

ぬ

抜き取り計画	116

ね

ネオン・ランプ	167
ねじってください	312
熱	45
熱源	165
熱交換器	258
熱発生	88
熱膨張	87
熱力学	227
熱漏洩	86
燃焼	294
燃焼性	167
燃焼特性	203
1960年初期に	260
1970年代後期に	260
1960年代中期に	260
1990年代に	259
1970年代になって初めて	259
1930年代のカメラ	259
1980年代までは	259
粘度	41・163・296
粘土	61
燃費	194
燃料元素	83
燃料効率	191
燃料油	298
年齢	165
年齢の制限	150

の

脳脊髄液	265
能動態	112・122・166・217・234
日本語の能動態	112
能力	91
〜を残して	61
望ましい	185
望みどおりの	80
＿＿＿の助けを借りて	124
〜に述べられた	64
乗り物	132

は

バージョン	115
ハード・ディスク	111・236
肺	143
廃院	259
排気ガス	70
廃棄物	105・243
背景騒音	73
廃水	81
3.33倍速く	282
配置され	187
配置する	118
1.3倍太い	281
背面取りつけ	233
〜の背面に	235
倍率	277
倍率表現	280
バグ	108
バクテリア	52
爆発	38・85・124・188
爆発物	141
水がはける	121
はさみ	122
破産	39
始まったばかり	106
はずである	36・37
〜からはずれた	85
パソコン	47
肌	45
パターン	68
8の字形の	119
ハチの巣状	230
波長	200
罰金	71
白血病	201

熱を発生しない	184
熱を発生する	52
発電機	91
発病率	165
発明	214
離れた	77
葉の質	301
早足	78
バラツキ	302
パラレリズム	73
100馬力	273
破裂	140
範囲	50・170
半径	203
半径方向の	66
〜に反して	326
反射する	257
繁殖力	163
半田づけ	109
半導体	43・250
反時計まわり	312
バンドパス・フィルタ	200
反応	154・223
反応条件	200
〜と反応する	77
反応物	154
反比例	296
下から4番目	135
左から2番目	135

ひ

比	81
非圧縮性の	214
ビールス	128・254
ビールス状の	35
ヒ化ガリウム	333
形容詞の比較級	278
副詞の比較級	279・282
光	292
光のコントラスト	164
光をあてる	49
……を引き起こす	86
鉄を引きつける性質	153

引き分けた	81
ピクセル・データ	75
飛行経路	301・311
比重	178
批准された	114
非常停止スイッチ	291
非常停止ボタン	237
非常に	339
微生物	87
微積分	124
非対応性	268
ビタミンC	98
＿＿の左下に	33
＿＿の左下の	33
左方向に	310
微調整	197
必須条件	140
ぴったり取りつける	234
ビット数	225
ビットレート	47
引っ張り強さ	152
必要性	202
＿＿は必要ない	142
ビデオ装置	238
一度に一つずつ	225
ひび割れ	118
プラスチック被覆	228
ヒューズ	52・102・183・217
ヒューズがとぶ	85
ヒューマン・エラー	142
病気	85・86・232
病気の状態	140
表示されます	46
表示される	109
表示する	56
標準輝度ランプ	278
表面温度	83
避雷針	71
敏感	200
品詞	186
ヒンジ	234
品質	192
品質管理	210

品詞の変換	314	普通	329
品詞変換	100	普通である	67
敏しょうさ	232	不都合な	80
頻繁な	101	物主構文	54
頻繁に	224	プッシュホン	300
		物体	156
ふ		沸点	335
ファイル転送	211	沸騰点	178・340
ファスナー	212	物理	321
ファックス	274	物理量	165・170・272・277・340
マイケル・ファラデー	261	不定冠詞	83
不安	323	to 不定詞	84
不安定である	83	入力部	248
V字形をした	62	プラグイン部品	103
不一致	36	ブラシ	239
フィルタ	125・295	プラスチック	117
フィルム製品	270	プラスチック製の	79
フォイル	61	プラスチック被覆	228
フォーカルプレーン・シャッター	274	プラズマ・ディスプレー	227
フォーマット	309	フラッシュ・ユニット	238
負荷	92	不良品	77
負荷がかかる	52	不良率	109
不可算名詞	129・131	プリンタ	46・177
負荷電流	265	プリント速度	44
吹き込まれてきた	64	ブレーカ	52・102・183
不規則である	63	プロ意識	76
不規則な	62	フロー・チャート	144
不規則な形をした	62	プローブ	249
複雑さ	134	プログラム	128
複雑である	288	プロジェクト	264
副作用	104	プロセス・チーズ	219
副詞	141・314	フロッピー・ディスク	53
副詞的	205	雰囲気	99
副詞的用法	84・143	分散剤	86
副詞＋動詞	202・314	分散させておく	86
複写倍率	297	分子	83・127
複主語構文	94・164・244・304	分詞構文	84
福利厚生	323	文章構造	308
不純物	129	文中	295
腐食	100	文頭	295
腐食性	152	文法的に	52
防ぐ	124	粉末	60
不注意	81	文末	295

噴霧	228	ポリプロピレン	250
文明	325	ポルノ	40
		本質的に	179
へ		本体	241・248
		翻訳されている	144
平均	149	翻訳臭のない	54
___と平行に	139		
ヘリコプター	210・319	**ま**	
変異する	279		
変換する	254	マーキング	66
ペンキ	100	マイク	239
偏見	323	マイクロ・スイッチ	122
弁護士	105・265	マイクロプロセッサ	238
変数	202	毎時	285
		真上に	30
ほ		機械の真上に	30
		真上の	30
ホイール	236	機械の真上の蛍光燈	30
棒グラフ	149	家の真後ろ	30
同じ方向に	50	家の真後ろの倉庫	30
放射	101	マウス	72
放射する	257	___の前に	29
放射性	82	前方向	310
β 放出	84	前もって決めた	256
方針	309	前もって決められた	64
包装する	219	任せる	256
放送本番	108	幕開け	261
膨張比	283	マザーボード	236
方法	100	摩擦溶接	319
法令	70	真下	30
ボールペン	48	機械の真下に	30
ボーレート	47	機械の真下の箱	30
保護する	52	まだ～されていない	203
保護装置	61	町	194
埃	45・79	まとめて	328
埃を落とす	228	窓枠	234
埃を落とす性質	153	会議に間に合う	226
保証期間	70	取りつけたままにして	236
ホスト DNA	35	摩耗	155・170
ほとんど一致していない	38	摩耗する	194
ほとんどない	100・262・333	摩耗率	105
ほとんどの	291	机の真横に	30
ほぼ	296	机の真横の屑籠	30
ほぼ一致している	38	円	59
ポリエチレン	171・250・270・301		

まれにしか〜ない ……………… 224
回る ……………………………… 120
万一 ……………………………… 276
万が一 …………………………… 110
万歩計 …………………………… 124
ビルの真ん前のレストラン …… 30
ビルの真ん前 …………………… 30

み

見失う ……………………………… 77
未解決である ………………… 323
＿＿の右上に …………………… 33
＿＿の右下の…… ……………… 33
右方向 ………………………… 310
右方向に ……………………… 122
ミサイル ……………………… 286
短くさせる ……………………… 54
短くなる ………………………… 54
ミス ……………………………… 99
水をはねる性質 ……………… 153
満たす ………………………… 289
密度 ………………………… 94・97・301
見積り ………………………… 114
見積書 ………………………… 270
ミネラル ……………………… 324
身分証明書 …………………… 138
未来の ………………………… 205
身を投じた …………………… 242
民主主義 ……………………… 247

む

無意志物構文 …………………… 54
無冠詞 …………………………… 93
〜に向けた …………………… 141
無視して ……………………… 178
無視できる …………………… 285
むしろ ………………………… 168
無数 …………………………… 151
〜するのがむずかしい ……… 195
無制限入国 …………………… 151
無生物主語構文 ……… 54・88・89・97・112・
162・167・307
無類の ………………………… 339

め

明確に ………………………… 202
明記している …………………… 71
名義で ………………………… 247
名詞言語 ……………………… 314
名詞的 ………………………… 205
明白な ………………………… 332
明瞭さ ………………………… 318
メインフレーム ……………… 336
めずらしい …………………… 339
メッセージ ……………………… 46
めったに ……………………… 224
めったにない ………………… 109
目盛 ……………………………… 65
メモリ ………………………… 336
メモリ・サイズ ……………… 299
メモリ・チップ ……………… 129
メモリ容量 …………………… 182

も

設けられている ………………… 69
蒙古斑 ………………………… 328
毛布 …………………………… 120
目的語 ………………………… 97・167
木ねじ ………………………… 102
目標 ……………………… 57・73・77
模造宝石 ………………………… 72
＿＿をもたらす ………………… 81
もっともな …………………… 332
モデム …………………………… 58
モニタ ………………………… 107
もの ……………………………… 54
物事 ……………………………… 78

や

刃 ……………………………… 158
夜間に ………………………… 290
約束の時間 ……………………… 83
役立つ形で ……………………… 60
役割 …………………………… 186
安い …………………………… 191
1日休んだ …………………… 336

山々の形 ……………………59
やわらげる ………………123

ゆ

有害作用 …………………105
有害な ……………………104
友軍機 ……………………74
有効に ……………………67
ユーザーネットワーク …320
U字形で ……………………60
融点 ………………………335
誘導電動機 ………………290
郵便受け …………………235
歪んだ ……………………242
ゆっくり …………………78
ゆっくりと ………………305
ユニークである …………244
揺れる ……………………311

よ

容易に ……………………60
容易に……する …………79
溶液 ………………………68
容器 ………………………158
溶剤 ………………………318
幼児 ………………………207
容積比 ……………………284
用途 …………………182・270
~できるように …………199
溶融させる ………………316
容量 ………………………75
欲望 ………………………246
汚れをとる性質 …………153
予想し ……………………98
予想する …………………110
余地のある ………………321
~によって …………75・93
＿＿によって …93・163・301・303
＿＿によって ……………123
＿＿によって ……………299
余分な ……………………122
読みやすい ………………288
メーカーにより …………180

~による …………………302

ら

ライン間隔 ………………63
ラクダ ……………………232
ラッカー …………………173
楽観的 ……………………326
ラット ……………………72
ラップトップ機 …………238
ラベル ……………………252
欄 …………………………246
乱気流 ……………………87
乱近視 ……………………207

り

理解する …………………263
リサイクル用の …………243
4.0リットルの ……………237
立派に ……………………325
リミット・スイッチ ……143
リモコン …………………124
略称 ………………………329
粒子 ………………………301
流出する ……………89・294
流速 ………………………167
理由で ……………………290
流入 ………………………287
流量制御方法 ……………38
量産部品 …………………103
両面 ………………………225
旅客列車 …………………94
旅客市場 …………………93
緑茶 ………………………301
旅行代理店 ………………147
旅行者 ……………………290
利率 ………………………199
リレー回路 ………………57
理論 ………………………37
理論的な …………………332
理論モデル ………………203
リン化ガリウム …………333
隣接した ……………67・200

る

類似の ……………………………………80

れ

レイアウト ……………………………210
冷蔵庫 …………………………………300
レーザー ………………………………246
レーザー・プリンティング …………193
レーダー ………………………………320
レジン …………………………………253
列車自動運転装置 ……………………328
錬金術師 ………………………………261
レンズ ……………………………79・180
連続的に ………………………………304

ろ

炉 ………………………………………295
老人 ……………………………………207
漏電 ……………………………………85
時間を浪費する ………………………226

ロ

ロープ …………………………………238
録音 ……………………………………75
ロケット ………………………………286
ロケット推進燃料 ……………………132
ロゴ ……………………………………59
ロボット ……………………207・235・335
ロボット・システム …………………320
論争 ……………………………………86

わ

ワープロ …………………………47・183
Y字形をした …………………………62
惑星 ……………………………………278
ワクチン ………………………………99
分ける …………………………………121
川を渡った ……………………………126
割引率 …………………………………296

を

＿＿を使って …………………………125

363

●英語索引

A

a ……………………………………220
an abbreviated title ……………329
be abbreviated to ___ ……………329
ability ……………………………91・262
beyond ___ ability ………………265
ability of ___ ……………………262
beyond the ability of ___ ………265
by ability of ___ …………………265
___ with (having) the ability of (for)
 ___ing …………………………265
ability of ___ to ___（to-不定詞）……263
ability to ___（to-不定詞）………262
___ have the ability to ___（to-不定詞）
 …………………………………264
___ with (having) the ability to ___
 （to-不定詞）……………………265
be able to ………………………266
abrasion ……………………155・170
are accepted ……………………201
is accepted ………………………204
accessible ………………………199
accident …………………………327
accidents …………………………185
accommodate ……………………208
___ accommodate ___ ……………208
accommodate ___ to ___ …………208
accommodation …………………207
accomplish ………………………317
accord ………………………36・37
in accordance with ___ …………301
according to ……………………163
differs according to ……………180
according to ……………299・303

according to ___ ………………301
account …………………………104
take ___ into account ……………105
take account of ___ ………………105
accumulate ………………………79
accuracy …………………………41
achieve ……………………317・327
be achieved ………………………326
acid ………………………………44
act ………………………………256
action ……………………………38
activities ………………………198
actress …………………………147
actual ……………………………75
act with …………………………77
acute ……………………………100
adapt ……………………………208
adaptation ………………………207
___ is adapted to ___ ……………208
adaptive ___ ……………………207
adapt ___ to ___ …………………208
___ adapt to ___ …………………208
a day ……………………………220
adequacy ………………………209
adequate ………………………210
adequate ___ ……………………210
___ is adequate …………………210
___ adequate for ___ ……………210
___ is adequate for ___ …………211
adequately ………………………212
___ ed adequately ………………212
adequately ___ ed ___ ……………212
___ adequately ___ ed ……………212
___ is adequate to ___（to-不定詞）…211
adjacent …………………………200
adjust ___ ………………………198
adjust ……………………………208
___ is adjustable ………………199
adjustable ___ …………………200
___ is adjustable in ___ …………199
___ is adjustable so that ___ ……199
improperly adjusted ……………198
properly adjusted ………………198

364

___ is adjusted ·················198
Adjusting ___ ·················197
adjusting method ·················46
adjusting of ___ ·················197
adjustment ·················197·207
___ adjustment ·················197
make adjustment ·················198
adjustment of ___ ·················197
___ adjust to ___ ·················208
admirably ·················325
admire ·················231
in advance ·················215
advantage ·················189
___ have ___ advantage ·················191
___ provide (offer) ___ advantage ···191
advantage for (to) ___ ·················190
there is ___ advantage in (with/to) ___
·················191
advantage of ___ ·················189·190
___ have the advantage of ___ ······191
___ provide (offer) the advantage of
___ ·················191
advantage offered by ___ ·················189
advantage of ___ is (include) ___ ······192
advantage of ___ is that ___ ···192
advantage of ___ lies in ___ ·················192
advantage of ___ over ___ is ___ ···192
advantage that ___ ·················190
advantage that ___ offer (have) ······189
advantage to ___ ·················190
adverse effect ·················45·121
is not adversely affected ·················45
is adversely affected ·················45
advisable ·················185
aerobic ·················52
affair ·················321
affect ___ ·················41
hardly affect ___ ·················42
___ that affect ___ ·················44
affect ·················98
be affected ·················336
___ is little affected by ___ ·················43
___ is not affected by ___ ·················43

___ is affected by ___ ·················43
___ that is affected by ___ ·················44
___ affected by ___ ·················44
without affecting ___ ·················44
___ affecting ___ ·················44
affecting ·················159
affects ·················204
after ___ ___ ·················223
after ___ ·················223
after ___ ing ·················223
age ·················165·261
age limit ·················150
___ ago ·················222
agree ·················37
agreement ·················36
agree with ·················168·175
with the aid of ___ ·················124
with the aid of ·················125
AIDS victims ·················155
AIDS virus ·················279
aim ·················316
aim at ___ ·················317
aim at ___ ing ·················317
on air ·················108
air-conditioner ·················110
air conditioner ·················290
air-conditioning ·················237
air-pollution regulations ·················176
air resistance ·················40
air turbulence ·················87
akin to ·················251
___ is akin to ___ ·················251
___ is akin to ___ in ___ ·················252
alchemist ·················261
all other types of ___ s ·················129
alloy steel ·················201
all types (kinds/sorts) of ___ s ······130
along ·················69·311
in alphabetical order ·················133
alter ·················309
alteration ·················308
alteration in ___ ·················308
___ is altered ·················309

365

in altitude	94
Amber	152
ambient temperature	92・302
amend	115
amendment	114
make amendment	115
amethyst	228
amino acids	82
ample	31
amplitude	336
anaerobic	207
analogous ___	254
analogous to	251
___ is analogous to ___	251
___ analogous to ___	254
___ is analogous to ___ in ___	252
analog telephone system	106
analogy	250
analogy between ___ and ___	250
analogy of ___ to (with) ___	250
analogy to (with) ___	250
analyzed	82
ancient Greece	261
animals	52・243
annually	220
antennas	200
antibiotic	261
anticipate	326
anticipated ___	327
anticipation	326
anticlockwise	312
any	255
any other type of ___	129
apart	61・66
appeared	260
appears	109
applicability	213
applicability of ___ to ___	213
applicable	215
applicable ___	215
___ to which ___ is applicable	215
___ is applicable to ___	214
___ applicable to ___	215

application	182・213
application of ___ to ___	213
Applications	270
in applications where ___	275
was applied	65
___ is applied to ___	214
apply	214・311
apply to	144
apply ___ to ___	214
___ apply to ___	214
appointed time	83
appreciate	330
appreciation	330
been apprised	209
approach	107・116・179
appropriate	119・210
appropriate ___	210
___ is appropriate	210
___ appropriate for ___	210
___ is appropriate for ___	211
appropriately	212
___ ed appropriately	212
appropriately ___ ed	212
___ appropriately ___ ed	212
___ is appropriate to ___ (to- 不定詞)	211
approximately	296
___ is apt to ___ (to- 不定詞)	79
arbitrarily	256
arbitrary	255
arcing	337
armored car	254
be arranged	118
___ is arranged	198
article	70
artificial hearts	132
artificial satellite	120
as	95
as ___	165・305・337
As ___	336
ascertain	57・58
ascertainment	56
as explained in ___	148

are as follows :	332	automotive industry	235
as illustrated in ___	148	available	295
as indicated in ___	148	avoid	185・292・322
as of ___	222	awareness	335
aspirations	243	a week	220
as represented in ___	148		
as shown in ___	148	**Ⓑ**	
assistance	291	back and forth	311
assumes	201	background clutter	73
asthma	176	on the back of	235
astronaut	317	back-to-back mounting	233
astronomy	213	backward	310
atmosphere	99	bacteria	52
atmospheric dew point	74	Bacteria	86
at once	225	bad ___	111
attach ___	234	ballpoint pen	48
attach	235・236	bandpass filter	200
___ attached to ___	238	bankruptcy	39
attach ___ to ___ (with ___)	234	bar chart	149
attain	317	barter	101
attempt	106・107・242	base	328
attempt ___	107	based on ___	301
have (make) a attempt	107	basic	127
attempt is made to ___ (to- 不定詞)	107	on the basis of	299
attempt to ___ (to- 不定詞)	106	on the basis of ___	301
attempt to ___ (to- 不定詞)	107	baud rate	47
in an attempt to ___ (to- 不定詞)	108	be	293
attend	334	bears	152
attention	104・185	Because ___	336
Give attention	187	because ___	337
Pay attention	187・240	because of ___	334
attention to ___	104・185	before ___	223
attribute	227	before ___	223
___ attributed to ___	87	before and after ___	223
___ is attributed to ___	87	before ___ ing	223
___ is (have) attribute of ___	228	the beginning of the ___ s	260
audible sound	84	behavior	231
authority	322	behind	316
authorized dealer	295	benefit	189・191
automate	333	is best done	314
automatically	307	___ is beyond ___	91
automatic focusing systems	237	bicycle	265
automatic train operation	328	Bill of Rights	114

367

Biologists	243	butterfly's wings	60
birth limitation	150	by	122・125・203・299
bit rate	47	by ___	301
bits	225	by ___ ing	123
blades	158		
blankets	120	**C**	
blood	157・311	cages	241
blood disease	201	calculations	190
blood pressure	99・302	calculus	124
blow	102・276	be calibrated	199
blown fuse	312	be called ___	328
blown into	64	___ called ___	328
blows	110・183・217	hereinafter called ___	329
blurred near vision	207	be called ___ for short	329
boarding	57	caller	56
body temperature	198	___ call for ___	290
boiling point	178・340	camel	232
boiling points	335	camera	117
bonding	80	can	266
born	328	cancellation	56
boss	30	cancers	129
both sides	225	capability	262
both sides of the paper	72	___ have ___ capability	264
at (the) bottom of ___	29	capability of ___	262
Boxing divisions	75	by capability of ___	265
breakdown	109・110	___ with (having) the capability of (for) ___ ing	265
___ break down	110	___ have capability of ___ ing	264
breaks down	217	capability of ___ to ___ (to- 不定詞)	263
brighter	278	capability to ___ (to- 不定詞)	262
brightness	95	___ with (having) the capability to ___ (to- 不定詞)	265
bring ___ into contact with ___	158	capable ___	265
broken ___	111	___ is capable of ___ ing	264・267
be broken down into ___	300	___ capable of ___ ing	267
___ is brought into contact with ___	158	capacities	75
brush	239	capacity	262
bugs	108	at full capacity	265
___ is built in ___	248	capacity of ___	262
built-in ___	249	___ with (having) the capacity of (for) ___ ing	265
___ built-in ___	249	capacity of ___ to ___ (to- 不定詞)	263
burned-out light bulb	102		
bursting	140		
___ but ___	143		

___ have a capacity of X□ ……264
capacity to ___ （to- 不定詞）……262
___ with (having) the capacity to ___
（to- 不定詞）……265
carbon content ……65
carbon dioxide ……77
care ……185
___ with care ……187
careful ___ ……186
Be careful ……187
carelessness ……81
cartridge ……196
case ……274
in either case ……274
in such a case ……274
in that case ……274
in this case ……274
In any case ……276
In no case ……276
in the case of ___ ……274
in case of ___ ……274
in all cases ……274
in many cases ……274
in most cases ……274
in some cases ……274
in such cases ……274
in these cases ……274
in cases where ___ ……275
in the case that ___ ……217
in case that ___ ……217
cassette recorder ……254
categorization ……298
categorize ……298
categorize ___ ……298
be categorized as ___ ……300
causal ___ ……87
cause ___ ……81
cause ……85・332
___ cause ___ ……86
___ is caused by ___ ……87
the cause of ___ ……85
the cause of ___ ___ing ……85
causes to start ……82

the cause that ___ ……85
cause to start ……54
___ cause ___ to ___ （to- 不定詞）……86
caution ……185
ceiling light ……124
cell division ……217
cellular polarity ……228
cement ……142
at the center of ……32
Ceramic bearings ……170
ceramics ……193
at certain intervals ……64
certain types (kinds/sorts) of ___ s
……129
change ……302・308・309
___ change ……303
___ change ___ ……306
make a change ……309
change as ___ ……305
___ is changed ……309
a change in ___ ……302
___ change in ___ ……304
change in ___ ……308
change is made ……309
change with ___ ……305
character ……152
characteristic ……227・231
___ have ___ characteristic ……232
characteristically ……154・228
___ is (have) characteristic of ___ ……228
characteristic of ___ ……231
characteristic of ___ is ___ ……231
characteristic of ___ is that ___
……231
characteristic that ___ ……231
___ characterize ……232
___ is characterized by ___ ……228・232
character of ___ ……152
the character of ___ ___ing ……153
___ have the character of ___ ___ing ……153
chart ……149
chassis ……236
check ……57

check to see if ___	58
check to see if (that) ___	58
chip	97
choice	159·210
___ choice	159
make choice	160
choice for ___	159
choice of ___	159
cholesterol	100·324
___ choose	160
...... is chosen	160
chosen ___	161
___ is chosen	161
chromium	87
chromosome	35
circle	59
circles	120
circuit breaker	52·102
civilization	325
clarity	318
be classed into ___	300
classification	298
be classified into ___	300
classify	298
classify ___	298
classify ___ according to ___	299
classify ___ depending on ___	299
classify ___ into ___	298
classify ___ into ...... according to ___	299
classify ___ into ...... depending on ___	299
clause	70
clay	61
Clean	125
clearance	63
client	119
climate	43
clockwise	122·312
close	78
closely spaced	66·67
coarse adjustment	197
be coated ___	293

coaxial cable	320
coffee maker	145
coincide	37
coincidence	36
collect	77
be collected	206
Collectively	328
collision	155
by color	75
in color	81
color	334
color-coded	73
column	246
coma	322
combination	146
combines with	84
combustion	294
Combustion characteristics	203
come from	177
come in ___	300
___ come in contact with ___	156
___ s come in X types	132
comet	65
commands	267
common	67
in common	232
commonly	329
a common type (kind/sort) of ___	130
communicate	78·263
communications capability	183
communication system	317
commuting	144
be comparatively ___	288
comparatively ___	288
comparatively ___	288
compare	286
compare ___	286
compare ___ and ___	286
___ is compared	286
___ is compared with (to) ___	286
Compared with (to) ___	287
compared with (to) ___	287

compare ___ with (to)	286
comparison	286
a comparison between ___ and	286
comparison is made between ___ and	286
in comparison to (with) ___	287
competence	262
compiled	212
complexity	134
compliance	174
complicated	288
comply with	176
composition	252
comprehend	263・330
___ is comprehensible	331
comprehension	330
comprehension of ___	330
the compression ratio	283
compromise	204
computer-controlled	197
computer design	76
computer language	144
concept	36
concern	331
Conclusions	148
concurrence	36
concurrent	336
condition	137・139
___ condition	137・139
in ___ condition	140
condition of ___	137・139
conditions	71・138・186
under the conditions under which ___	138
condition under which ___	137
Conduct	65
cone-shaped	62
confirm	57・58
confirmation	56
confirmation of ___	56
conform	37
conformity	207
___ conform to	208
confuse	77・188
congested	251
consequence	80
as a consequence	83
in consequence	83
consequence of ___	80
as a consequence of ___	83
consequent ___	82
consequential ___	82
consequently	83
conservation	105
consider ___	105
Considerable	102
considerably	303
consideration	104
without consideration	104
take ___ into consideration	105
be taken into consideration	137
in consideration of (for) ___	104
give consideration to ___	105
consistency	36
constitution	114
consulting	80
consumption	39・97・231・297
wine consumption	149
contact	155
___ contact	156
contact area	155
the contact ratio	283
contact surfaces	155・194
___ in contact (touch) with ___	157
___ is in contact with ___	157
contact ___ with ___	158
contain	248
___ contain	248
___ is contained in ___	248
___ contained in ___	249
container	158
___ containing ___	249
contemplate	326
contemplated ___	327
contemplation	326

371

content	305
contentious	321
continuously	304
contorted	242
contractor	256
contrary to	326
contrast	304
___ contribute (to) ___	86
Contributions	255
control ___	198
convection	258
conventional	119·184·286
converting	267
coordinate ___	198
coordinator	198
cope with	176
copier	177
copiers	130
copy	292
in the corners	79
correct	115
correction	114
make correction	115
correspond	37
correspondence	174
correspondingly	164
correspond to	175
corrosion	100
corrosion cracking	81
corrosion resistance	87
corrosiveness	152
corrupt	247
cosmetics	147
cost	279
counterclockwise	312
couplings	191
covers ...	213
cracks	118
creates	111
cross	102
crossed	126
cross section	59
crystalinity	204

crystallographically	47
CSF	265
cumulative activity	154
cupboard	237
cursor	174·310
curves	228

D

daily	220
dam	320
damage	82·86·319
was damaged	206
dangerous	127
data communications	330
data disk	139
day	220
days	261
dc motor	129
dealing	210
dealing with	70
been dealt with	212
deal with	176
debatable	321
decade	259
was deceived	327
decision	99·289
decomposition	84
decrease	92
___ decrease	93
decrease as ___ ...	95
___ is decreased	96
a decrease in ___	92·97
a decrease of ___	92
decrease with ___	95
decreasing ___	97
defect	109
defective	109
defective ___	111
defective parts	117
defect rate	109
define ___	71·202
define ___ as ___ ...	202
is defined	203

___ is defined as ___ ·················203
___ is defined by ___ ·················203
definite ·················195
definitely ·················308
by definition ·················201
definition ·················201
___ give definition ·················201
___ provide definition ·················201
definition is ___ ·················201
definition of ___ ·················201
degree ·················204
___ degree ·················205
the degree of ___ ·················204
degree of difficulty ·················133
to such a degree that ___ ___ ·················206
to the degree that ___ ___ ·················206
the degree to which ___ ___ ·················204
delay ·················226
demand ·················289
___ demand ___ ·················290
___ is demanded ·················290
___ is demanded for ___ ·················291
___ is demanded for ___ to ___ ·················292
___ is demanded to ___ ·················292
democracy ·················247
demonstrated ·················262
density ·················94·97·301
in density ·················94
Dentistry ·················243
dentures ·················243
depending on ·················163
differs depending on ·················180
depending on ·················299·303
depending on ___ ·················301
depend on ·················335
derailed ·················85
deregulation ·················76
describe ·················215
described ·················64
design alteration ·················308
design change ·················308
designer ·················190
design specifications ·················114

desirable ·················229
detachable ___ ·················239
___ is detached (from ___) ·················241
detach ___ (from ___) ·················240
detachment ·················239
details ·················188
determined ·················63
detonation ·················38
detrimental effect ·················45
develop ·················83
___ develop a fault ·················110
development ·················325
development cost ·················317
diagrams ·················123
dial ·················61
diameter ·················48
diamond's ·················43
diaphragm ·················86
diet ·················146
___ differ ·················179
___ differ according to ___ ·················180
___ differ based on ___ ·················180
___ differ depending on ___ ·················180
difference ·················177
difference between ___ and ___ ·················177
difference between ___ s ·················177
difference in ___ between ___ and ___ ·················178
___ is (are) different ·················179
different ___ ·················184
___ is (are) different from ___ ·················181
___ that is different from ___ ·················184
___ is (are) different from ___ in ___ ·················182
differentiate ·················73
___ is differentiated by (according to) ·················75
___ is differentiated from ___ ·················75
differentiate ___ from ___ ·················74
differentiation ·················72
in a different manner ·················120
___ is different than ___ ·················181
different ___ than (from) ___ ·················184

373

different types (kinds/sorts) of ___ s ·······130
in a different way ·······120
___ differ from ___ to ___ ·······180
differing ___ ·······184
___ differing from ___ ·······184
___ differ(s) from ___ ·······181
___ differ(s) from ___ in ___ ·······182
___ differ(s) from ___ in that ___ ·······183
___ differ with ___ ·······180
___ differ with regard to ___ ·······180
difficult to ·······194·195
difficult to read ·······288
a difficult-to-read book ·······288
digital ·······106
digitalization ·······204
___ diminish ·······93
diminish with ___ ·······95
diplomatically ·······115
in the same direction ·······50
direction ·······310
in ___ direction ·······310
in the opposite direction ·······311
in such a direction as to ___ ·······313
in the (such a) direction in which ___ ·······313
in the direction opposite to ___ ·······311
in the opposite direction to ___ ·······311
directly ·······30
___ is directly proportional to ___ ·······296
dirt ·······224
disaccord ·······36
disadvantage ·······193
___ have ___ disadvantage ·······195
disadvantage for (to) ___ ·······194
disadvantage in that ___ ·······194
___ have the disadvantage in that ___ ·······195
___ is at a disadvantage in that ___ ·······195
disadvantage of ___ ·······193·194

___ have the disadvantage of ___ ·······195
disadvantage of ___ is ___ ·······196
disadvantage of ___ is that ___ ·······196
disadvantage to ___ ·······194
there is ___ disadvantage to (with) ___ ·······195
disagreement ·······36
disappear ·······323
disasters ·······327
discount rate ·······296
are discouraged ·······337
Discreet ·······231
discrete ·······255
at one's discretion ·······256
at the discretion of ·······256
discriminate ·······73
be discriminated ·······334
discriminate ___ from ___ ·······74
discrimination ·······72
under discussion ·······215
disease ·······85
diseased condition ·······140
diseases ·······86
disengagement ·······239
disk ·······58·240·337
disk drive ·······248
___ is dismantled (from ___) ·······241
dismount ___ (from ___) ·······240
dismounting ·······239
dispersant ·······86
dispersed ·······86
be displayed ·······46
displays ·······131
dispute ·······86
___ is dissimilar ·······179
dissimilar ___ ·······184
be dissipated ·······168
distance ·······203·292
distant ·······77
distant target ·······77
distinction ·······72·330
distinction is made ·······74

distinguish ·······73·229
be distinguished ·······123
___ is distinguished by (according to) ·······75
___ is distinguished from___ ·······75
distinguish ___ from___ ·······74
divide ·······121
be divided into ___ ·······300
dodge ·······322
doer ·······94
doll ·······61
dollars ·······102
domain ·······270
domain of ___ ·······270
door ·······295
doses ·······100
doughnut ·······62
downtown ·······194
downward ·······310
drafting machine ·······124
drain off ·······121
a draw ·······81
drawback ·······193
___ have___ drawback ·······195
drawback for (to)___ ·······194
drawback in that___ ·······194
—— have the drawback in that ·······195
drawback of ___ ·······194
—— have the drawback of ___ ·······195
drawback to ___ ·······193·194
drawback to ___ is___ ·······196
drawback to ___ is that___ ·······196
there is___ drawback to (with)___ ·······195
drawings ·······114
draws ·······183
drilled holes ·······304
drilling ·······67
drinking ·······83
Drinking ·······86
drive___ ·······211
___ drop ·······93

dropped ·······110
drop with ___ ·······95
drum ·······61
dry ·······125·339
___ is due to___ ·······87
dull ·······52
duration ·······219
during ___ ·······219
dust ·······45
Dust ·······79
duty ·······57
dyestuff ·······42

E

each ·······220
each month ·······220
the early ___ s ·······260
early stage ·······118
In the early 1960s ·······260
earth ·······51
easily ·······60
___ easily___ ·······79
easy to read ·······288
an easy-to-understand ___ ·······331
___ is easy to understand ·······331
economic advantage ·······82
economical ·······117
economic growth ·······285
economic status ·······43
economists ·······36
ecosystems ·······316
effect ·······39·80·98
different effect ·······98
the same effect ·······98
___ have little (no) effect ·······100
effective ·······99·333
effective ___ ·······100
___ is effective against (for) ___ ·······99
___ is effective in ___ ing ·······99
effectively ·······67
___ effectively ·······100
___ effectively ·······100
effectiveness ·······98

375

effect of ___	39・98
effect of ___	99
effect of ___ ing	99
___ give effect of ___ ing	99
___ have effect of ___ ing	99
effect of ___ on ___	40
effect on ___	39
little or no effect on ___	42
little effect on ___	42
no effect on ___	42
effect on ___	98
effect that ___ has	39
effect that ___ have on ___	40
___ give effect to ___	99
efficiency	202
effort	242
___ effort	242
effort for ___	242
effort of ___	242
effort on ___	242
making efforts	80
effort to ___ (to- 不定詞)	242
make effort to ___ (to- 不定詞)	243
elapse	226
electrical properties	50
electrical signals	62
electric resistance method	75
electrodes	249
electronically	336
electronic messages	263
electronics	189
Electron lenses	212
electrostatic fields	212
elevated	163
eliminate	142
eliminate the need for ___	142
eliminate the possibility of ___	142
elimination	142
emergency stop button	237
Emergency stop switches	291
β emission	84
emitter	314
employees	144

encounter	79
end	316
endangered	317
endeavor	242
___ endeavor	242
endeavor to ___ (to- 不定詞)	242・243
end of the ___ s	260
endorsed	147
endure	170
enemy	72
enemy aircraft	74
energy	231
enter	56・267
enterprise	81
entrance examination	293
entry	236
environmental pollution	70
epoch	261
___ are equal	46
___ equal ___	47
___ equal ___ in ___	48
at equal intervals	68
equal intervals	68
equally spaced ___	69
___ are equally spaced	69
___ equally spaced	69
___ is equal to ___	47
___ equal to ___	51
___ is equal to ___ in ___	48
equip	234
___ is equipped with ___	237
___ equipped with ___	238
equivalence	174
equivalent	53
___ equivalent to ___	51
be equivalent to	175
___ is equivalent to ___ in ___	48
era	261
erect	154
error rate	167
errors	81
escaping	117
___ is essential	290

___ is essential for ___ ·······291
___ is essential for ___ to ___ ·······292
essentially ·······179
it is essential that ___ ___ ·······293
___ is essential to ___ ·······292
it is essential to ___ ·······293
establish ___ contact with ___ ·······158
estimate ·······270
estimated ___ ·······327
estimation ·······114
etc. ·······53·182
evenly spaced ___ ·······69
___ are evenly spaced ·······69
___ evenly spaced ·······69
event ·······274
in the event of ___ ·······274
events ·······78
every ·······220
every year ·······220
examine ·······126
were exceeded ·······326
___ exceed (pass) the limit (bounds) of ___ ·······91
exceeds ·······275
except ·······142
except ___ ·······143
___ except ___ ·······143
except for ___ ·······143
except for ___ ·······253
except if ___ ___ ·······144
except in cases where ___ ·······144
___ excepting ___ ·······143
exception ·······142·338
without exception ·······338
exceptional ·······339
exceptionally ·······339
with the exception of ___ ·······143
with few exceptions ·······338
exception to ___ ·······338
except that ·······144
except that ___ ___ ·······144
except that ___ ___ ·······253
except when (where) ___ ___ ·······144

excess ·······122
excessive ·······88·183
excessive vibration ·······85
exchange ·······101·102
make an exchange ·······102
exchangeable ___ ·······103
___ is exchangeable ·······103
___ can be exchanged ·······103
exchange ___ for (with) ___ ·······102
exclude ·······142
excluding ___ ·······143
___ excluding ___ ·······143
exclusion ·······142
exclusion area ·······142
exercise ·······146
exhaust emissions ·······70
existing ·······193
the expansion ratio ·······283
expect ·······326
expectation ·······326
expected ___ ·······327
expectedly ·······327
experiment ·······80·106
by way of experiment ·······108
experts ·······201
explain ·······103
___ explain ___ ·······149
be explained ·······119
is explained in ___ ·······148
explosion ·······85·124·188
explosive ·······141
exponentially ·······163
exposed to light ·······49
expressing ·······117
extension ·······235
extensive ·······106
extensively ·······115
extent ·······204·270
___ extent ·······205
what extent ·······206
the extent of ·······204
extent of ___ ·······270
to such an extent that ___ ___ ·······206

377

to the extent that ___ ...... ·······206
the extent to which ___ ...... ·······204
exterior ·······34
external appearance ·······47·250·252
extremely ·······174

Ⓕ

facing ·······141
facts ·······57
faculty ·······262
___ fail ·······110
failure ·······109
fall ·······92
fall into ___ ·······300
___ fall off ·······93
fall off with ___ ·······95
families ·······210
fashion ·······116·119·255
fast ·······78·226·279
fastener ·······212
fatal ·······196
fatalities ·······238
fatigue ·······123
faucets ·······236
fault ·······109
fault ___ ·······111
___ of a fault ·······111
faulty ___ ·······111
faulty products ·······77
favorable ·······137·228
favorably ·······333
fax ·······274
feature ·······227·229
...... feature ·······229
___ have ...... feature ·······230
___ feature ...... ·······230
feature in ___ ·······229
feature of ___ ·······229
feature of ___ is ...... ·······230
feature of ___ is that ...... ·······230
feature that...... ___ ·······229
feature that ___ ...... ·······229
was fed ·······65

Ferric iron ·······228
fertilizer ·······147
fever ·······257
Fig. ·······251
fighters ·······72
Figs. 1 and 2 ·······251
figure ·······59
Figure ·······149·251
figure-8 ·······119
file transfers ·······211
film products ·······270
filter ·······125·295
Final adjustment ·······122
final selection ·······159
financial system stabilization ·······207
fine ·······72
fine adjustment ·······197
fine tuning ·······197
finger markings ·······78
fingerprints ·······57
fire ·······85·104
fire ordinances ·······233
firm ·······194
the first half of the ___ s ·······260
first train ·······319
fission ·······128
fit ___ ·······234
fit ·······235
fitness ·······207·209
___ is fitted with ___ ...... ·······237
___ fitted with ___ ...... ·······238
fit ___ to ...... (with ___) ·······234
fixed ·······200
fixed focal length lens ·······200
at fixed intervals ·······68
fixed intervals ·······68
flammability ·······167
flash unit ·······238
flat ·······210
flavor ·······182
flight path ·······311
flight profile ·······301
floppy disk ·······53

flour	283
flow chart	144
flow out	89・294
flows of traffic	140
flow up	78
flow velocity	167
fluctuate	303
fluctuate as ___	305
___ fluctuate in ___	304
fluctuate with ___	305
fluctuation	302
a fluctuation in ___	302
flu gub	279
fluid	50
be flush with ___	139
focal length	180・270
focal-plane shutters	274
foil	61
is folded	134
follow	70・186
Follow	145
be followed	71
as follows:	106
is as follows:	201
food engineering	74
food poisoning	127
food science	74
foodstuff	45
food technology	75
for	108・274・337
for ___	219
for ___	319
___ for ___	320
force	92
forecast	326
foreign exchange rate	95・165・305
foreign particles	155
foresee	110
___ for ___ ing	320
___ for ___ ing	320
form	59
___ form	59
in ___ form	60

form	84
format	309
the form of ___	59
in the form of ___	60
take the form of ___	61
___ in the form of ___	62
forms	84
Fortunately	338
forward	310
in the forward direction	310
free	255
free electrons	255
freely	151
be free of	121
___ is free to ___ (to- 不定詞)	255
freezes	94
frequency	92・336
frequent	101
frequently	224
friction welding	319
friendly aircraft	74
from	125
from company to company	180
from machine to machine	180
from one utility company to another	180
from region to region	180
from system to system	180
from time to time	224
from ___ to ___	304
in front of ___	29
in front of and behind	29
fuel consumption	194
fuel efficiency	191
fuel elements	83
fuel oil	298
function	121・203・325
functionally	175
a function of	148
fundamental	227・334
funds	266
furnace	295
___ is furnished with ___	237

___ furnished with ___ 238
furniture 118
fuse ......52・102・217
blown fuse 102
fuse-blowing 85
fuselage 34
fusion 316
Future 205
future 222
in the future 222

G

gap 63
gather information 316
gave up 334
gene analysis 215
generally ......61・201
general-purpose ___ 320
generate 88
generate heat ......52・184
generation 261
generator's rating 91
get at 256
giant 278
Give attention to ___ 187
be given a name 246
gliders 200
in more global terms 78
degree of gloss 301
goal 316
goals 57
___ go down 93
go down with ___ 95
gold 152
good-natured person 152
goods 97
Gothic architecture 231
go up as ___ 165
___ go up in ___ 164
go up with ___ 165
is governed 205
governor 91
be graded into ___ 300

grammatically 52
graph 149
graphically ......148・149
grasp 330
gravity 203
Grease 65
grease 293
Grease applicators 68
greatly 179
Green tea 301
grounding wire 266
grounds 332
on the grounds of ___ 334
ground stations 66
on the grounds that ___ 334
be grouped into ___ 300
growth 97
growth rate 327
guide 119
guide plate 239
guide plates 313
guides 200

H

handbooks 131
handle ......176・192・194
hard disk ......111・236
hardness ......43・152・305
hard to 98
hard to read 288
a hard-to-read book 288
hard-won wisdom 243
harmful 104
harmful effect 45
harmful effects 105
harmony 174
___ have a tendency to ___ (to- 不定詞)
......78
hazard 142
health 334
healthy lives 294
heat 45
heat exchanger ......168・258

heat generation	88	___ is identical with (to) ___	47
heat leak	86	___ identical with (to) ___	51
heat resistance	253	___ is identical with (to) ___ in ___	48
heat resisting glass	189	identification	56・72
heat sources	165	identification card	138
heavy snow	85	identification of ___	56
helicopter	210・319	identify	57・73・247
with the help of ___	124	If ___ , ___	89
hemp plant	154	if ___	275
hereinafter	329	If ___ is ___ , ___	88
high brightness lamp	278	If ___ should ___	276
highest allowable temperature	138	ignites	118
high fever	232・257	be ignored	178
high performance	117	ill effect	45
high-volume production parts	103	ill-natured person	152
hinges	234	___ illustrate ___	149
honest	242	is illustrated in ___	148
honey-combed	230	image quality	44
horizontal line	311	imitation gems	72
host DNA	35	immediate boss	30・51
hour	220	immediately	30・225
house	248	impact	39
___ house ___	248	impact ___	41
housed ___	249	impact of ___	39
___ is housed in ___	248	impact of ___ on ___	40
___ housed in ___	249	impact on ___	39
household power	240	impact properties	334
___ housing ___	249	impact that ___ has	39
hover	319	impact that ___ have on ___	40
how to ___ (to- 不定詞)	117・118	impedance	37
human	91	imply	145
human error	142	in importance	94
humans	156	was improved	83
humidity	44・287	impurities	129
hump	232	in	125・178・244・274
hunting	105	in ___	164・199
hurried	319	in ___	219
hydrocarbons	214	incidence of sickness	165
hydrolyze	266	inclination	76
		inclination in ___	76
I		inclination to ___	77
ideas	123	include	53・192
___ are identical	46	in color	38

381

income ·················287
incompressible ·················214
increase ·················162
___ increase ·················163
_____.increase___ ·················166
increase as ___...... ·················165
___ is increased ·················166
an increase in ___ ·················162
___ increase in___...... ·················164
___ increases ·················166
increase with ___ ·················165
increasing ___ ·················167
increment ·················65
in increments of X□ ·················65
in December 1997 ·················221
independent ·················201
is indicated in ___ ·················148
Induction motors ·················290
industrial robots ·················207
inertial navigation systems ···········237
inexpensive ·················191
infants ·················207
infected computer ·················156
infection ·················80
infectious ·················59
inferior ·················81
inflow ·················287
influence ·················39
influence...... ·················41
___ is influenced by......·················43
influence of ___ ·················39
influence of ___ on......·················40
influence on......·················39
influence on ·················178
influence that ___ has ·················39
influence that ___ have on......·················40
influenza virus ·················99
information age ·················261
ingredients ·················255·300
inherent ·················189·193
in ___ ing ·················188·216
in......ing___ ·················217
injuries ·················238

in length ·················48
inlet ·················236
in May ·················221
in number ·················37
in properties ·················48
input current ·················47
Inputting means ·················53
in rotating speed ·················48
instability ·················323
install ___ ·················234
installation ·················233
___ is installed in ___...... ·················234
___ installed in ___...... ·················238
___ is installed in (at/to/on/etc.)......
  (with ___) ·················236
install ___ in (to/on/etc.)......
  (with ___) ·················234
instance ·················274
instructions ·················186·320
insulation material ·················34
intake ·················147
integral ___ ·················35
integrally ·················35
___ is an integral part of ___...... ·················34
integral unit (part) ·················34
___ is integral with ___...... ·················34
integrated ___ ·················35
integrated into......·················34
integrate ___ into (with)......·················34
intelligence ·················190
Intelsat 3 ·················221
intend to ___ ·················317
intent ·················316
intention ·················316
have an intention of ___ ing ·················317
interacting ·················316
interaction ·················224
interchange ·················101·102
interchangeable ___ ·················103
___ is interchangeable ·················103
interest ·················227·262
interesting ·················207
interference ·················200

382

interferon	223
interior	34
internal affair	321
internal clock	174
internal environment	200
internally stored ___	249
international	321
internationally	209
international standards	215
interpretation	255
interpreter	265
interrupting	265
intersect	140
interval	63
at ___ intervals	64・68
at X-□ intervals	65
at intervals	68・224
at intervals ___ ed by (in)	64
at intervals of X□	65
at intervals of 3 cm	273
in that ___	49
introduce	203
invasion	106
invention	214
___ is inversely proportional to ___	296
inward	310
in weight	48
irregular	62・63
irregularly shaped	62
isotope	84
issue	321
item	70

J

JA	329
jacket	240
Japan Agricultural Cooperatives	329
Japan Alps	328
job	51
jogs	318
joining	117
joint endeavor	242

joyful	116
a jump in price	162
just	30
Just as ___ ___	52

K

karaoke	98
keep higher	293
be kept attached	236
key	324
keyboard	53
key role	325
killer	57
kind	127
the kind of ___	127
Kirchhoff's law	83
knife	122
knob	292
knowledge	91
be known as ___	328
___ known as ___	328

L

labels	252
Lacquers	173
land	263
landing	87
laptop	238
large-diameter	208
laser	246
laser printing	193
be late	226
late for	226
later	223
the late ___ s	260
latest	317
latest model	51
in the late 1970s	260
launchings	143
lawsuit	322
lawyer	105・265
layout	210
leading	324

383

lead to ___	81
leaf	301
at least	63
leather	171
Leave	63
leaving	61・85
led to	167
left and right	103
at the left of ___	29
leftward	310
length of service	297
lens	180
lenses	79
less	83
lessee	115
lessor	115
letter of recommendation	145
Leukemia	201
level	204
___ is liable to ___ (to-不定詞)	79
libraries	241
Licensee	329
Licenser	329
life	45・54・167
light	292
light contrast	164
lighter	43
lightning arrester	71
light source	249
light sources	248
Like	52
and (or) the like	53
___ is likely to ___ (to-不定詞)	79
Likewise	52・254
limit	90・150
without limit	151
limitation	90・150
without limitation	151
limitations	334
be limited in ___	150
___ is limited to ___	90
there is a limit in (to) ___	90
limitless	151
limitless number	151
___ have (a) limit (limitation)	90
over (beyond) the limit of ___	91
___ is (go) beyond the limit of ___	91
___ set (fix) the limit on (to) ___	91
limit switch	143
limit to ___	150
line graph	149
line spacing	63
liquid level	95
lit	58
little	42・100・262・333
little agreement	38
little or no	42
Living creatures	208
living organisms	316
load	92
load current	265
locality	180
locate	32
___ is located at (in/on など)	32
in location	28
in the location of ___	28
the location of ___	28
locomotive	42
Locomotives	300
logo	59
long standing	321
long time	226
___ look (is) like ___	251
___ look (is) like ___ in ___	252
loosely	301
lose	77・187・337
in the lower-left corner of ___	33
the lower part	29
lower temperatures	93
low fever	257
LP gas	214
lubrican	324
lubricant	210
luggage	57
lungs	143
Lusterless	78

M

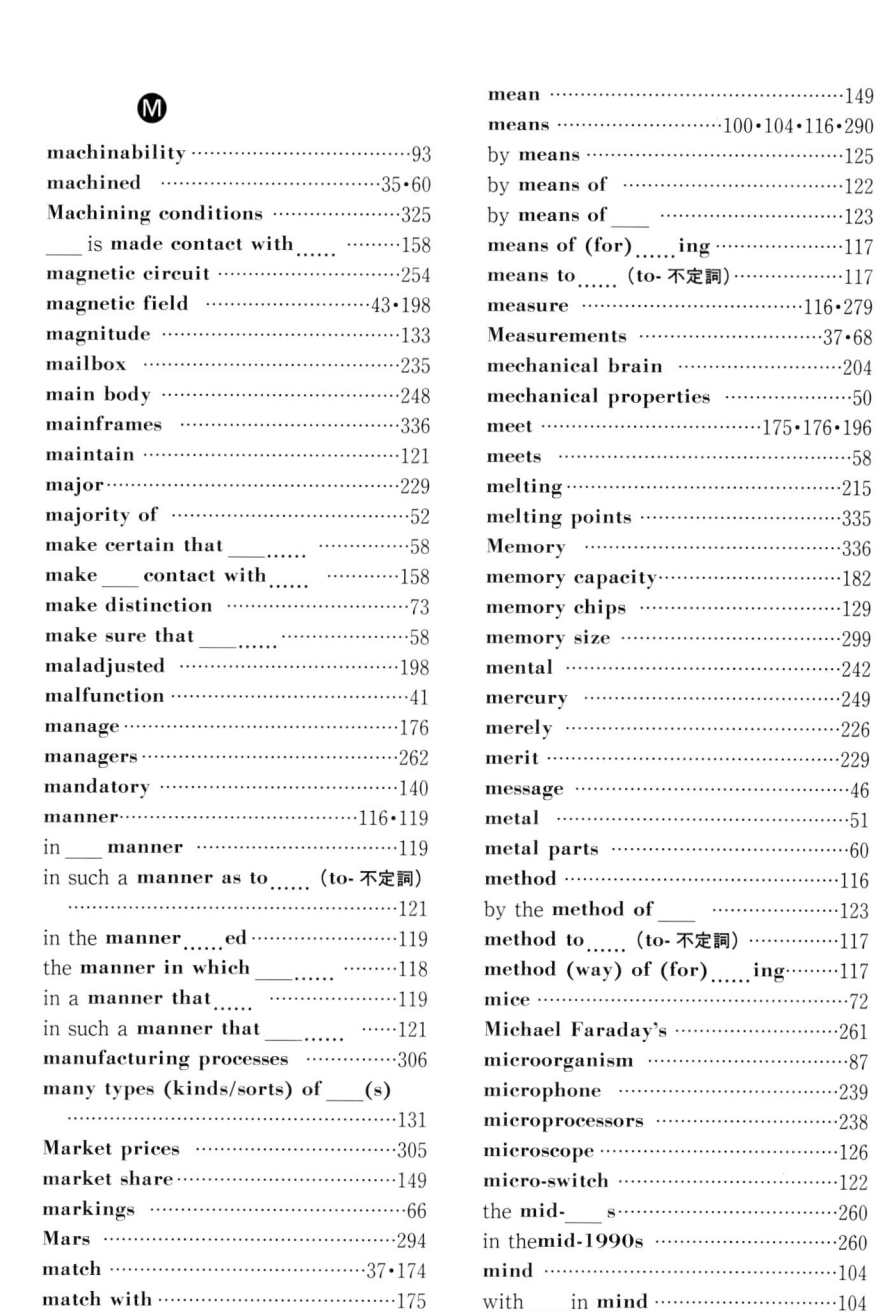

machinability ······93
machined ······35・60
Machining conditions ······325
___ is made contact with ...... ······158
magnetic circuit ······254
magnetic field ······43・198
magnitude ······133
mailbox ······235
main body ······248
mainframes ······336
maintain ······121
major ······229
majority of ······52
make certain that ___ ...... ······58
make ___ contact with ...... ······158
make distinction ······73
make sure that ___ ...... ······58
maladjusted ······198
malfunction ······41
manage ······176
managers ······262
mandatory ······140
manner ······116・119
in ___ manner ······119
in such a manner as to ...... (to- 不定詞)
······121
in the manner ...... ed ······119
the manner in which ___ ...... ······118
in a manner that ...... ······119
in such a manner that ___ ...... ······121
manufacturing processes ······306
many types (kinds/sorts) of ___(s)
······131
Market prices ······305
market share ······149
markings ······66
Mars ······294
match ······37・174
match with ······175
matter ······321
mayonnaise ······252

mean ······149
means ······100・104・116・290
by means ······125
by means of ······122
by means of ___ ······123
means of (for) ___ ing ······117
means to ___ ...... (to- 不定詞) ······117
measure ······116・279
Measurements ······37・68
mechanical brain ······204
mechanical properties ······50
meet ······175・176・196
meets ······58
melting ······215
melting points ······335
Memory ······336
memory capacity ······182
memory chips ······129
memory size ······299
mental ······242
mercury ······249
merely ······226
merit ······229
message ······46
metal ······51
metal parts ······60
method ······116
by the method of ___ ······123
method to ___ ...... (to- 不定詞) ······117
method (way) of (for) ___ ing ······117
mice ······72
Michael Faraday's ······261
microorganism ······87
microphone ······239
microprocessors ······238
microscope ······126
micro-switch ······122
the mid- ___ s ······260
in the mid-1990s ······260
mind ······104
with ___ in mind ······104
keep ___ in mind ······105
minerals ······324

385

minor collision	155
minute	220
missiles	286
mistakes	99
misunderstanding	292
modem's	58
modern life	193
modification	114
make modification	115
modify	115
moisture	45
molecule	127
molecules	83
molten	139
Mongolian Spot	328
monitor	107
month	220
monthly	220
more than one machine	79
more than one tool	225
most	291
motherboard	236
mount ___	234
mount	235·236
mountains	59
___ mounted on ___	238
mounting	216·233
mount ___ on ___ (with ___)	234
move	76
move in ___	76
movement	203
moves toward	76
must be equal	48
mutates	279

Ⓝ

give a name	246
name	246
by name	247
be named	246
___ named ___	246
by (in/under) the name of	247
in the name of ___	247

natural	133
natural phenomena	243
natural stones	47
nature	152
___ -natured ___	152
nature of ___	152
by the nature of ___	154
the nature of ___ ing	153
___ have the nature of ___ ing	153
navigation	213
near	33·240
___ is necessary	290
necessary	294
as necessary	295
when (if) necessary	295
___ is necessary for ___	291
___ is necessary for ___ to ___	292
it is necessary for ___ to ___	293
it is necessary that ___	293
___ is necessary to ___	292
it is necessary to ___	293
necessity	289
necessity for ___ ing	289
necessity of (for) ___	289
necessity of ___ ing	289
necessity to ___	289
need	202·289
___ need ___	290
___ is needed	290
needed	294
as needed	295
___ is needed for ___	291
___ is needed for ___ to ___	292
___ is needed to ___	292
need for ___ ing	289
need of (for) ___	289
need of ___ ing	289
needs	175·289
need to ___	289
negligible	285
neon lamp	167
at night	290
no	42

noise	324
noise level	190
noisy	138
nomenclature	246
in the normal sequence	133
North poles	143
notable	230
note	185
not necessarily	46
nucleic acid	35
nucleus	82
in number	168
numerical control	317
nutritive value	232

O

object	156・316・321
attain ___'s object	317
objective	316
achieve ___'s objective	317
with the object of ___	318
observe	186
observing	320
obvious	177・332
occasion	274
occasionally	224
OECD	201
off	336
office automation	76
___ of some type kind	129
___ of some type sorts	129
often	224
oil-immersed equipment	124
oil-storage tanks	270
older persons	207
on	126・274
is on	219
one direction	275
at one's option	256
only	184
on May 10, 1869	221
on November 23	221
operability	97

operating coil	101
operating modes	191
operating principle	288
optical	231・308
optical isomers	335
optical sensors	69
optimistic	326
optimization	209
optimize	209・211
optional	255
___ is optional	255
have the option of	256
options	233
orbit	115
___ is out of order	110
in ___ order	133
order	133
___ order	133
in order for ___ to ___ (to- 不定詞)	319
in the order in which ___	134
order in which ___	134
orderly	119
in the order of ___	133
the order of ___	133
in order that ___ may ___	319
in order to ___ (to- 不定詞)	319
organizations	34
origin	85
___ originate ___	86
oscillates	311
oscillation	336
other types (kinds/sorts) of ___ s	129
outcome	80
outlet	89
outline	59
output current	47
outstanding	229
outward	310
oval	59
oven	109・125
over	126・192
overall	229
overcome	242

overheat ... 88
become overheated ... 83
overloaded ... 52
oversee ... 152
overuse ... 188
oxidation ... 76
Oxygen ... 45

Ⓟ

package ... 219
paint ... 100
paper-plane ... 91
parallelisms ... 73
in parallel to ___ ... 139
part ... 324
participants ... 247・299
participate in ... 267
particle ... 301
particular type (kind/sort) of ___
... 130
part of ___ ... 324
part played by ___ ... 324
the part that ___ play in ___ ... 324
pass ... 77・226
passenger cars ... 274
passenger market ... 93
passenger train ... 94
in the past ... 222
past ... 222
past ___ ... 222
patient ... 264
patients ... 119
pattern ... 68
Pay attention to ___ ... 187
pay scales ... 177
PE ... 270
pedometer ... 124
penalty ... 71
pencil ... 48
per ... 220
perches ... 241
perennial ... 321
performance limitations ... 90

Perfumery ... 300
per hour ... 220・285
for the same period ... 50
period ... 219・261
periodic ... 64
periodic table ... 261
permanently ... 74・337
personal computer ... 47
personal expense ... 90
pertinence ... 209
phenomena ... 119
photographer ... 267
photosensitivity ... 336
physical ... 242
physics ... 321
picture elements ... 285
pie chart ... 149
Pixel data ... 75
in place ... 28
place ... 32
___ is placed at (in/on など) ... 32
in the place of ___ ... 28
the place of ___ ... 28
planet ... 278
plant growth ... 175
plants ... 243
plasma displays ... 227
Plastic ... 79
plastic-covered ... 228
plastics ... 117
plate thickness ... 37
play (a) part ... 325
play (a) part in ___ ... 325
play (a) role ... 325
play (a) role in ___ ... 325
play one's part in ___ ... 325
play one's role in ___ ... 325
as one pleases ... 256
at one's pleasure ... 256
plug-in component ... 103
plural subject ... 168
plural verb ... 168
policy ... 309

political reforms	324
polyethylene	171・250
Polyethylenes	301
polypropylene	250
poor ___	111
population	299
pornography	40
portable radio	103
pose	322
was posed	323
in position	28
position	32
___ is positioned at (in/on など)	32
in the position of ___	28
the position of ___	28
it is possible for ___ to ___ (to- 不定詞)	267
was postponed	334
powder	60
power	262
power consumption	299
power failure	274
power switch	58
practical use	317
precaution	185
precipitation	149
precise	290
precisely	202
predetermined	64・154・256
predict	98・326
predictably	327
predicted ___	327
prediction	326
is preferably fed	314
prefixes	134
prejudice	323
premises	138
prepare	187
prescribe ___	71
as prescribed in ___	71
be prescribed in ___	71
at (the) present	222
present	222
present ___	222
(at) the present	222
is present	228
presently	222
at the present time	222
preserve	243
is pressed	217
Pressing	54
pressure dew point	74
a pressure drop	92
pressure sensing diaphragm	248
prevent	124
previously	223
price fluctuations	87
principal	116
on the same principle	50
principle	214
principles	38
printer	177
printers	46
Printing speed	44
probability	202
probe	249
problem	321
procedure	83・186
process	116・130
processed cheese	219
processes	41
production line	148
production plant	213
production speed	57
productivity	108・192・327
professionalism	76
professionals	287
programs	128
progressive activity	154
projects	264
promote	97
prompt ___	56
prone position	139
prone to	79
___ is prone to ___ (to- 不定詞)	79
propagative power	163

proper ································241
properly ·······················202・212
___ ed properly ·····················212
properly ___ ed ___ ··················212
___ properly ___ ed ·················212
properly spaced ················66・67
properties ···························181
property ······················152・227
property of ___ ·····················152
depending upon the property of ___
··154
___ is (have) property of ___ ········228
the property of ___ ing ··············153
___ have the property of ___ ing ···153
___ is proportional to ___ ···········296
___ proportional to ___ ··············297
in proportion to ·····················154
___ in proportion to ___ ·············297
proposal ······························333
protect ································52
Protective devices ····················61
protein ································266
provide ___ ····························71
is provided ·····························31
provided that ___ ··················138
is provided with ······················69
___ is provided with ___ ············237
___ provided with ___ ···············238
providing that ___ ··················138
provisions ······························70
public ································71
pulley ································238
puppies ·······························153
purpose································316
accomplish ___ 's purpose ··········317
for ___ purpose ·····················318
for the purpose of ___ ···············318
purview ·······························270
purview of ___ ······················270
Pushbutton telephones ··········300
put bounds on ___ ················150
put ___ into ___ ·····················298
put limitation on ___ ··············150

put limit on ___ ····················150
put restriction on ___ ··············150
puzzle ································335

Q

qualification ·························291
quality··················152・192・227
quality control ······················210
quality of ___ ·······················152
the quality of ___ ing ··············153
___ have the quality of ___ ing ·····153
quantitatively ·························82
Quartz ································301
question ······························321
Quickness ····························232

R

race···································334
radars ································320
radial direction ·······················66
radiate ·······························257
radiation ·····························101
radioactive ····························82
radius ································203
rain ····································43
raise ··························163・166
___ raise ___ ·······················166
random·······························255
at random ···························256
randomly·····························256
randomly spaced ····················66
range ·····························50・270
a wide ___ range ···················270
___ range···························270
in the A-to-B range ···············273
in the 40-to-60 volt range ···········273
___ range from A to B ············270
___ of ___ range from A to B□ ·····271
___ range from A to B□ in ___ ·····271
___ range in ___ from A to B□ ·····271
a wide range of ___ ················270
range of ___ ························270
in the range of A to B ·············273

within the range of A to B	273
___ ranging from A to B	272
___ of ___ ranging from A to B☐	
	272
___ ranging from A to B☐ in ___	272
___ ranging in ___ from A to B☐	272
rapid	81
rarely	224
at a rate	285
rated pressure	51
rates	199
at rates	285
rather than	123・257
was ratified	114
rating	91
ratio	81・283
the ___-to-___ ratio	283
X : Y ___ ratio	284
X to Y ___ ratio	284
rational	332
the ratio of ___ / ___	283
the ratio of ___ to ___	283
___ ratio of X : Y	284
___-to-___ ratio of X : Y	284
___-___ ratio of X : Y	284
rats	72
RDA	147
___ reach the limit of ___	91
Reactants	154
reaction	154・174・223
reaction conditions	200
reactor	320
react to	175
readily	103
reads	197
realize	330
at the rear of ___	29
reason	332
for ___ reason	334
reasonable	332
reason for ___	332
reason for ___ is ___	335
reason for ___ is that ___	335

reasoning	332
for reasons	290
reason that ___	333
reason to ___ (to- 不定詞)	333
reason why ___	333
recent	222
recently	222
recognition	72
recognize	330
be recognized	224
recommend	53・146
recommend ___	146
recommendable	147
recommendable to children	147
letter of recommendation	145
recommendation	145
___'s recommendation	145
recommendation by (of/with)___	
	145
on the recommendation of ___	145
recommended ___	147
Recommended	210
recommended ___ by ___	147
___ recommended by ___	147
Recommended Dietary Allowances	
	147
recommend ___ to ___	146
records	120
rectification	114
make rectification	115
rectify	115
recycling	243
___ reduce	93
reduce with ___	95
reduction	92
with reference to ___	299
be referred to as ___	328
___ referred to as ___	328
hereinafter referred to as ___	329
reflect	257
Refrigerators	300
refused	235
region	180・270

region of ___	270
at regular intervals	68
regular intervals	68
regulate ___	71·198
regulate	256
___ is regulated	198
as regulated in ___	71
be regulated in ___	71
regulating ___	200
regulations	70
relation	149
relation expression	318
relationship	201
relative changes	327
Relative humidity	303
be relatively ___	288
relatively ___ ___	288
relatively	288
relative pronouns	151
relative to ___	287
Relative volatility	305
relay circuit	57
relayed to	65
reliability	192·204
reliable	190·326
relieve	251
be relieved	123
rely on	78
remains unsolved	323
is remarkable	76
remote controller	124
are remotely controlled	125
removable	103
removable ___	239
removal	142·239
remove	111·142
removed	108
___ is removed (from ___)	241
remove ___ (from ___)	240
renewal	101
repair	206·291
Repeat	68
replace	102·106

replaceable ___	103
___ is replaceable	103
___ can be replaced	103
replacement	52·101
replace ___ with ___	102
___ represent ___	149
is represented in ___	148
reproduce	107
reproduction ratio	297
on request	295
upon request	295
___ require ___	290
___ is required	290
required	294
as required	295
when (if) required	295
___ is required for ___	291
___ is required for ___ to ___	292
___ is required to ___	292·293
requirement	137
___ requirement	137
requirement of ___	137
rescue	107
resemblance	250
resemblance between ___ and ___	250
resemblance of ___ to (with) ___	250
resemblance to (with) ___	250
resemble	251
___ resemble ___	251
___ resemble ___ in ___	252
___ resembling ___	254
reservoir	287
resignation	335
resin	253
resist	170·263
resistance	93
___ resistance	171
___ resistance of ___	171
resistance of ___ to ___	171
resistance to ___	171
resistance to rust	287
___-resistant ___	172
___ is ___ resistant	173

...... is resistant to ___ ············173
resistor ············336
resists ············140
resolution ············51
Resolution ············95
resolve ············36・322・323
resources ············151
respect ············251
vary with respect to ············180
with respect to ...... ············301
with respect to ············303
respond to ············175
response ············174・289
response time ············90
responsibility ············87
is responsible for ············82
restrict ············90
be restricted in ___ ············150
___ is restricted to ...... ············90
restriction ············90・150
without restriction ············151
restrictive immigration laws ············151
restrict to ___ ············150
result ············80
as a result ············83
resultant ___ ············82
___ result from ...... ············87
result in ___ ············81
resulting ___ ············82
___ resulting from ...... ············82
result of ___ ············80
as a result of ___ ············83
result of ___ ing ············80
be reused ············266
review ············167
revise ············115
revision ············114
make revision ············115
rice cooker ············249
right ············30
in the right direction ············121
at the right of ___ ············29
rightward ············310

rigorous ············203
rinse ············122
rise ············162・163・166
rise as ___ ...... ············165
___ rise in ...... ············164
rises ············164
rise with ___ ············165
robot ············335
robotic system ············320
robots ············235
Rocket propellants ············132
rockets ············286
role ············186・324
role of ___ ············324
role played by ___ ············324
the role that ___ play in ...... ············324
room temperature ············144
Room temperature ············303
rope ············238
is rotated ············89
rotates ············89
Rotating ············89
rotating field ············82
rotation speed ············199
rough agreement ············38
roughly ············296
rules ············70
rumor ············85
run ············108

S

safety belts ············238
safety device ············249
sake ············283
for the sake of ___ ············318
Salad dressings ············252
Salaries ············297
salt content ············180
___ are the same ············46
___ is the same as ...... ············47
the same ___ as ...... ············51
is the same as ············144
___ is the same as ...... in ___ ············48

393

in the same fashion as ___	120
in the same manner as ___	120
at the same time	225
at the same time as ___	225
the same type (kind/sort) of ___	130
in the same way as ___	120
samples	68
sampling plan	116
satellite	143
satellite communications	164
satisfactory	103
satisfy	289
save	226・292・293
saved	337
save time	226
savings	82
limited scale	151
scalp	235
scanner	51・250
Scanners	300
scanning method	251
scanning speed	297
schematically	148・149
scientific progress	90
scientific research	321
scissors	122
scope	213・270
scope of ___	270
scratch	79
screw	197
screwdriver	53・122
second	220
secondary faults	224
the second (latter) half of the ___ s	260
input section	248
securely	235
security	321
sediment	287
___ select	160
___ is selected	160
selected ___	161
___ is selected	161

selection	159
___ selection	159
make selection	160
selection for ___	159
selection of ___	159
self-contained	249
self-timer	248・267
Semiconductors	43
semiconductors	250
sensing distance	95
sensitized paper	292
sentence structure	308
___ is separated by (according to) ___	75
___ is separated from ___	75
be separated into ___	300
in ___ sequence	133
sequence	133
___ sequence	133
in the sequence in which ___	134
sequence in which ___	134
in the sequence of ___	133
the sequence of ___	133
serious	86・194・243
set bounds on ___	150
set limitation on ___	150
set limit on ___	150
set restriction on ___	150
settle	323
several types (kinds/sorts) of ___ (s)	131
severe	137
sex	299
sex factor	35
sexual harassment	322
shape	59
___ shape	59
in ___ shape	60
___ in shape	62
___ shaped ___	62
the shape of ___	59
in the shape of ___	60
___ in the shape of ___	62

shape of a U	60	simplicity	140・318
in the shape of a Y	62	Simplicity	232
share	93	be simplified	206
shedding dust	228	simultaneously	98・225
shine	49	simultaneously with ___	225
shipment	219	Since ___	336
shock	266	since ___	337
short circuit	85	Sincerity	231
shortcoming	193	single subject	168
shortens	54	single unit (part)	34
should	36・37	single verb	168
should ___	276	situate	32
___ show	149	___ is situated at (in/on など)	32
shower	220	situation	105・139
is shown in ___	148	___ situation	139
shows that ___	331	in ___ situation	140
shuts off	240	in the situation in which ___	140
shutters	234	situation of ___	139
sickness	232	in the situation where ___	140
side effects	104	size	133
signed	186	skin	45
signs	129	skylights	241
similar	80	sliding contact switch	61
similar ___	254	slight	178
similarity	250	slightly	309
similarity between ___ and ___	250	slope	78
similarity of ___ to (with) ___	250	slow	226
___ have similarity to ___	251	slow down	263
___ have similarity to ___ in ___	252	slowly	78・305
similarity to (with) ___	250	smoothly	313
Similarly	52・254	Smoothness	95
in a similar manner to ___	120	soapy solution	125
in a fashion similar to ___	120	so as to ___ (to- 不定詞)	319
in a manner similar to ___	120	and so forth	53
in a way similar to ___	120	so forth	123・182
similar to	120	software	131・180・191
is similar to	143・144	soil type	154
similar to ___	251	solar heating system	82
___ is similar to ___	251	solar heat systems	237
___ similar to ___	254	soldering	109
___ is similar to ___ in ___	252	solution to	85
___ is similar to ___ in that ___	252	solve	322
		solvent	318

Some ··99
to some (an (a)/certain) degree ···205
to some (an (a)/certain) extent ······205
some ___ s ··264
sometimes ··224
some types (kinds/sorts) of ___ s ···129
Sooner or later ··94
sooner or later ··323
become sore ··188
sort ··127
be sorted into ___ ··300
the sort of ___ ··127
so that ··199
so that ___ may ··319
Sound recordings ··75
sound volume ··312
Sound waves ··86
source ··58・85
South poles··143
soy sauce ··283
space ··190
spacecraft ··94
......ly spaced ___ ··66・67
___...ly spaced ··66・67
___ spaced at X□ ··66
___ spaced (at) X□ apart ··67
___ spaced at X□ (intervals) ··67
___ spaced equally ··69
___ spaced evenly ··69
___ spaced ......ly ··67
___ spaced uniformly ··69
spacing ··63
spade connectors ··238
special character··267
specialist ··63・80・122
special-purpose ___ ··320
Special tools ··291
special type (kind/sort) of ___ ··130
specific ··64・119・191
specifically··202
specifically spaced ··66
specifications ··58
specification sheet ··56

specific gravity ··178
specified··59
as specified in ___ ··71
be specified in ___ ··71
specifies ··71
specify ___ ··71
specimen ··126
specimens ··62
in speed ··94
speed limit ··150
the speed ratio ··283
speedy ··56
spell checker ··35
spending ··150
spine ··328
spray ··228
squeezed ··63
stable ··83
Stained glass··151
stainless steel ··172
standard brightness lamp ··278
just starting ··106
the starting of the ___ s ··260
the start of the ___ s ··260
state ··139
___ state ··139
in ___ state ··140
in the state in which ___ ··140
state of ___ ··139
stateroom··237
statistics ··76
statute ··70
stay ··219
steel can ··196
steeply ··337
steering ··42
step ··65
The first step··246
in steps of X□ ··65
stiffer ··43
stimulating··243
stipulate ___ ··71
as stipulated in ___ ··71

396

be stipulated in ___	71
stopping	217
stop watch	289
is stored	336
strain gauges	249
strategies	161
strictly	202・296
strike	86
striking	229・250
strive to ___ (to- 不定詞)	243
strong	77・229
strong point	229
Students	322
styles	211
subject	144・321
submit	293
subscriber	143
subsequent	41
great success	81
successful	286
successfully	106
in such a position so as to	31
in such a position that ___	31
in such a position to ___	31
suddenly	93
sugar	283
suitable	64・210
suitable ___	210
___ is suitable	210
___ suitable for ___	210
___ is suitable for ___	211
___ is suitable to ___ (to- 不定詞)	211
suitably	212
___ed suitably	212
suitably ___ed ___	212
___ suitably ___ed	212
supercharger	237
Supercomputers	291
supine position	139
supplied	81
supplier	293・298
support	211
Be sure that ___	187

surface temperature	83
surgical trauma	204
surrounding areas	185
surveyed	57
susceptible to	109・200
suspension	208
swap	101
symptoms	100
Synthetic gems	47
synthetic gems	72
system	195

T

take	226・293
Take care	156
take place	98
takes place	217
tape recorder	230
target	77
targets	73
taste	177・180・182
technical terms	202
telephone network	120
television	252
at the same temperature	50
in temperature	164
temperature difference	264
temporary aliens	74
tendency	76
tendency for	77
There is a tendency for ___ to ___ (to- 不定詞)	78
tendency of	77
tendency to collect	77
tendency to confuse	77
tendency to (toward) ___	76
___ tend to ___ (to- 不定詞)	78
tensile strength	152
___ term	137
terminal board	32
terminals	75
term of ___	137
test	65・107

test ___	107	at other times	216
as a test	108	at all times	224
test results	100	at times	224
text	160	2400 times	267
in that ___	49	___ X times	280
theoretical	332	time source	301
theoretical model	203	at the time when ___	217
theory	37	from the time (when) ___	218
thermal expansion	87	to the time (when) ___	218
Thermodynamic	227	tip	156
thermometers	130	toasters	299
Thermosetting resins	337	tool	194
thermostat	249	topic	321
thickness	180	on (the) top of ___	29
think ___	105	torch	126
___ of this kind	128	torque	82
this kind of ___	128	to ...... (to- 不定詞)	319
___ of this sort	128	touch	155
this sort of ___	128	___ touch	156
___ of this type	128	tourist industry	243
this type of ___	128	toxicity	190
thorium	84	trade secret	138
thoroughly	206・293	traditional	230
those	47	traffic accident	81・86
threw himself into	242	traffic light	304
through	242	trainer	146
throughout	303	transducer	57
thrust	311	transfer	257
thumb	141・188	are transferred	275
tighten	69	transform	254
at that time	216	transformer	314
at this time	216	is translated	144
time	216・261	transmission line	37
during the time ___	219	transmit	262
at any time	224	transparent	333
at a time	225	trapezoid	59
at one time	225	Traps	236
be in time	226	travel	292
for the time being	36	travel agency	147
timely	289	Travelers	290
at the time of ___	216	trend	76・332
Timers	301	trend in ___	76
at different times	216	trend to proceed	77

trend toward ·······································76
trial ·····································106・107
have (make) a **trial**·······················107
for a **trial** ································108
on **trial** ···································108
trial ___ ·································108
trial and error··························106
triangle ·································59
is **triggered**······························123
trip····································102・183
trouble·································109・321
trouble-free ___ ·························109
try ································106・107・242
have (make) a **try** ·······················107
try ___ ·································107
try to ___ （to- 不定詞）················107
tunable ___ ·····························200
tune ___ ·································198
tuner ···································255
tune-up ·································197
tuning ···································197
in **turn**···································84
turned off ································58
turn off···································118
turntable ·································311
TV set ···································111
Twist ···································312
of this **type** ·····························124
type·····································127
___ **type** ·································127
the **type of** ___ ·····························127

U

UFO ·····································176
be **unaffected** ································170
___ is **unaffected by** ___ ···············43
under···································126
undergoes ································84
understand ································330
___ is easy to **understand** ············331
___ is **understandable** ················331
make ___ **understandable to** ___ ···331
understanding ·······························330

understanding of ___ ·····················330
undesirable ·································232
unemployment ·······························323
unexpected ___ ·····························327
unforeseen ___ ·····························327
unfortunate ·································80
Unfortunately ·······························224
at **uniform intervals** ·······················68
uniform intervals ·······························68
uniformly spaced ___ ·····················69
___ are **uniformly spaced**···············69
___ **uniformly spaced**·······················69
uninfected ·································156
unique ···································244
unique in concept ·······················244
is **unique in that** ___ ···············244
universities·································161
unknown ···································85
unlike ···································184
unlimited ·································151
unnecessary ___ ·······························294
unneeded ___ ·······························294
unpredictable ___ ·······························327
unrestricted ·································151
unrestricted admission ·················151
unsuccessful ·································106
be **upgraded** ·································224
upper management ·······················155
the **upper part** ·······························29
in the **upper-right corner of** ___ ·····33
upside down ·································139
upward ···································310
used car ···································230
by the **use of** ___ ·······························124
through the **use of** ___ ·····················124
by the **use of** ···································125
user-network ·································320
by **using** ___ ·································124
using ___ ·································124
by **using** ···································125
usuful form ·································60
Utmost care ·································292

399

Ⓥ

vaccine ·····99
vacuum system ·····142
variables ·····202
variation ·····302
a variation in ___ ·····302
various ·····44
various types (kinds/sorts) of ___(s)
·····131
___ vary ·····303
___ vary ___ ·····306
___ vary according to ___ ·····180
vary as ___ ·····305
___ vary based on ___ ·····180
___ vary depending on ___ ·····180
___ vary directly with ___ ·····296
___ vary from ___ to ___ ·····180
___ vary in ___ ·····304
___ vary inversely with ___ ·····296
___ vary with ___ ·····180
vary with ___ ·····305
___ vary with regard to ___ ·····180
vehicles ·····132
vending machines ·····130
Ventilation ·····291
verb ·····144
verification ·····56
verification of ___ ·····56
verify ·····57・58
versions ·····115
via ·····314
vibrate ·····86
vibration ·····84・263
video equipment ·····238
from a view of ·····207
viral ·····35
virus ·····80・97
viruses ·····128・254
virus infection ·····80
viscosity ·····41・163
Viscosity ·····296
vitamin C ·····98

a voltage drop ·····92
volume knob ·····198
the volume of air ·····92
volume ratio ·····284
voluntarily ·····256
V-shaped ·····62

Ⓦ

warm ·····99
Warm-blooded animals ·····198
Warm up ·····107
warning(s) ·····185
warranty ·····70
washing machine ·····192
waste ·····105・226
waste materials ·····243
wastes time ·····226
wastewater ·····81
water flow ·····198
water temperature ·····197
wavelength ·····200
way ·····116・119
in ___ way ·····119
the way in which ___ ·····118
by way of ___ ·····123
way to ___ (to- 不定詞) ·····117・118
weak point ·····189・193
___ have ___ weak point ·····195
weak point for (to) ___ ·····194
weak point in that ___ ·····194
___ have the weak point in that ___
·····195
weak point of ___ ·····193・194
___ have the weak point of ___ ·····195
weak point of ___ is ___ ·····196
weak point of ___ is that ___ ·····196
weak point to ___ ·····194
there is ___ weak point to (with) ___
·····195
wear ·····194
wear rate ·····105
weather ·····305
weather patterns ·····320

weatherproof	172
Web pages	176
week	220
weekly	220
weigh	279
weight	48
by weight	75
weight savings	84
welfare reform	323
wheels	236
When ___ , ___	89
when ___	217・275
when ___ ing	188
When ___ is ___ , ___	88
where ___	217・275
whether or not	266
while	187・219
while ___	219
___ is why ___	335
at will	256
will	266
wind	43・203
windmills	230
window frame	234
wings	34
with ___	93
with	95・107・122・125・163・274・302・303
With	240
with ___	141
with ___	165・305
differs with	180

with ___	301
___ with built-in ___	249
be withdrawn	241
within ___	219
with respect to	163
withstand	170・263
wood screw	102
word processor	47
words	78
working environment	208
working life	109
workpiece	181
workpieces	316
World War II	223
worldwide agreement	38
___ go wrong	110
___ is wrong	110
wrong direction	77

Y

year	220
yen	102
yet	203
yield	80
Young Women's Christian Association	329
Y. W. C. A.	329

Z

zero	144
Zinc	43

――筆者からのインフォメーション――

●短期集中講座

　㈱日興企画から出版されている本の読者を対象に，全国各地で1日ないし2日の集中講座を開いていきたいと考えております。興味のあるテーマがありましたら，直接，著者あてにお知らせいただければさいわいです。社員むけに技術英語の基礎講座として活用されている企業もあります。いろいろなカリキュラムを組むことができます。

●富井翻訳塾

　毎月1回，社会人を対象に英語の勉強会を開いています。北は福島や郡山から，西は浜松や沼津から熱心に集まってこられます。4月から翌年の3月までの通年制ですが，どうしてもというかたは，途中からでも参加できる場合があります。（平成12年度は，表現の収集法ともいえる「カード方式による英語独習法」を主テーマにしたゼミと，演習課題の実践翻訳を採り入れた基礎技術英語ゼミの2クラスを開いています。）

　9月には，毎年，恒例の合宿があります。これは，参加者がそれぞれプレゼンテーションやパネル・ディスカッションを行なうもので，かなりエキサイティングです。夜の懇親会はなににもかえられないほど楽しく，有意義なものです。

　また，会員による TOMMY NET というネットワークがあり，翻訳上の問題，ソフトやハードのことなど活発な意見が飛びかっています。

●通信講座

　十数年も前から著者あてに地方在住のかたたちから通信講座の開設を求めてきています。一日も早く実現させたいと思っています。開設にむけて加速度がかかりますので，具体的にご要望やご希望がありましたら，ぜひ，お寄せいただければさいわいです。

[著者の連絡先]

〒145-0071　東京都大田区田園調布1-10-3-206
　　　　　　株式会社　国際テクリンガ研究所
　　　　　　代表取締役　富井　篤
　　　　　　Tel 03-3722-5211　Fax 03-3721-5223

●著者紹介

富井篤（とみい・あつし）

▶1934年，神奈川県に生まる。日本大学理工学部卒業。
▶アメリカ系産業機械メーカーのチーフ・エンジニアを経て，
1974年より翻訳，通訳，語学の研究・教育・指導，執筆活動を開始。
▶1976年，㈱国際テクリンガ研究所を設立し，現在にいたる。代表取締役。
▶おもな著編書：『新・実務英語入門 書き方と訳し方』『数量英語の書き方入門』
『数量英語の活用文例集』（以上，日興企画），
『前置詞活用辞典』『英語数量表現辞典』『技術英語構文辞典』（以上，三省堂），
『科学技術和英大辞典』『科学技術英和大辞典』『科学技術英語表現辞典』（以上，オーム社），
『技術翻訳のテクニック』『続・技術翻訳のテクニック』（以上，丸善）ほか。
▶おもな共訳著：『建設業下請け業務実務』（清文社）。
『実用ゼロベース予算』（日本コンサルタントグループ）。
▶所属団体：日本翻訳者協会（JAT），アメリカ翻訳者協会（ATA），日米協会，
SWET（Society of Writers, Editors, and Translators）。

[わかる・使える]実務英語❹
実務英語の簡潔表現と文例集

2000年9月7日…初版発行	発行者…竹尾和臣	装幀…桂川潤
2006年4月6日…2版発行	発行所…株式会社**日興企画**	
	℡104-0045	
	東京都中央区築地2-2-7　日興企画ビル5階	
	電話＝03－3543－1050　　Fax＝03－3543－1288	
	郵便振替＝00110－6－39370	
	印刷所……株式会社**精興社**	
	◆	
著者……**富井　篤**	定価…カバーに表示してあります。	

ISBN4-88877-631- 8 C2082　　© Atsushi Tomii 2000, Printed in Japan

【小社出版物のご案内】定価・価格はすべて税込みです。

●富井篤の[わかる・使える]実務英語シリーズ　平均270ページ・A5判

第1巻　新・実務英語入門 書き方と訳し方
表現・文法・構文から英文ルール・記号まで、その重要項目を厳選し、初心者向けに解説したダイジェスト版。　★定価2940円

第2巻　数量英語の書き方入門
数と量－基数詞と序数詞－単位と準単位－比較－倍率－割合－以下・以上・超え・未満－間隔・範囲－桁・位。　★定価2625円

第3巻　数量英語の活用文例集
数量表現の基本パターン－厚さ－距離－高さ－長さ－時間－年代－圧力－重さ－比重－トルク－温度－加速度。　★定価2625円

●藤井正嗣＋野村るり子＝著　平均238ページ・A5判

英語でプレゼン　そのまま使える表現集
ビジネス・プレゼンでよく使われる最新の基本表現1200文例を、イントロ、ボディ、コンクルージョン、質疑応答の流れに沿って収録。　★定価2100円

CD版 別売（価格2520円）

英語でミーティング　そのまま使える表現集
社内会議から国際会議まで組み合わせ自由な基本表現1100文例を司会者と参加者に分けて収録。スキルとツールも解説。　★定価2310円

CD版 別売（価格2520円）

英語でスピーチ　そのまま使える表現集
国際会議や式典・パーティー・冠婚葬祭等で聴衆を魅了する組み合わせ自由な基本表現700文例と模範的なサンプル・スピーチ18例。　★定価2415円

CD版 別売（価格2520円）

●銀林 浩＋銀林 純＝著　平均220ページ・A5判

基礎からわかる数・数式と図形の英語　●豊富な用語と用例
日常的に使われ、実務文や技術文にも頻出する算数から高校数学までの用語や数式の英語表現を単元別に解説。　★定価2625円

基礎からわかる数量と単位の英語　●豊富な文型と用例
我々日本人にとってやっかいな数や量や単位に関する英語表現を"量"の概念を用いて分野ごとにやさしく解説。　★定価2520円

図解 子供にも教えたい算数の英語　●豊富な用語と用例
小学校の算数の教科書に登場する基本用語や語句、規則、文章題の英語表現を、図解を豊富に使って単元ごとに解説。　★定価1890円